KB041875

핀테크 트렌드 2024

IT · 금융권 취업을 위한

길진세 지음

핀테크 현황과 전망 총망라!

국내 대표 통신사, 카드사, 핀테크사 CEO들 강력 추천

★ 한국금융연수원 핀테크 강사이자 핀테크 지원센터 전문위원인 저자의 검증된 정보
★ 금융과 IT에서 얻은 경험을 녹인 '핀테크의 시작과 발전' 이야기
★ 핵심만 담은 '분야별 전망'
★ 핀테크 키워드 정리

네카라쿠배당토
취준생 · 현직자
필독서!

책세상

프롤로그

왜 핀테크에 주목해야 하는가

서문을 읽고 계신 여러분, 반갑습니다. 시작을 바로 금융과 기술에 관한 이야기로 하면 교장선생님의 훈화 같아서 재미없겠죠? 그럼 우리 모두가 관심 있는 돈 이야기로 시작해보겠습니다. 지금 스마트폰을 꺼내 '금융권 연봉' 또는 '핀테크 연봉'을 검색해보세요. 자극적인 제목의 관련 기사들이 쏟아질 겁니다. 2023년 각 금융사의 공시에 따르면 2022년 하나은행의 평균 연봉은 약 1억 1700만 원이었고 국민은행은 약 1억 1600만 원이었습니다. 카카오뱅크는 약 1억 6400만 원, 업비트 운영사인 두나무는 무려 2억 원이 넘습니다. 이에 대해 "임직원 수로 급여 총액을 나눈 평균 연봉이니 그런 것 아닌가요? 신입사원 초봉이 중요하죠"라고 주장하시는 분도 있을 것입니다. 그렇다면 '금융권 신입 연봉'으로 검색해볼까요? 10대 증권사의 대졸 신입의 초임 연봉은 5000만 원 수준, 은행권은 5000만~6000만 원대의 분포를 보인다고 합니다. 국내 어떤 산업보다도 높습니다. 이러니 금융권이 취준생들에게 인기가 좋은 것은 당연합니다.

금융업계의 연봉이 높은 이유에 대해서는 여러 주장이 있습니다. '업무 자체가 돈을 다루는 일이라 연봉이 적으면 그만큼 직원들의 사명감과 책임감이 떨어져(?) 사고가 나서'라는 의견도 있고요, '금융이 애초에 어려워서 인재를 구하기가 어려우니 몸값이 높다'는 의견도 있죠. 여기에 덧붙여서 저는 이렇게 생각합니다. '성장하는 분야'였기 때문이라고요. 그간 전체 산업이 성장하면서 금융도 빠르게 성장했는데요, 산업이 성장하면 그에 속한 사람들도 큰 보상을 받고 몸값이 올라가기 마련입니다. 하지만 영원히 성장하는 산업은 없기에 금융도 부침이 예상된 적이 있었지만, 오히려 2010년부터 모바일이 확산되면서 핀테크FinTech로 한 번 더 도약하게 됩니다.

금융(Finance)과 기술(Tech)을 결합한 단어인 핀테크를 예전에 강의할 때는 다소 길고 장황하게 설명해야 했지만, 요즘 저는 이렇게 시작합니다.

"여러분은 가장 최근에 은행을 가본 게 언제인가요?"라고요. 성격 급하기로 둘째가라면 서러운 우리나라 사람들은 금융에서도 '빨리빨리'를 이루어냈습니다.

우리는 완전히 비대면으로 계좌와 카드를 바로 만들 수 있습니다. 신용카드가 배송되기 전에 스마트폰에 카드를 다운받아 삼성페이나 QR로 즉시 결제가 가능합니다. 병원을 다녀와서 보험회사에 서류를 보낼 때도 팩스를 쓸 필요가 없습니다. 손안에서 몇 번의 클릭만으로 청구가 가능하죠. 우리가 하고 있는 모든 금융생활을 핀테크를 통해 스마트폰에서 편리하게 할 수 있습니다. 오히려 꼭 은행을 방문해야 할 업무를 찾기가 더 힘들어졌습니다. 핀테크로 달라지고 있는 금융의 단면입니다.

덕분에 요즘말로 '취업 A매치'에 기존 금융권 외에도 빅테크(카카오, 네이버 등)와 핀테크(토스, 뱅크샐러드 등)가 포함되었죠. 이 분야 취준생이라면 취업 전략이 전과는 달라져야 합니다. 예전에는 금융권 취업을 위해서 높은 토익 점수와 금융자격증을 따는 데 전념했습니다. 지금은 모바일과 핀테크 트렌드부터 이해하고 전략을 짜야 합니다. 최근 각 금융사의 채용공고에 '디지털, AI, 모바일' 등의 단어가 자주 등장하는 것은 우연이 아닙니다. 그럼 무엇을 통해 관련 정보를 얻을 수 있을까요?

금융, IT, 핀테크에 관한 책은 시중에 많습니다. 생생하고 좋은 정보는 인터넷에도 많죠. 굳이 여러분의 귀한 돈과 시간을 이 책에 써야 할 이유가 무엇인지 많이 고민했습니다. 세 가지 이유를 말씀드리고 싶습니다.

첫 번째로 저는 IT가 좋아서 통신사에 왔다가 우연치 않은 기회에 금융사로 오게 되어서 핀테크의 발전까지 함께하는 행운을 겪었습니다. 간편결제가 어떻게 도입되었는지, 인터넷전문은행은 왜 생겼는지, 토스 같은 핀테크 스타트업들은 어떻게 지금의 위치까지 올라섰는지 곁에서 볼 수 있었죠. 저는 그 사업을 함께한 실무자로서 핀테크에 대해 좀 더 현실적인 이야기를 드릴 수 있습니다.

두 번째는 금융권이나 핀테크 취업을 희망하는 분들에게 정말 필요한 정보를 드릴 수 있다는 것입니다. 종종 대학이나 교육기관의 요청으로 취준생 대상으로 특강을 하는데, 정말 많은 분이 이 분야로 취업을 준비하지만 어떻게 해야 할지 모르고 있었습니다. 특히 면접에서 핀테크 관련 질문에 어떻게 대응할지 고민이 많았습니다. 이 책만큼 핀테크의 흐름과 전망을 쉽게 정리해준 책이 지금까진 없었으니 취준생들에게 큰 도움이 되리라 확신합니다.

세 번째는 검증된 내용이라는 점입니다. 책을 쓴 입장에서 '검증'이란 단어는 제법 무섭게 다가오는데요. 저는 글로벌 IT미디어 〈Pickool〉, IT매거진 〈아웃스탠딩Outstanding〉과 IT개발자 커뮤니티인 〈요즘IT YozmIT〉 등의 매체에 정기적으로 기고하고 있습니다. 제 브런치에도 핀테크 관련 글을 올리고 있고, 이 글을 몇몇 커뮤니티에 올려서 의견을 구하는데요. 이때마다 긴장감에 두근두근합니다. 우리나라 커뮤니티는 '뭐든 하나 틀리기만 해봐라'라고 칼을 갈고 있는 분이 많은, 일종의 콜로세움이거든요. 기고한 글이나 커뮤니티에 올린 글들은 정말 치열한 댓글이 달리며 토론이 이어집니다. 그렇게 검증된 내용이니 기대하셔도 좋습니다.

＊＊＊

전체 구성은 다음과 같습니다. 1부에서는 2023년 하반기를 기준으로 주목해야 할 주요 핀테크 이슈를 분석했습니다. 마이데이터, BNPL, 애플페이 등 꼭 알아야 할 내용을 정리합니다. 2부에서는 핀테크와 땔 수 없는 IT트렌드까지 독자들이 궁금해할 사항들을 Q&A로 풀었습니다. 메타버스, 가상화폐, 모바일 신분증과 같은 주요 이슈뿐 아니라 취업 준비에 참고할 수 있도록 IT와 핀테크 기업들의 단면을 전할 계획입니다. 끝으로 3부에서는 다양한 핀테크 영역의 2024년 이후 전망을 담았습니다. 최대한 객관적으로(그리고 냉정하게) 살펴보았으니 관심 가는 분야를 잘 읽어보시면 큰 도움이 될 것입니다.

2024년 핀테크 전반의 흐름과 미래에 대해 이해할 수 있도록 하는 것이 이 책의 목표입니다. 꼭 순서대로 읽을 필요 없이, 관심 가는 주제를 먼저 봐도 됩니다. 그래도 전체적인 흐름을 잡기 위해서는 처음부터 읽는 것을 추천합니다.

금융권 취업을 준비하는 사람에게는 더 없는 교재가 될 것이며, 현업에 있거나 핀테크 스타트업을 준비하는 사람도(물론 관련이 없는 일반인도^^) 재미있게 읽을 수 있을 것입니다.

차례

2부 Q&A로 풀어보는 '핀테크와 IT 궁금증'

3부 면접관이 주목할 '핀테크 분야별 전망'

1부

주요 이슈로 읽는 '요즘 핀테크'

•

2023년 기준으로 핀테크는 크게 '금융권 대 빅테크·핀테크 업계'의 경쟁구도라고 할 수 있습니다. 빅테크와 핀테크를 구분하는 것이 어려우실 수 있는데요. 빅테크는 금융권이 아니었던 IT 대기업, 그러니까 카카오, 네이버 등을 말합니다. 핀테크는 토스, 핀다 등 오로지 핀테크로 성장해온 업권을 말하고요. 시작점이 다르고 전략도 판이하게 다르기 때문에 이 둘은 구분해서 이해해야 합니다.

우리나라에 핀테크라는 단어가 급속하게 쓰이기 시작한 건 2014년 대통령의 '천송이 코트' 발언 이후입니다. 때마침 세계적으로 핀테크 바람이 거세게 불기도 했습니다. 금융업은 정부의 허가가 있어야만 진입이 가능합니다. 그래서 오랫동안 새로운 경쟁자가 나타나기 어려운 환경이었는데요. 이른바 "담장이 처진 정원(walled garden, 정유, 통신, 금융과 같이 초기 진입장벽이 높거나 법이나 제도적으로 규제가 높은 산업)"입니다. 그러니 금융권은 현실에 안주하면서 고객 중심의 사고를 하지 못하고 있었습니다. 갑자기 모바일시대가 되자 제1금융권도 모바일 앱 개발에 나섰지만 웹사이트를 옮겨온 수준에서 발전하지 못했습니다. 강력한 진입장벽이 오히려 내부혁신을 방해하고 있었습니다. 금융권 앱이 서로 비슷한 수준이었으니 굳이 힘들게 앞서 나갈 필요가 없었던 거죠.

그러다가 카카오페이, 토스 등 혁신적인 핀테크 기업이 나타나면서 제1금융권은 점점 궁지에 몰렸습니다. 2014년부터 2018년까지를 저는 '핀테크의 부상과 더불어 금융권 혼란의 시기'로 규정합니다. 금융권 역시 다양한 시도를 했지만 큰 실패를 거듭했습니다. 2016년 야심차게 시작했던 우리은행의 위비톡이 좋은 예입니다. 톱 예능인 유재석을 투입해서 공격적인 마케팅을 했지만 결국 수십억 원의 개발비와 마케팅비만 쓰고 2020년 서비스를 종료했죠. 다른 제1금융권도 이렇다 할 반격을 하지 못한 채 고객채널의 주도권은 빠르게 핀테크 기업들로 넘어갔습니다.

하지만 고객이 무조건 핀테크만을 추종하는 것은 아니었습니다. 여세를 몰아 케이뱅크, 카카오뱅크 등의 인터넷전문은행이 2017년 야심차게 출시했을 때만 해도 저는 인터넷전문은행이 국내 B2C시장을 거의 다 장악할 수 있을 거라 생각했습니다. 앱의 완성도가 기존 금융권과 비교가 되지 않았기 때문입니다. 하지만 몇 년이 지난 지금, 은행연합회에 따르면 가계 일반대출 점유율을 기준으로 인터넷전문은행 3사는 8.3퍼센트 남짓입니다. 고객의 은행을 선택하는 기준은 앱의 편의성만이 아니었다는 뜻입니다.

이 장에서는 이렇게 치열한 양 진영 간의 전투를 배경으로 다양한 핀테크 이야기를 해드릴 겁니다. 핀테크나 금융에 대해 전문적인 지식이 없이도 재미있게 읽을 수 있도록 썼습니다. 각 사업자의 전략을 모두 외울 필요는 없습니다. 전체를 관통하는 트렌드를 읽으면 됩니다. 더불어 이 모든 것에 큰 영향을 주는 정부 정책에 대해서도 관심을 갖고 보길 바랍니다. 어떤 사업자도 법과 규제를 피해갈 수 없기 때문입니다. 방향과 흐름만 안다면 한결 쉽게 핀테크 트렌드를 이해할 수 있을 것입니다.

주머니 속 '실물 카드' 언제쯤 사라질까

핀테크라는 단어에 익숙해진 지도 10년째가 다 되어갑니다. 2014년 말부터 슬금슬금 들리더니 그 유명한 '천송이 코트' 사건* 이후로 핀테크는 순식간에 핫이슈가 되었죠. 그만큼 우리 모두가 금융혁신에 목말라 있었다는 뜻일 겁니다. 이후 지난 몇 년간 우리 주변의 정말 많은 것이 바뀌었습니다. 송금은 토스나 카카오페이로 하고, P2P대출**이나 로보 어드바이저*** 투자를 하는 사람이 늘었습니다. 자산관리도 PFM****에 특화된 모바일 앱으로 많이 하고, 은행 앱끼리 타행계좌 사용을 가능하게 해주는 오픈뱅킹으로 계좌관리도 편하게 하죠. 세상이 많이 변했습니다. 그렇다면 우리가 매일 하는 결제는 어떨까요?

삼성페이, LG페이, 페이코, 각종 카드사 앱들과 제로페이 등 결제수단의 대안은 많아졌습니다. 그런데 여전히 우리는 카드를 가지고 다니고 있네요. 그 이유는 오프라인 결제 때문입니다. 결제는 온라인 결제와 오프라인 결제로 나눌 수 있습니다. 여러분이 쇼핑몰에서 구매하는 건 온라인 결제이고 식당에서 애플페이로 결제하는 건 오프라인 결제입니다.

삼성페이, LG페이를 잘 쓰는 유저들은 "어, 난 폰만 가지고 다니는데?"

* 해외 한류팬들이 드라마 〈별에서 온 그대〉에서 주인공 천송이가 입었던 코트를 국내 쇼핑몰에서 구입하는 절차가 힘들다는 소식에 대통령이 공인인증서 제도 개선을 지시한 일화
** Peer to Peer, 온라인 플랫폼을 통해 개인투자자가 대출신청자에게 직접 대출을 해주는 서비스
*** Robot Advisor, 미리 입력된 알고리즘을 통해 투자결정 및 자산배분을 하는 프로그램
**** Personal Finance Management, 개인자산을 편리하게 관리할 수 있는 서비스

라고 할 수도 있습니다. 애플페이 출시 전에는 아이폰 유저들이 "애플페이가 먼저냐, 남북통일이 먼저냐"며 한탄했죠. 이처럼 핀테크의 여러 분야 중에서도 유독 변화가 더딘 영역이 바로 '오프라인 결제'입니다.

NFC 모바일카드, 그 시작은 창대했다

오프라인의 플라스틱 카드를 대체하기 위한 핀테크의 노력은 꽤 오래전으로 거슬러 올라갑니다. 2011년, 삼성 스마트폰인 갤럭시S2가 나왔습니다. 삼성의 기술력이 총 동원되었던 최신 폰이어서 워낙 큰 기대를 받고 있던 제품이었는데요. 당시에는 드물었던 NFC를 탑재하고 출시되었습니다. 그때 국내에서는 통신과 카드의 만남이 한창 트렌드였습니다. SKT는 하나카드사와, kt는 BC카드사와 손잡고 경쟁적으로 통신과 금융의 결합을 내세웠습니다. 안드로이드폰의 NFC를 활용한 모바일카드 시장을 선점하려 한 것입니다.

NFC는 Near Field Communication의 약자로, 지금도 널리 쓰이는 기술입니다. 아주 가까운 거리에서 서로 무선으로 작동하는 신호방식이라고 이해하시면 됩니다. 스마트폰을 이용한 교통카드, 도어락, 결제 등에서 다양하게 활용됩니다. 당시에는 다들 NFC가 모바일 오프라인 결제의 해답이라고 생각했습니다. 그래서 세계 표준이 있었지만 KLSC*라는 한국만의 규격도 만들었습니다. 이후 카드사들은 서로 여러 단체를 만들어가며

* Korea Local Smart Card, 한국 신용카드사들이 연합하여 만든 독자적 신용카드 결제 표준 규격

인프라 확산을 어떻게 할지 고민했습니다. 플라스틱 카드가 아니라 스마트폰으로 결제하는 건 당시에는 SF영화를 보는 느낌이었습니다. 이것만 보면 이제 플라스틱카드는 끝난 것 같았습니다. 그런데 생각보다 NFC 모바일카드가 잘 되지 않았죠. 쓸 곳이 늘어나질 않았기 때문입니다. 대기업 계열인 편의점들이야 신속하게 NFC를 인식하는 단말기를 추가했지만, 다른 업소들은 돈을 들여 결제기를 바꿔야 합니다. 이걸 카드사가 사서 제공하면 가맹점 부당지원으로 논란이 됩니다. 카드사가 인프라를 설치해줘도 겨우 한 번 써볼까 말까 한데 시작부터 쉽지 않았습니다. 거기에 모바일 결제가 활성화되면 언젠가 배제될 것이란 두려움을 가지고 있던 VAN사*들의 반발도 있었죠. 이 사업자들은 별도의 네트워크를 제공하고 카드 전표 수거 등의 업무를 하기에 결제 건당 얼마씩의 수수료를 받고 있었습니다. 모바일 결제는 개인이 소유한 모바일 네트워크를 사용합니다. 나중에는 VAN을 통하지 않는 결제도 구현가능하니 두려웠던 거죠.

그래서 NFC 모바일카드는 야심차게 시작했지만 시장에서 사라져버렸습니다. 이후 10여년이 흘러 애플페이가 국내에 출시되기 전까지는요.

---

* Value Added Network, 카드 가맹점에 결제 단말기를 놔주고 카드사와 연결해주는 역할을 하는 사업자

QR결제가 바다 건너에서 오다

이러던 사이 QR이 등장합니다. 중국에서 알리페이와 위챗페이*가 워낙 핫하다보니 그것들이 QR 기반이라는 이유로 같이 주목받은 겁니다. 처음 봤을 때는 QR을 찍거나 보여주며 결제하는 장면도 참 신기했습니다.

중국 전체에 유선전화를 놓으려면 전 세계 구리를 다 가져다 써야 한다는 우스갯소리가 있습니다. 생각해보면 마냥 우습지는 않습니다. 제가 어릴 때만 해도 한참 못사는 나라 이미지였던 중국은 그래서인지 유선을 건너뛰고 무선 네트워크 기반으로 갔습니다. 재미있게도 중국의 모바일 결제는 낙후된 환경과 늦은 출발 덕에 오히려 다음 세대로 빠르게 이동하게 됩니다. 중국의 QR결제, 케냐의 M-Pesa(모바일송금) 등이 그런 예입니다. 누가 태어났는지 집계도 힘들 정도로 사람이 많은 중국이다 보니 은행계좌를 만들기도 어려웠는데요. 오프라인에서야 그럭저럭 현금으로 사면 되지만 온라인결제가 문제가 되었습니다. 그래서 선불충전계정 활용이 보편화됩니다. 알리바바 그룹의 온라인 결제는 알리페이를 통하는데 여기에 미리 돈을 넣어두기 시작한 겁니다. 이렇게 너도나도 돈이 들어간 전자지갑을 가지게 되니 자연스럽게 QR로 돈을 주고받는 게 더 편해져 버립니다. 그리고 위조지폐 문제도 해결되고요. QR은 사실 다른 결제방식보다 장점이 많습니다. 단말제조사 입장에서 NFC 칩은 단가 상승의 요인이 됩니다. 그래서 중국의 스마트폰 제조사에서 만드는 저가형 기기에는 NFC가 빠져 있는 경우도 많습니다.

---

* Alipay & Wechat Pay, 중국의 알리바바 그룹과 텐센트에서 운용하는 양대 간편결제 플랫폼

소상공인들에게 무료로 제공된 카카오페이 QR결제 키트.
출처: 카카오페이 홈페이지

하지만 아무리 저사양폰이라고 해도 카메라는 기본으로 장착되어 있죠. 그래서 QR은 단말 스펙에 휘둘리지 않습니다. 서로 화면에 QR코드를 뿌려줘도 되고, 가계 앞에 QR 스티커를 놓고 스캔하게 해도 되죠.

중국 사례를 보고 국내에서도 몇몇 업체가 뛰어들었습니다. 그중 가장 적극적이었던 건 카카오페이였습니다. 점원 옷을 입은 라이언의 귀여운 모습과 QR코드, 다들 한 번씩은 보셨을 겁니다. 카카오페이는 QR 입간판을 무료로 제공하며 야심차게 QR결제에 드라이브를 걸었죠.

그래서 QR결제가 대세가 되었을까요? 카카오페이가 관련 통계를 공개하지 않으니 알 순 없지만 주변에서 쓰는 걸 거의 본적이 없는 걸 봐선, 주류 결제로 자리 잡지는 못했다고 봐야 할 것 같습니다. 그럼에도 QR은 사라지긴커녕 온라인의 페이들이 오프라인으로 내려오기 위해 다들 거치는 단계가 되어 버렸습니다. 페이코, 네이버페이, 제로페이까지 다들 QR결제를 지원하고 있습니다.

삼성페이의 위력

NFC나 QR에 비하면 삼성페이, LG페이는 가맹점에서 뭘 할 게 없습니다. 기존의 인프라를 그대로 쓸 수 있기 때문입니다. 삼성페이와 LG페이는 각각 MST*, WMC**라는 기술을 사용합니다. 기술 이름은 다르지만 효과는 같습니다. 카드 뒷면 마그네틱 띠에서 나오는 자기장을 흉내내는 것입니다. 이렇게 하면 카드 결제기에 카드를 긁는 것과 같은 효과를 냅니다. 그래서 삼성페이와 LG페이는 나오자마자 국내 오프라인 결제시장을 평정했습니다. 모든 곳에서 사용할 수 있었거든요.

삼성전자와 LG전자는 폰을 많이 파는 게 중요한 제조사이니 자사 고객의 락인***용으로 활용했고 실제로 큰 성과를 거두었습니다. 너무 편해서 안 쓸 수가 없다는 평가가 많았습니다. 그동안 바코드와 QR, NFC까지 모두 해보며 오프라인 결제시장에 내려오려 했던 페이코는 아예 페이코 앱 안에서 삼성페이를 호출할 수 있게 했습니다. 많은 고민이 있었을 겁니다. 그만큼 오프라인 결제에서 삼성페이가 위력적이라는 뜻이죠.

새롭게 시도되는 특이한 결제방식

롯데마트에서 롯데그룹의 간편결제 앱인 L-Pay로 결제해보면 특이한 경험

* Magnetic Secure Transmission, 삼성페이에서 사용하는 신용카드 마그네틱 띠를 흉내내는 기술

** Wireless Magneitic Communicaion, LG페이의 사용 기술. MST와 같은 효과이나 특허가 다름.

*** Lock-in, 고객이 다른 유사상품 또는 서비스로 이동하기 어렵게 되는 현상

2017년부터 운영 중인 L-Pay 음파결제.
출처: 롯데멤버스 홈페이지

을 할 수 있습니다. 폰을 점원에게 보여주면서 QR이나 바코드를 찍지 않아도 결제가 됩니다. 저도 처음에는 어리둥절했는데요. L-Pay 앱을 켜고 결제를 시도하면 사람의 귀에는 들리지 않는 영역인 비가청 음파에 결제정보를 담아 스마트폰 스피커에서 발신합니다. 계산대 POS는 이 소리를 듣고 결제를 합니다.

현재 롯데계열 매장 전체에서 이용이 가능합니다. 폰을 남에게 주지 않아도 되니 좋은데, 이 결제방식 또한 약점이 있습니다. 비가청 음파를 수신할 수 있도록 계산대의 POS를 구비해야 하며, POS 소프트웨어 업데이트까지 해야 합니다. 결국 가맹점 인프라를 어떤 형태로든 크게 고쳐야만 가능하다는 거죠. 이 때문에 2018년에 출시된 이후 지금까지 롯데계열 외에 사용가능한 가맹점이 늘지 않고 있습니다.

롯데는 또 지정맥결제라는 새로운 기술도 테스트했습니다. 롯데월드타워가 오픈되고 나서, 지불결제 관계자들이 꽤 많이 방문했습니다. 세븐일

신한 터치결제 1세대 모델.
출처: 신한카드 홈페이지

레븐에서 지정맥결제를 도입해서 무인점포를 만들었다고 홍보했거든요. 지정맥결제란 '손바닥 내의 정맥의 모양이 사람마다 다른 것에 착안해서 생체 인식의 한 수단으로 쓰는 것'입니다. 한 번 등록해놓고 나면 손바닥만으로 결제를 할 수 있으니 분명 편하지만 엄청난 허들이 존재하는데요. 바로 '등록과정'이었습니다. 처음 한 번은 어떻게든 내 지정맥 정보를 입력해야 하니까요. 전국의 롯데카드 센터에 가서 본인임을 인증하고 등록을 해야 합니다. 롯데에서 등록율을 공개하고 있진 않지만, 매우 낮을 것으로 예측됩니다. 등록 방식이 너무 품이 들어가니까요.

한편 신한카드는 색다른 시도로 얼리어뎁터들에게 크게 호응을 얻고 있습니다. '신한 터치결제'라고 해서 하드웨어를 추가하는 방식으로 아이폰에서 삼성페이를 구현해낸 것입니다. 2020년 9월 처음으로 나온 신한 터치결제는 아이폰 케이스 형태였습니다.

아이폰에서 신한PLAY 앱을 켜고 결제를 하면 아이폰의 스피커 부분

신한 터치결제 2세대 모델.
출처: 신한카드 홈페이지

에서 터치결제 케이스로 사람 귀에는 들리지 않는 음파를 송신합니다. 케이스는 아이폰의 배터리를 활용해서 동작하는데요. 음파를 듣고 삼성페이와 같은 방식으로 자기장을 폰 뒤로 쏘아서 삼성페이와 동일한 효과를 냅니다. 그래서 유저들 사이에서는 "짝퉁 삼성페이"로도 불렸습니다. 어쨌든 시장 반응이 좋으니 신한카드에서는 개선된 버전으로 아이폰 맥세이프 기능을 활용한 2세대 모델도 출시했습니다. 이 모델은 폰을 주지 않고 뒷면의 모듈을 건내는 것으로 계산이 되기에 더 편리했습니다.

비록 현재는 신한카드밖에 지원되지 않으나, 추후 전 카드사로 확대되면 호랑이에 날개를… 아니 아이폰에 삼성페이를 달게 될 것으로 기대됩니다. 여기에 더해 2022년 신한카드에서는 '신한 터치결제M'이라는 상품도 출시했습니다. 발상을 전환해서, 이번에는 가맹점의 결제단말기 옆에 비가청음파 수신기를 별도로 설치해야 하는 모델입니다. 아이폰에서 나오는 음

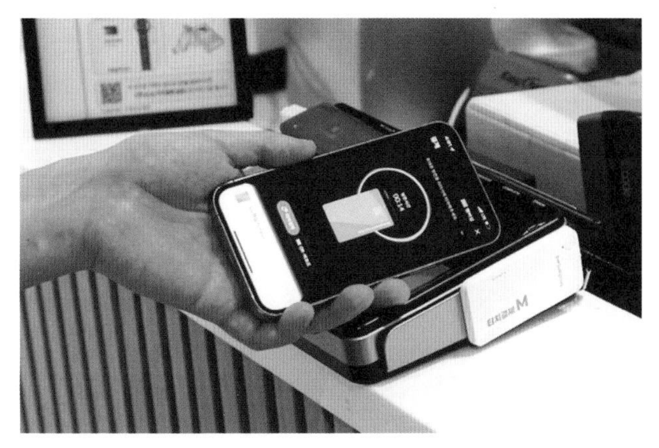

2022년 6월에 발표된 신한 터치결제M.
출처: 신한카드 홈페이지

파를 수신해서, 그에 맞는 자기장을 쏘아서 단말기를 속이는 것이죠. 삼성페이 모듈이 고객의 폰이 아닌 가맹점의 결제기에 붙어 있다고 보시면 됩니다.

오프라인 결제의 중요성

오프라인 결제가 왜 중요할까요? O2O* 때문입니다. 지금 우리나라 결제 인프라는 온라인에서 오프라인으로 내려오는 과도기라고 할 수 있습니다. 실물(현금이나 카드) 없는 결제가 편리하다는 걸 부정할 사람은 없습니다. 이걸 누가 얼마나 간편하게 구현하느냐의 문제죠. 식당 테이블에서 움직이지 않고 주문하고, 결제까지 마치는 것, 온라인으로 주문하고 오프라인에서

* Online to Offline, 온라인과 오프라인의 연계

바로 찾아가는 것. 최종적으로는 손쉽게 들어와서 물건을 들고 자연스럽게 나가는 O2O결제가 모든 사업자가 노리는 최종목표입니다. 이를 위해 오프라인 결제 최적화가 필요한 거죠. 이 경쟁에서 승기를 잡으려면 해결해야 할 것들이 몇 가지 있습니다.

첫째, 결제는 All or Nothing임을 이해해야 한다

결제시장은 그야말로 '모 아니면 도', 'All or Nothing' 시장입니다. 전국 어디에서든 사용가능한 결제수단이 되지 않으면 아무것도 아니라는 말입니다. 몇몇 가맹점에서만 구동되는 결제는 지금도 차고 넘칩니다. 고객이 매번 찾아서 쓰는 것도 한두 번입니다. 결국 캐시백을 엄청나게 주지 않는 한 안 쓰게 됩니다. 삼성페이, LG페이가 잘 되는 건 복잡한 것 없이 어디서든 그냥 쓸 수 있기 때문입니다. 특정 앱을 켜고, 결제버튼을 누르는 등 자꾸 뭘 시키는 방식으로는 캐시백 같은 출혈 유인요소가 없다면 실물 카드나 삼성페이를 이길 수 없습니다.

아주 예외적으로 지역화폐 때문에 제로페이가 기사회생하고 있습니다만 이 또한 유인요소(지자체가 제공하는 5~10퍼센트 내외의 인센티브)가 있어서 그런 거죠. 모바일 결제 분야를 보는 사람이라면 반드시 고민해야 할 포인트입니다. 특정 결제수단을 사용하지만 카드나 현금을 항상 가지고 다녀야 한다면 처음부터 자생력이 없는 겁니다.

둘째, 가맹점주의 속사정을 고려해야 한다

편의점, 대형마트 같은 곳들은 POS 기반의 전산화가 정말 잘 되어 있습니다. 새로운 결제수단이 나왔을 때 바로 반영이 가능한 이유가 이 때문입니다. 본사에서 업데이트만 하면 전국의 가맹점이 순식간에 지원되니까요. 문제는 동네식당 같은 곳이죠. 가령 제로페이를 받는 가게 사장님들은 매일 밤 영업이 끝나면 매출액을 두 번 봐야 합니다. 기존에는 POS만 보면 되었는데 이제는 별도의 제로페이 매출까지 보고 덧셈을 해야 합니다. POS에 합산되어 나오는 곳이 드물거든요.

이게 뭐가 문제냐 하실 수 있습니다. 사장님들은 장사하는 데 집중하기도 시간이 모자랍니다. 기존 프로세스에 뭘 새로 더 하고 배우는 게 힘듭니다. 납작하고 작게 생긴 카드결제기 사용도 어려운데 매출도 따로 잡히고 입금도 따로 되면 번거롭고 싫은 게 당연합니다. 그리고 그렇게 할 이유 또한 부족합니다. 사람들이 많이 찾는 결제방식도 아닌데 굳이 배워야 하느냐고 따지면 할 말이 없는 것이죠.

셋째, 습관의 무서움—사람들은 카드 결제에 익숙하다

제가 아이폰을 한창 쓰던 시절, 저에게 최강의 모바일카드 패키지는 다름 아닌 다음 페이지에 나오는 제품이었습니다.

무려 개당 1000원도 안 하는 고무 사출성형의 걸작, 튼튼한 3M테이프로 접착력도 뛰어난 바로 이 제품! 금융과 핀테크를 19년을 본 저도 아직 이것 이상의 완벽한 모바일카드 패키지를 본 적이 없습니다. 자매품으로는 어머님들이 많이 쓰시는 것(오른쪽 사진)이 있지요.

해외에서는 아직도 현금을 가지고 다녀야 하는 나라도 많습니다. 반면 우리나라는 세계 최고 수준의 카드 인프라 덕에 거의 현금을 꺼낼 일이 없

출처: 알리익스프레스

출처: 쿠팡

죠. 카드로 인해 탈세도 줄고 현금사고도 줄어드는 등 장점이 많습니다. 그런데 이젠 그 익숙함이 핀테크 결제로의 이동에 걸림돌이 되고 있는 것이죠. 아마도 완벽한 모바일 오프라인 결제 환경까지는 앞으로도 수년 혹은 십수 년이 걸릴 것입니다. 누가 또 정말 혁신적인 기술을 들고 나와 세상을 바꿀지, 앞으로 국내 환경이 어떻게 더 변할지 지켜보면 재미있겠네요.

한국에서 BNPL이 어려운 이유

작년부터 BNPL이 계속 화제였습니다. 이는 Buy Now Pay Later의 약자로, '빠르고 간편한 소액신용대출'이라고 정의할 수 있습니다. 엄격한 법규로 무장한 국내보다는 해외에서 먼저 핫해진 사업입니다.

일반적인 직장인이라면 BNPL의 유명세가 이상하다 생각할 수 있습니다. 제가 딱 그랬거든요. 아니 신용대출도 있고, 마이너스 통장도 있고, 카드론도 있고, 김미영 팀장(^^)도 있는데 왜 굳이 생소한 이름의 대출을 빌려야 할까 싶었습니다. 매일 여기저기서 문자가 많이 오죠. 그만큼 한국은 돈을 빌리기 편한 나라입니다.

해외에서 불어온 BNPL의 바람

'돈을 빌리기 편한 나라'라는 의미는 그 나라의 금융시스템이 잘 갖춰져 있다는 말이기도 합니다. 우리는 태어나면서 모두 주민등록번호로 사회 시스템에 등록됩니다. 생애주기 전반이 교육, 국방, 납세 시스템에 잘 연동되어 있습니다. 당연하게 느껴지는 이러한 점들 덕에 금융생활도 어렵지 않게 할 수 있습니다. 신용대출, 신용카드 등의 단어에서 익숙한 신용(信用, credit)의 기본 전제는 바로 '이 사람을 사회적으로 믿을 수 있느냐'라는 것이거든요. 대한민국 국민의 입장에서는 신용 증명이 편했고 금융 역시 이를 기반으로 발달해왔습니다.

그러나 해외는 녹록지 않습니다. 선진국도 신용거래를 위해서는 오랜

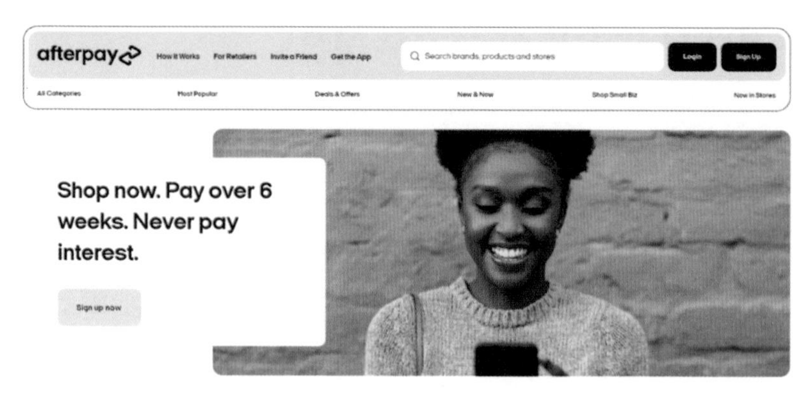

6주 뒤 결제(Pay over 6 weeks)를 강조하는 애프터페이.
출처: 애프터페이 홈페이지

기간의 금융거래 기록을 요구하거나 사회적인 위치를 증명할 것을 요구합니다. 후진국으로 가면 점입가경입니다. 중국이나 인도의 무적자(無籍者, 출생신고가 되지 않은 국민)는 유명하죠. 출생도 관리가 안 되는데 금융은 너무 먼 이야기입니다. 계좌를 열고 싶어도 어렵습니다. 후진국일수록 선불 충전 위주로 발달한 데는 이러한 배경이 있었습니다. 이러니 BNPL이라는 서비스는 해외에서 폭발적인 환호를 받을 수밖에 없었습니다. 그래서 관련 스타트업들이 급속하게 성장했는데요. 호주의 애프터 페이Afterpay, 스웨덴의 클라르나Klarna, 미국의 페이팔PayPal 등이 유명합니다.

더 이상 해외의 유명세를 모른 체할 수 없었던 국내 사업자들 중 핀테크사들이 먼저 칼을 뽑았습니다. 네이버페이를 운영하고 있는 네이버 파이낸셜은 금융위원회를 통해 혁신금융 서비스로 지정받고 BNPL을 시작했습니다. 신용거래가 곤란한 사회초년생이나 무직자, 주부, 학생 등의 금융소외 계층에 소액 신용 기회를 제공하겠다는 취지였습니다. 네이버 후불 결제는

2021년 4월부터 일부 가입자를 대상으로 시범운영을 시작했는데요. 19세 이상 회원에 한해 제공되며 연체 수수료는 연리 12퍼센트입니다. 한도는 최대 30만 원까지 제공됩니다. 프로모션 차원에서 사용액의 1퍼센트를 네이버페이 포인트로 적립해주고 있습니다.

네이버에 이어 쿠팡도 '나중 결제'라는 이름으로 BNPL을 시행했습니다. 연체 시 연리 10.95퍼센트의 수수료를 받습니다. 특이한 점은 한도가 30만 원이 아닌 200만 원까지 가능하다는 점인데요. 쿠팡이 직접 매입해서 판매하는 상품, 즉 직매입 상품에 대해서만 가능합니다. 쿠팡은 셀러들을 입점시켜 판매하기도 하고 자신들이 직접 매입해서 판매도 합니다. 입점한 셀러에 대해서는 거래 중개자로서 쿠팡이 받은 대금을 지급하지만 자신들이 직접 판매한 상품은 외상거래로 처리가 가능한 거죠. 야심차게 시작했지만 쿠팡은 2022년 10월, 과소비와 연체를 유발한다는 우려에 BNPL의 할부결제를 중단합니다. 일시불로 사용은 가능한데, 쿠팡 내부에서 설정한 조건에 맞는 고객에게만 메뉴가 보여집니다. 회사 차원에서 강하게 추진하지는 않겠다는 신호로 보입니다.

토스도 월 30만 원 한도의 BNPL을 시작했으며 카카오페이는 2022년 1월부터 월 15만 원 한도로 후불 모바일 교통카드 서비스를 시행 중입니다. 페이코도 연내에 BNPL 시장에 뛰어들 것임을 선언했습니다.

BNPL이 점점 핫해지자 국내 제1금융권도 하나둘 뛰어들기 시작했습니다. KB국민카드는 다날과 BNPL을 추진하겠다는 발표를 했고, 신한카드 또한 내부적으로 저울질 중입니다.

BNPL의 가능성과 한계

BNPL은 국내 시장에 어떤 파장을 불러올까요? 이를 위해서는 장단점을 살펴봐야 합니다.

BNPL은 기존에 고객이 보유한 신용등급을 보지 않기에 학생, 주부, 무직자 등의 금융소외계층들에게 대안이 될 수 있다는 장점이 있습니다. 금융권에서는 이른바 씬 파일러*라고 부르는 무리인데요. 거래구조상의 이점도 있습니다. 카드의 경우 VAN, PG** 등 중간 사업자가 결제망에 있어 비용이 발생하는 구조였지만 BNPL은 핀테크 사업자와 가맹점 간 직접 거래가 됩니다. 비용 절감이 가능한 것이죠..

장점만 있는 것은 아닙니다. 가맹점 입장에서는 기존보다 비싼 수수료를 내게 됩니다. PG를 통하는 카드 수수료(2~4퍼센트) 대비 높은 5~6퍼센트입니다. 가맹점에선 사실 BNPL을 도입하지 않는 게 나을 수 있습니다. 그러나 해외에서는 BNPL 지원 유무에 따라 매출액 차이가 엄청나게 발생했습니다. 국내 가맹점도 이를 감안하지 않을 수 없었죠. 고객편의를 위해 어쩔 수가 없이 도입하게 된 것입니다.

아직 해결되지 않은 이슈도 있습니다. 네이버 파이낸셜이나 쿠팡이 하고 있는 BNPL은 금융사와 연체정보 공유가 이루어지고 있지 않습니다. 이렇게 한 취지는 금융취약계층이 금융권을 이용할 때 불이익이 없도록 하자는 것이었지만 부작용도 생길 수 있습니다. 금융권에 채무가 있는 사람이

* Thin filer, 금융거래가 거의 없어 관련 기록이 없는 계층

** Payment Gateway, 온라인 가맹점을 위해 결제를 처리해주는 사업자. KG이니시스, KCP, 토스페이먼츠 등이 있다.

BNPL로 채무를 과도하게 더 지게 되는 상황이죠. BNPL을 하려는 핀테크 업체들은 금융사의 연체정보 공유는 필요하다고 요구하고 있지만 협업은 아직 되지 않고 있습니다.

한도 관련 논란도 있습니다. 앞서 보셨듯 국내 BNPL은 30만 원 한도가 대부분인데요. 어디서 많이 본 한도 금액이라고 느끼신 분도 있으실 것입니다. 현재 체크카드에 후불교통카드 기능을 붙여서 이용하는 경우가 많은데, 이때 한도가 30만 원입니다. 비대면으로 계좌를 만들고 실명인증을 하지 않았을 경우 인출한도도 30만 원인데요. 핀테크 측에서는 50만 원을 요구했지만 카드사와 형평을 고려하여 30만 원으로 정해졌습니다. 후불교통카드 사용에는 충분하지만 구매에 쓰기에는 너무 작은 한도라서 실효성에 대한 의문이 계속 제기되고 있습니다.

BNPL의 미래는 어떻게 될까

한창 BNPL에 대해서 말씀드렸는데요. BNPL의 미래는 어떻게 될까요? 이 문제의 답을 찾기 위해 독자들에게 여쭤보고 싶습니다. 혹시 여러분은 BNPL을 이용해보셨나요? 뜨거운 감자로 매번 언론에 소개되고 있는데 반해 주변에서 BNPL을 잘 쓰고 있다는 사람을 찾기는 쉽지 않습니다. 몇몇은 제게 묻더군요. "결제 화면에서 본 적은 있는데, 그걸로 결제하면 뭐가 좋은 건데?"라고요.

가벼운 이 질문 속에 BNPL의 미래가 녹아 있다고 생각합니다. BNPL 자체가 단기 여신상품인 만큼 고객에게 주는 기본적인 가치는 확실합니다.

당장 돈이 없어도 물건을 살 수 있게 해주는 것이죠. 하지만 우리나라에 들어오면 그 가치가 희석됩니다. 30만 원은 현금서비스 한도보다도 작죠. 비대면 은행 대출도 쉬운 나라이다 보니 마이너스통장, 카드론, 신용대출 등이 언제든 가능합니다. 가지고 있는 주식을 맡겨도 대출이 되는 스톡론Stock loan, 자동차를 담보로 받는 대출인 오토론Auto loan 등 대안도 참 많습니다.

30만 원 한도의 BNPL을 쓰는 사람들은 바꿔 말하면 30만 원이 없어서 이 서비스를 이용한다는 말이기도 합니다. 제1금융권에서는 고위험군으로 취급하는 계층이죠. 이런 고객군은 정교한 신용관리가 안 되면 연체율은 기하급수적으로 높아질 수 있습니다. 미국의 신용관리 회사인 크레딧 카르마Credit Karma에 따르면 미국 BNPL 사용자의 34퍼센트는 최소 1건 이상 결제를 연체했고 72퍼센트는 신용등급이 떨어졌다고 합니다. BNPL의 높은 연체율이 이슈가 되자 2021년 12월 미국 소비자금융 보호국(우리나라의 금융감독원)에서는 과소비와 연체율 급등과 관련해 BNPL 업체 조사에 착수하기도 했습니다.

국내는 어떨까요? 2023년 8월 최승재 의원실에서 발표한 자료에 따르면 네이버 파이낸셜, 카카오페이, 토스의 6월 말 연체율은 평균 5.8퍼센트로 나타났습니다. 특히 토스는 7.76퍼센트였습니다. 같은 기간 신용카드사의 평균 연체율이 1.58퍼센트였던 점을 감안하면 매우 높은 수치입니다. 외국처럼 국내에서도 BNPL의 위험성이 부각되기 시작한 것이죠.

혹 BNPL이 고객에게 신용카드 이상의 혜택을 준다면 또 모르겠습니다. 그러나 구조적으로 어려운 이야기입니다. 체크카드는 1~2퍼센트, 신용카드는 3~5퍼센트까지도 고객에게 혜택이 돌아갑니다. BNPL도 여러 이벤트와 캐시백을 하면서 고객을 유혹하지만, 신용카드의 혜택을 이기는 것은 어려워 보입니다.

찻잔 속의 태풍이 될 수밖에 없는 BNPL

개인 신용 점수를 매겨서 공개하는 미국의 페어 이삭Fair Issac이라는 회사에 따르면 현재 미국에는 신용평가를 할 수 없는 성인만 5300만 명에 달한다고 합니다. BNPL을 쓸 수밖에 없는 사람들이 그만큼 있다는 의미입니다. 일찍이 BNPL이 발달한 호주를 비롯한 서구권 국가에는 우리가 잘 모르는 특징이 있습니다. 우리에게는 익숙하고 당연한 '무이자 할부가 되는 카드'가 매우 적다는 것입니다. 해외에는 리볼빙* 은 쓰여도 무이자 할부는 잘 쓰이지 않고 있습니다.

BNPL은 이러한 틈새를 잘 공략해서 해외에서는 킬러 서비스로 자리를 잡았습니다. 그러나 우리나라에서는 '찻잔 속의 태풍'으로 남을 것으로 보입니다. 많은 대체제가 있고, 해외보다 훨씬 더 강력한 결제 서비스가 있으며, 강력한 규제가 있기 때문입니다. 그리고 하나 더! BNPL이 대세가 된 세상을 한번 상상해보세요. 높은 연체금리를 생각하면 그리 유쾌한 일은 아닐 것입니다.

---

* Revolving, 일부 결제금액 이월 약정. 결제해야 할 금액 중 일부만 변제하고 나머지는 다음에 갚는 방식이다.

공인인증서의 빈자리 전쟁

직장인이라면 매년 하면서도 늘 어려운 게 있습니다. 바로 연말정산입니다. 저는 매년 2월 국세청 홈택스 웹사이트를 두려운 마음으로 들어갑니다. 이렇게 관공서를 어쩔 수 없이 들어가야 할 때 저만의 원칙이 있습니다. 첫째, 모바일로 가능하면 모바일에서 끝낸다. 둘째, PC를 써야 하면 절대 내가 사용하는 PC에서는 하지 않는다. 저사양 저가 PC를 금융업무 전용 PC로 만들어서 쓰거나, 윈도우 가상머신을 하나 만들어서 거기서 한다. 요지는 어찌 되었건 절대로 내 주력 PC에서는 하지 않는다는 것입니다.

왜 이렇게 하는지 짐작하실 겁니다. 공인인증서* 와 Active X** 조합에 트라우마가 있거든요. Active X가 욕을 먹으니 EXE 등으로 이름을 바꿔서 나타났지만 여전히 엄청난 존재감을 드러낸 공인인증서. 이 공인인증서가 2020년 12월 10일부로 폐지되었습니다. 1999년 등장한 이후 2020년 12월까지 무려 20년 넘게 시장을 지배해온 '공인'인증서가 사라진 것입니다. 그 자리에는 여러 업체들이 만든 전자서명서비스가 서로 경쟁할 예정입니다. 기존 공인인증서는 만료기간까지 사용 후 공동인증서라는 이름으로 갱신해서 사용이 가능하고요.

* 온라인 전자거래시 활용할 수 있는 전자 인감증명. 과거 "공인인증서"라고 불렸고 독점지위가 폐지되며 현재는 "공동인증서"로 명칭이 변경됨.

** 마이크로소프트가 개발한 웹 브라우저 기술명 중 하나. 구시대 기술로 PC와 웹브라우저 속도저하가 심해서 사용자들의 불만이 심했고, 2020년 11월 기술지원이 종료되며 시장에서 퇴출됐다.

저는 이런 화면이 제일 무섭습니다.
출처: 국민은행 홈페이지

시장에 출사표를 던진 인증서 플레이어 현황을 좀 볼까요? 2023년 상반기 기준 21개 사입니다.

구분	사업자
빅테크핀테크	카카오, 엔에이치앤페이코, 비바리퍼블리카(토스), 네이버, 뱅크샐러드
은행	KB국민은행, 하나은행, NH농협은행, 신한은행, 카카오뱅크, 우리은행, 기업은행
기타	한국정보인증, PASS(통신 3사), 한국전자인증, 한국무역정보통신, 드림시큐리티, 금융결제원, 코스콤

출처: 한국 인터넷 진흥원 KISA

현황 공개가 의무가 아니어서 가입자 수 공개 시점이 들쑥날쑥 합니다. 언론보도된 인증서 발급 건수를 모아보면 PASS*가 3500만 건(2022. 1), 국민은행 1500만 건(2022.11), 토스인증서 2300만 건(2022. 6), 카카오페이인증 3500만 건(2022. 9), 네이버인증 3800만 건(2022. 9)이라고 합니다. 정부와 언론에서는 민간인증서 시장이 열려서 고객편의가 증대되고 서로 선의의 경쟁을 통해 발전할 것이라고 장밋빛 전망을 많이 내놓습니다. 하지만 저는 예전에 본 바가 있어, 그렇지 않을 거라 생각합니다. 이번 글에서는 민간인증서와 간편결제 간의 데자뷰déjàvu, 즉 기시감에 대해 이야기해보려 합니다.

간편결제와 민간인증서의 공통점

지금이야 워낙 대중적으로 쓰고 있는 간편결제입니다만, 과거 2013년까지의 인터넷 결제는 실로 척박했습니다. 카드사는 각자 다른 결제방식을 사용했고, Active X 기반의 보안 모듈이 활개치고 있었습니다. 해외에서는 이베이의 페이팔, 아마존 원클릭Amazon 1-click 등의 쉬운 결제가 보편화되어 있었습니다. 하지만 국내에서는 '카드사 외에는 카드번호를 저장할 수 없다!'는 법규 때문에 간편결제가 어려운 상황이었죠. 오랫동안 계속되던 불편함은 앞서도 자주 나왔듯, 대통령의 천송이 코트 발언으로 해결의 급물살을 타기 시작합니다.

* 우리나라 대표 통신 3사(kt, SKT, LG U+)가 제공하는 휴대전화 본인인증 서비스

급물살을 탄 건 좋은데, 국내는 해외와는 좀 다르게 전개가 됩니다. '다들 사용하는 간편결제를 우리 쇼핑몰에도 도입해서 고객이 편하게 하자!'가 아니라 다음과 같은 식의 양상이 전개되었죠.

(1) 커머스사업자: 우리 쇼핑몰이 규모가 되니 우리도 간편결제를 만들어 뛰어들자!

(2) PG사: 우리 PG를 사용하는 쇼핑몰이 많으니 우리도 간편결제를 만들어 뛰어들자!

(3) 다양한 기타 사업자: 간편결제가 돈이 될 것 같으니 우리도 뛰어들자!

여러분은 간편결제를 몇 개나 알고 있나요? 이쪽 업계 종사자가 아니면 알고 있는 결제 가짓수가 열 개를 넘기기 어려울 것입니다. 그런데 놀랍게도, 2015~2016년 사이 간편결제는 약 50여 개에 이릅니다. 지금까지 소리소문 없이 많은 아무개 페이들이 나타났다가 사라졌습니다. 2014년 말 카카오페이가 출범하고 2023년까지 국내 간편결제 시장은 군소 페이들은 사라지고 어느 정도 정리가 됐습니다. 시장에 살아남은 페이들을 살펴보죠.

- 빅테크/핀테크가 운영하는 페이: 카카오페이, 네이버페이, 토스페이 등
- 강력한 캡티브Captive 마켓을 보유한 유통계 페이: SSG페이, L페이, 스마일페이, 11페이 등

현재도 G마켓에서 네이버페이나 페이코로 결제하는 건 불가능하죠. 이렇다 보니 고객은 자신의 주력카드를 여러 개의 간편결제에 등록해서 사용해야 합니다. 주력카드가 여러 개인 사람은 불편하기 그지 없습니다. 그런데 해결될 기미도 보이지 않습니다. 고객 편의를 생각한다면 한 개의 간편결제로 모든 영역에서 사용하는 게 제일 좋지만, 대형사업자들은 자신의 간편결

제만 확대되길 바라니까요.

여기까지 읽으셨다면 제가 왜 민간인증서와 간편결제가 비슷하다고 하는지 눈치채실 겁니다. 결제시장은 고객과 가맹점, 두 측면을 잡아야 하는 양면시장입니다. 인증서시장도 고객과 인증서 도입처, 양쪽을 잡아야 합니다. 비슷합니다. 그래서 간편결제의 현재 모습에서 민간인증서의 미래가 어느 정도 예상됩니다.

민간인증서의 향방

공동인증서의 우위가 상당기간 지속될 것이다

저는 '민간인증서 시장이 개화되어 본격적인 경쟁이 시작되었다'는 말은 다소 맞지 않다고 생각합니다. 공인인증서가 이름을 바꾼 공동인증서가 훨씬 유리한 자리에서 시작하는 것이죠. 사람들의 사용패턴은 생각보다 잘 바뀌지 않습니다. 관성이 정말 무서운데요. 민간인증서가 지원되더라도 사람들은 늘 해오던 대로 인증서 로그인을 찾을 것입니다. 그렇기에 기존에 인증서를 쓰던 사업자들도 갑자기 인증방식을 바꾸기 어렵죠.

다른 민간인증서는 이제 막 새로 생겼으니 열심히 영업해야 하지만 공동인증서는 공인인증서의 거대한 유산을 물려받으면 됩니다. 여러 금융사 홈페이지의 아이디와 패스워드를 암기하기보다 공인인증서를 SSO*처럼

* Single Sign On, 한 번의 로그인으로 여러 서비스와 웹사이트를 이용하는 것

사용하는 사람도 많습니다. 실제로 그 덕에 마이데이터 도입 이전에는 토스나 카카오페이, 네이버페이에서 PFM*을 손쉽게 구현하기도 했고요. 공인인증서 폐지로 경쟁이 촉발되었다고는 하나 꽤 오랜 시간, 우리는 공인인증서의 그늘 속에 있게 될 것입니다.

인증서는 킬러 콘텐츠가 아니다

혹 PASS 앱을 사용 중인 독자는 본인의 사용 경험를 잘 생각해보면 좋겠습니다. PASS 앱을 평소에 많이 켜고 들어가 보나요? 아니면 인증이 필요한 순간에 잠깐 잠깐 사용하나요?

저희 결제업계에서는 많은 간편결제들이 결제의 그 순간에만 잠깐 호출되어 사용되고 지나가버리는 것을 Pay-thru App이라고(다소 자조적으로) 불렀는데요. 인증 또한 Auth-thru App이 될 가능성이 높습니다. 생각해보면 당연합니다. 인증을 받는다는 건 인증 그 자체가 목적이 아니고 그 이후의 서비스를 쓰기 위함이니까요. 자물쇠가 예쁘고 편리한 것보다 금고 속의 내용물이 중요한 것과 마찬가지입니다. 그래서 카카오, 네이버 등 인증서 사업을 시작한 빅테크 사업자들도 인증사업에 사활을 걸진 않을 것입니다. 네이버 인증서를 쓰고 싶어서 네이버에 가입하는 경우보다는 네이버 열성 유저가 '어? 여기서 네이버인증서도 되네?'라고 만족하는 경우가 훨씬 많겠죠. 주포가 아닌 보조화력으로서 시장변화에 잘 대응하겠다는 전략으로 갈 가능성이 높습니다.

* Personal Finance Management, 개인자산관리

그래서, 최강자는 나오지 않고 고객은 여러 앱을 사용하게 될 것

간편결제는 초기에 마케팅 과열 논란이 있었습니다. 시장을 선점하면 페이팔이나 알리페이처럼 될 수 있을 거라는 기대가 컸기 때문입니다. 고객에게 엄청난 마케팅을 하면서, 가맹점 확보에서도 출혈경쟁이 이어졌죠. 그렇다면 인증서 경쟁은 어떻게 흘러갈까요?

간편결제를 도입해야 하는 온라인 가맹점 수 대비 인증서 사용처는 현격히 적습니다. 또 앞서 말씀드린 부분으로 인해 인증서 사업자들은 출혈마케팅보다는 시장 상황에 맞춰 조용히 경쟁할 것입니다. 고객은 모든 곳에서 쓸 수 있는 인증서가 없으니 점점 여러 앱을 복수로 사용할 수밖에 없습니다. 사업에 참여한 사업자들 대부분이 국민 다수가 사용하는 앱의 운영사입니다. 개별 가입 과정이 귀찮을 순 있지만 인증서 가입과 사용이 어렵지는 않다는 말입니다.

만약 이랬다면 어땠을까

인증서 사업은 제도적으로는 정부와 법령의 영향을 받습니다. 기술적으로는 스마트폰 제조사들의 기술 트렌드, FIDO(Fast Identity Online, 생체인증 국제표준 기관) 정책 등 시장동향에 후행적으로 영향을 받을 수밖에 없고요. 이런 상황에서는 엄청난 인증사업자가 나타나 유일무이한 기술로 시장을 독식하는 건 불가능합니다. 오히려 모든 사업자가 비슷한 방식과 비슷한 절차, 비슷한 기술을 선보일 수밖에 없습니다. 딱 간편결제와 마찬가지입니다.

국내의 수많은 간편결제 중 기술적으로 독보적인 것이 생각나시나요?

제도와 기술이 비슷한 가운데 벌어지는 경쟁은 차별화가 매우 어렵습니다. 그러니 '사용처 확대'와 '고객혜택' 선에서 억지로 차별화포인트를 만들려고 노력하다가 실패하는 경우가 많은데요. 아예 정부차원에서, 정부와 금융기관만이라도 시장의 모든 민간인증서를 수용하도록 강제했다면 어땠을까 생각해봅니다. 완전 자율경쟁으로 두는 것이 오히려 소비자 불편을 초래할 수 있음을 감안하여 사용처를 강제로 확보해주었다면 어땠을까 하는 거죠. 고객이 주로 쓰는 민간인증서 하나로 정부와 금융기관을 다 사용할 수 있다면 지금처럼 다양한 인증서를 두루 써야 하는 것보단 편하지 않았을까 싶습니다.

이러니 저러니 해도 인증서 시장은 아직 초기입니다. 점차 개선되어 갈 것으로 기대합니다. 그동안 독점했던 공인인증서의 빈 자리를 누가 서서히 메꿔나갈지 흥미롭게 지켜보면 되겠습니다.

마이데이터란 무엇인가

ChatGPT*, 메타버스, NFT와 같이 시대를 풍미하는 단어가 있습니다. 금융업계에서도 작년과 올해, 이만큼 뜨거웠던 단어가 있습니다. 바로 마이데이터입니다. 2020년부터 차츰 언론에 오르내리던 이 단어는 2021년 말부터는 뉴스의 단골 소재가 되었습니다. 배경지식 없이 들으면 알쏭달쏭할 겁니다. My Data라니, '나의 데이터'일까요? 거기다 빅데이터가 몇 년 전 트렌드였던 시절을 기억하는 사람에게는 그때와 지금은 무엇이 다른지 궁금하겠죠.

마이데이터는 '개인이 자신의 데이터를 이동시켜 새로운 가치를 창출하도록 돕는 서비스'입니다. 본인 동의하에 개인정보를 손쉽게 관리할 수 있도록 개인의 데이터 통제권을 보장하자는 것이 마이데이터의 취지라고 할 수 있습니다. 해외는 마이데이터를 시장 자율로 제공하고 있는데 반해, 국내는 허가제를 통해 본인이 동의하면 금융데이터를 의무적으로 제공하도록 법을 개정했죠.

마이데이터는 금융을 시작으로 전 산업 영역으로 확산될 전망입니다. 해외는 이미 금융 외에 소셜, 의료, 공공정보 등을 포함한 마이데이터 생태계를 구축하고 있습니다. 국내도 부처별로 마이데이터 정책 및 관련 사업 수행에 한창입니다. 과기부에서는 마이데이터 실증사업을 2018년부터 진행 중이며, 행안부는 공공부문 마이데이터 사업을 진행 중입니다. 보건복지

* Chat-Generative Pre-trained Transformer, OpenAI사가 개발한 대화형 인공지능 챗봇

부도 의료 데이터 전략을 발표하며 마이데이터 사업에 적극적으로 나서고 있습니다.

마이데이터를 위한 환경 변화

마이데이터 시대가 되면, 정보를 관리하는 주체가 현재의 기관 중심에서 개인 중심으로 바뀌게 됩니다. 국내에서는 이러한 사상을 반영하여 데이터 3법(개인정보보호법, 신용정보법, 정보통신망법)이 개정되었습니다. 사실 마이데이터는 관의 주도가 컸기 때문에 법적 변화가 매우 중요하다 하겠습니다. 2018년 3월 금융위원회에서는 본인 신용정보 관리업을 도입하기 위한 최초 논의를 시작했습니다. 이어 11월에 김병욱 의원실에서 신용정보법 개정안을 발의했죠. 이 법이 2020년 1월 국회 본회의를 통과하면서 신용정보법이 입법 예고되었고 2020년 8월부터 시행되었습니다. 법 시행과 함께 본인신용정보관리업(마이데이터 사업자) 예비허가 사전 신청서 접수가 시작되었고 2020년 12월 예비허가 사업자로 총 22개 사가 선정되었습니다. 이후 사업 참여의사를 밝히는 기관은 계속 증가하고 있습니다.

법 이야기는 딱딱하고 재미없지만 마이데이터를 이해하기 위해선 꼭 필요한 부분이니 상세히 살펴보겠습니다. 지금까지는 사업자(기업)가 제3자에게 정보를 제공할 의사를 가지고 요청하면, 고객은 단지 동의 여부만 결정할 수 있었습니다. 마이데이터 도입 이후에는 개인이 의지를 가지고 사업자에게 실행하도록 요구하는 형태가 되어서, 전송정보나 제공받는 대상을 스스로 결정할 수 있게 됩니다.

마이데이터 도입 전에는 정보의 '제공 동의'를 고객에게 받았지만, 도입 이후에는 고객이 데이터의 전송 요구권을 가지게 됩니다. 정보의 주인이라고 할 수 있는 고객이 수동적이 아니라 능동적인 입장이 되는 것이죠. 정보 이전에 대한 결정도 사업자가 아니라 고객이 하게 됩니다. 다만 이로 인해 고객이 결정해야 할 사항들이 엄청나게 많아졌습니다. 독자 중 상당수가 호기심에 (또는 경품에 이끌려) 마이데이터를 가입해봤을 것입니다. 아마도 가입을 진행하며 놀라셨을 텐데요. 단계를 간소화하여 고객 편의를 극대화하는 게 요즘 서비스의 특징임에도, 엄청나게 많은 동의 절차와 인증 과정을 요구하고 있습니다.

이러한 불편함은 법적으로 이를 강제하고 있기 때문에 생깁니다. 예전에는 '동의합니까'만을 물었습니다. 동의하지 않으면 서비스를 이용 못하게 해둔 경우가 많아서 고객은 자신의 정보가 유통되는 것에 대해 일방적으로 끌려갈 수밖에 없었죠. 반면 마이데이터에서는 다음의 사항을 확인합니다.

> 신용정보 제공자 / 이용자 등으로서 전송 요구를 받는 자 / 전송을 요구하는 개인신용정보 / 전송 요구에 따라 개인신용정보를 제공받는 자 / 정기적인 전송을 요구하는지 여부와 요구할 경우 해당 주기 / 전송 요구의 종료 시점 / 전송을 요구하는 목적 / 전송을 요구하는 개인신용정보의 보유기간

마이데이터 사업자 현황

마이데이터는 2021년 12월 한 달간 시범사업을 진행했으며, 2022년 1월 31일 기준으로 55개 사가 본허가를 받았습니다. 이후 조금씩 추가되어 2023년 8월 기준 총 65개 사가 본허가를 받고 사업을 추진 중입니다.

은행(10)	우리, 신한, 국민, 농협, SC, 하나, 광주, 전북, 기업, 대구
보험(3)	교보, KB손해보험, 신한라이프
금융투자(9)	미래에셋증권, 하나증권, 키움증권, NH투자증권, 현대차증권, KB증권, 한국투자증권, 신한투자증권, 교보증권
여신(10)	국민카드, 비씨카드, 우리카드, 신한카드, 현대카드, 하나카드, 롯데카드, 삼성카드, 현대캐피탈, KB캐피털
저축은행(2)	웰컴저축은행, 동양저축은행
상호금융(1)	농협중앙회
신용평가사(2)	나이스, KCB
IT(1)	LG CNS
핀테크(22)	토스, 네이버파이낸셜, 뱅크샐러드, 페이코, 카카오페이, 민앤지, 해빗팩토리, 한국신용데이터, 쿠콘, 핀셋엔, 팀윙크, 보맵, 핀다, 모니, SK플래닛, 아이지넷, 핀크, 뱅큐, 유비벨록스, 핀트, FN가이드, 코드에프
통신(3)	kt, SKT, LG U+
전자금융(1)	11번가
공공기관(1)	우정사업본부

출처: 마이데이터 종합포털

상기 사업자들은 모두 각자의 고객채널로 마이데이터 서비스를 시행 중인 회사입니다. 언뜻 보면 대형 은행들과 카드사가 있기 때문에 이들 간에 정보를 주고받는 것만 생각할 수 있으나 그렇지 않습니다. 앞의 65개 사는 정보를 모아 보여주는 사업자이며, 정보를 제공하는 기관은 훨씬 더 많습니다. 마이데이터 사업에 참여하고 있는 정보제공사는 총 550개이며, 2022년 1월 5일부터 정보를 제공하고 있는 기관은 417개에 달합니다. 마이데이터 연결을 해본 독자라면 '그렇게나 많은 기관이 연결되어 있다고?'라고 생각했을 것입니다. 65개의 마이데이터 사업자들 대부분이 100개 전후의 기관과 우선 연결되어 있거든요. 작은 곳은 50개 미만만 연결되어 있는 곳도 아직 있는 실정입니다. 고객은 자신이 사용하는 마이데이터 서비스에서만 각각의 기관을 연결하면서 보기 때문에 체감하기 힘들지만, 마이데이터 사업이라는 거대한 Pool 안에는 이미 많은 기관이 들어와 있습니다.

기관의 구분에 따라 제공할 수 있는 정보의 형태가 정해져 있는데요. 예를 들면 아래와 같습니다.

- 은행: 예/적금 계좌 잔액 및 거래내역, 대출잔액, 금리 및 상환정보 등
- 보험: 주계약/특약사항, 보험료 납입내역, 약관대출 잔액, 금리 등
- 금융투자업: 주식 매입금액, 보유 수량, 평가금액, 펀드 투자원금, 잔액 등
- 여신전문업: 카드 결제내역, 청구금액, 포인트 현황, 현금서비스 및 카드론 내역 등
- 전자금융: 선불 충전금 잔액, 결제내역, 주문내역(13개 범주화) 등
- 통신: 통신료 납부, 청구내역, 소액결제 이용내역 등
- 공공: 국/관세/지방세 납입증명, 연금보험료 납부내역 등

마이데이터 오픈 이후의 영향

스크래핑 폐지와 API 도입

스크래핑Web scraping은 웹사이트의 페이지를 그대로 읽어와서 정보를 추출하는 것을 말합니다. 우리는 평소에 은행 웹 사이트에 로그인하고, 계좌 입출금 현황을 보는 행위를 합니다. 일종의 로봇이 우리의 아이디와 패스워드, 공인인증서 정보를 가지고 웹사이트를 접속하고, 지정된 위치(계좌 입출금 숫자가 나타나는 영역)의 정보를 가져오는 것이 스크래핑입니다.

스크래핑은 과거 토스나 뱅크샐러드가 PFM을 위해 사용했습니다. PFM은 앞서 말했듯 '개인자산관리'를 뜻합니다. 한 개의 앱에서 여러 계좌와 카드 현황을 동시에 조회할 수 있었던 건 토스 앱이 마치 우리인 것처럼 각 사이트들에 접속한 뒤 정보를 자동으로 모아와 한 번에 보여주었기 때문입니다. 고객은 편리했지만 이 기술은 여러 논란에서 자유롭지 못했습니다. 웹 로봇이 고객인 척하는 것의 적법성 논란, 금융회사에 발생하는 트래픽에 대한 논란, 고객이 체감하는 속도 논란 등에서요.

마이데이터 시대가 되며 큰 변화가 생겼는데, 스크래핑이 법적으로 금지되고 대신 상호합의된 API*를 쓰도록 한 것입니다. 기존에 PFM을 사용하던 고객은 마이데이터 전후로 엄청난 속도를 체감했을 것입니다. 저는 개인적으로 열 배는 빨라진 것으로 느끼고 있습니다. 또한 각 사업자 간 데이터 이동이 체계가 잡히면서 향후 사업자 간 트래픽에 대한 정산의 근거도

* Application Programming Interface, 프로그램끼리 상호작용하는 것을 도와주는 매개 프로그램

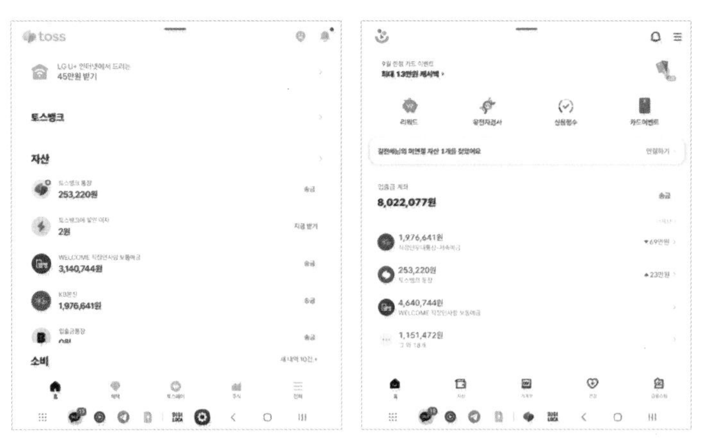

토스(좌)와 뱅크샐러드(우)의 첫 화면. 모두 자신이 보유한 금융자산을 보여주며 시작한다.
출처: 토스/뱅크샐러드

마련되고 있습니다.

생각보다 엄청난 변화는 없었던 PFM

어떤 앱이건 첫 화면에 배치하는 콘텐츠의 중요성은 아무리 강조해도 지나치지 않습니다. 여러분이 앱을 기획하는 입장이었어도 그럴 겁니다. 고객이 가장 자주 찾는 정보를 빠르게 제공함으로써 앱의 MAU와 DAU* 견인이 가능해야 합니다. 핀테크 앱들이 점점 이를 위해 선택하는 콘텐츠가 바로 PFM입니다. 토스도 과거에는 송금 화면이 첫 화면이었는데 PFM으로 바꾸고 MAU가 늘었습니다. 앱을 켤 때마다 송금을 하는 사람보다 입금 받을 돈이 잘 들어왔는지 궁금한 사람이 더 많았던 것이죠.

* Monthly Active User, 월간 활성고객 수 / Daily Active User, 일간 활성고객 수, 한 달/하루 동안 앱을 방문한 사용자가 몇 명인지 나타낸다.

마이데이터 사업 중 가장 빠르게 구현할 수 있는 서비스가 실은 PFM이었습니다. 본인 보유 여러 계좌와 카드, 보험 등 금융정보를 모두 가져와 보여줄 수 있기 때문입니다. 그래서 웹 스크래핑에 기반한 기존의 PFM 대비 큰 변화를 업계에서는 기대했습니다. 하지만 막상 사업이 시작되고 뚜껑을 열어보니 '소문난 잔치에 먹을 것 없는' 형국입니다. 사실 PFM을 통해 보여줄 수 있는 것은 예전부터 다하고 있었다고 봐야 합니다. 마이데이터 시대가 되었다고 해서 기존과 엄청난 격차를 보이기는 힘듭니다.

킬러 서비스의 부재

앞서 쓴 바와 같이 마이데이터로 인해 사업자 간에는 작지 않은 변화가 일어나고 있습니다. 그런데 고객에게는 크게 와닿지 않는 형국입니다. 마이데이터에 가입한 사람에게 진지하게 물어보고 싶습니다. 엄청나게 끌리는 서비스가 있어서 마이데이터 서비스를 가입했나요? 혹은 가입하고 나니 너무 마음에 드는 마이데이터 서비스가 있어서 특정회사의 마이데이터 서비스를 매일 사용 중인가요?

이 질문에 하나라도 그렇다고 답하는 사람이 있을지 궁금합니다. 서비스를 시작하고 2년이 되어가는 현재, 대부분의 마이데이터 서비스들은 천편일률적입니다. 킬러 서비스라 할 만한 것이 보이지 않습니다. 사업자끼리도 엄연한 경쟁 중인데 왜 이렇게 된 걸까요?

많은 이유가 있지만 가장 큰 점은 개인정보를 활용해서 새로 할 수 있는 업무 범위가 엄격한 법규로 규정되어 있다는 것입니다. 마이데이터 사업자는 고유업무, 겸영업무, 부수업무라고 해서 할 수 있는 업무가 규정되어 있습니다. 새로운 사업을 시도할 때마다 규제기관의 해석이 필요한 점은 사업자에게 큰 장벽입니다.

금융권과 핀테크의 대응 비교

마이데이터에 대해 잘 모를 때 사람들이 갖는 오해가 있습니다. '마이데이터 사업', '마이데이터 사업자'라는 표현 때문에 마이데이터를 '사업'으로 이해하는 것입니다. 물론 장기적으로 다양한 BM*이 구현될 때는 그럴 수 있겠으나 현 마이데이터는 사업보다는 인프라 구축 측면이 강합니다. 스크래핑을 API로 바꾸면서 각 사업자들의 정보가 신용 정보원을 허브로 하여 연결되는 것이 사업의 핵심이기 때문입니다. 또한 여러 법규와 제제로 신규 BM을 구현하기가 쉽지 않은 상황이기에 대다수의 사업자들은 가장 기본이 되는 PFM 구현을 우선하고 있습니다. PFM은 핀테크 기업들이 스크래핑 기반으로 예전부터 제공해왔습니다. 그 덕에 많은 고객을 확보할 수 있었고요. 따라서 핀테크 기업들은 상대적으로 여유를 가지고 마이데이터 전환을 맞이하고 있습니다. 반면 금융권 사업자들은 마음이 급합니다. 그동안 하지 않았던 새로운 업무를 고객에게 제공해야 하기 때문입니다.

금융권 앱들은 다들 각자의 역할에 충실해왔습니다. 은행 앱은 그 은행과 관련된 정보를 보여주는 게 가장 큰 목적이었고 카드 앱은 카드 정보를 보험 앱은 보험 정보를 보여주었습니다. 이 공식에 균열이 생긴 건 오픈

* Business Model, 사업 모형

뱅킹부터입니다. 오픈뱅킹이란 A은행 앱으로 B, C은행의 계좌 잔액을 조회하고 이체를 지시할 수 있는 제도를 말합니다. 오픈뱅킹 시행으로 타행의 계좌를 확인하고 이체를 지시할 수 있게 되면서 은행 앱들은 계좌에 대해서는 PFM을 어중간하게 구현하게 되었습니다. 일단 이 앱에서 저 앱의 상황을 보여주기는 하는 것이니까요. 이로부터 약 1년 후 마이데이터를 시작하게 되면서 전면적인 경쟁에 들어서게 된 것이죠.

금융권의 조급함은 다름 아닌 마이데이터 마케팅에서 드러나고 있습니다. 마이데이터 가입 혜택으로 스타벅스 쿠폰 한두 장은 당연한 수준이 되었으며 아이패드부터 현금까지 다양한 마케팅이 동원되고 있습니다. 그만큼 초기 마케팅으로 가입자 선점이 중요하다고 느끼고 있는 것입니다.

금융권에서 하고 있는 마이데이터는 어떤 특징을 가지고 있을까요? 모든 마이데이터 사업자를 리뷰할 수는 없으니, KB그룹과 핀테크 3사의 대응을 살펴보겠습니다.

KB금융그룹

KB는 은행, 증권, 보험, 카드 등 다양한 금융계열사를 보유한 거대 금융그룹입니다. 저는 KB증권과 KB카드를 잘 쓰고 있어서 마이데이터 사업을 KB그룹 전체에서 어떻게 추진할지 궁금했습니다. 계열사가 많고 계열사별로 적지 않은 고객이 있는 터라 앱 전략을 어떻게 가져갈지가 궁금했던 것이죠.

KB그룹은 계열사별로 각개전투를 선택한 모양새입니다. 일단 KB스타뱅킹(은행)이 마이데이터 서비스 중입니다. 2023년 6월 기준 스타뱅킹

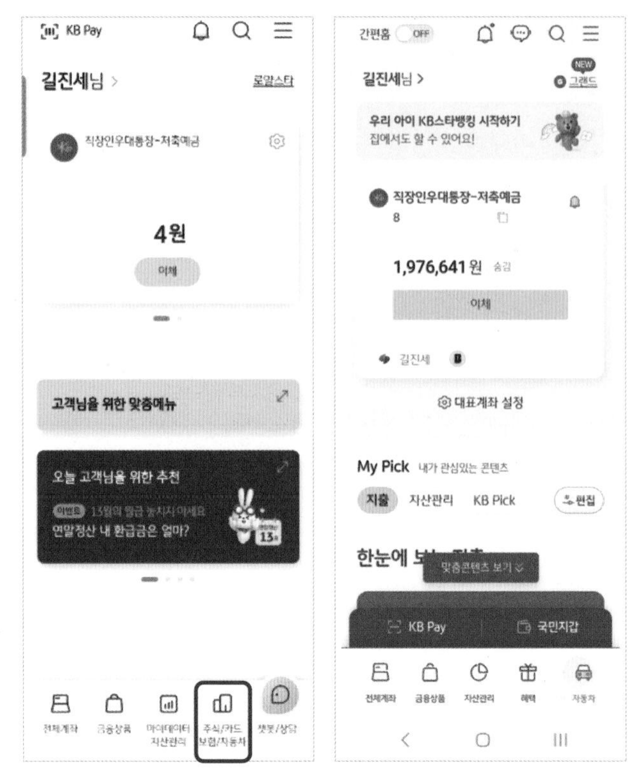

KB스타뱅킹의 2022년 1월 초기화면(좌)과 2023년 8월 초기화면(우).
출처: KB스타뱅킹 앱

MAU는 1152만 명에 달합니다.(A)

제가 금융권 마이데이터 예시로 KB를 택한 이유가 있습니다. 앞서 말한 것처럼 KB그룹은 국내 최정상급의 금융그룹입니다. 거의 모든 금융사업을 하고 있다 보니 자사 상품만으로도 고객 전 생애주기의 Full-line up이 가능합니다. 이게 가능한 금융그룹이 생각보다 많지 않습니다. 이렇다 보니 KB 입장에서는 앱 안에서 자사 상품을 앞장세우면서 마이데이터가 활성화되는 방법을 고심했을 것입니다. 실제로 마이데이터 초기인 2022년 1월에는 하단 메인메뉴를 자사 상품으로 연결하고자 마이데이터 메뉴 옆에 별도로 '주식/카드/보험/자동차'를 빼둔 것을 볼 수 있습니다(54쪽 왼쪽 그림 네모 부분). 마이데이터 사업에서 가져와서 함께 쓸 수 있는 데이터임에도 별도 메뉴로 두고 계속 KB그룹의 상품을 노출하는 것이죠. 고민의 흔적이 보이고 이해가 가지만, 고객 불편을 야기하는 점은 아쉬운 부분이었습니다. 약 2년이 흐르며 KB는 자사 상품과 관련된 콘텐츠를 전면배치하기보다는 타사 마이데이터 정보와 금융 콘텐츠를 전방에 배치하는 변화를 추구했습니다. 마이데이터에 익숙해진 고객들의 눈높이에 맞추겠다는 뜻으로 읽혀집니다. KB그룹의 금융상품만 사용하는 고객보다는 모두를 배려하겠다는 의미로 보여집니다.

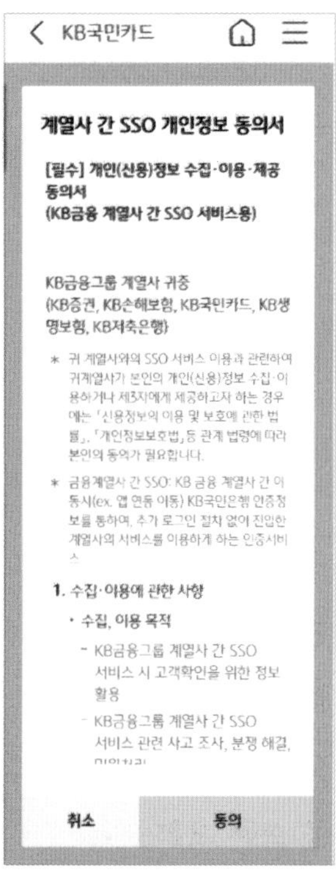

KB스타뱅킹은 증권 등 자회사의 서비스를 SSO로 연결해 앱 안에서 보여준다. 출처: KB스타뱅킹 앱

KB는 스타뱅킹 외에도 복수의 계열사 앱에서 동시에 마이데이터를 서비스하고 있습니다. KB증권 M-able, KB증권 마블링, KB페이, KB손해보험 앱이 모두 마이데이터 서비스를 하고 있습니다. 핀테크의 거센 공습 이후로 금융권에도 원앱과 슈퍼앱* 바람이 한때 불었는데요. 생각해보면 원앱을 위해서는 마이데이터 앱도 그룹에서 하나를 미는 것이 바람직해 보입니

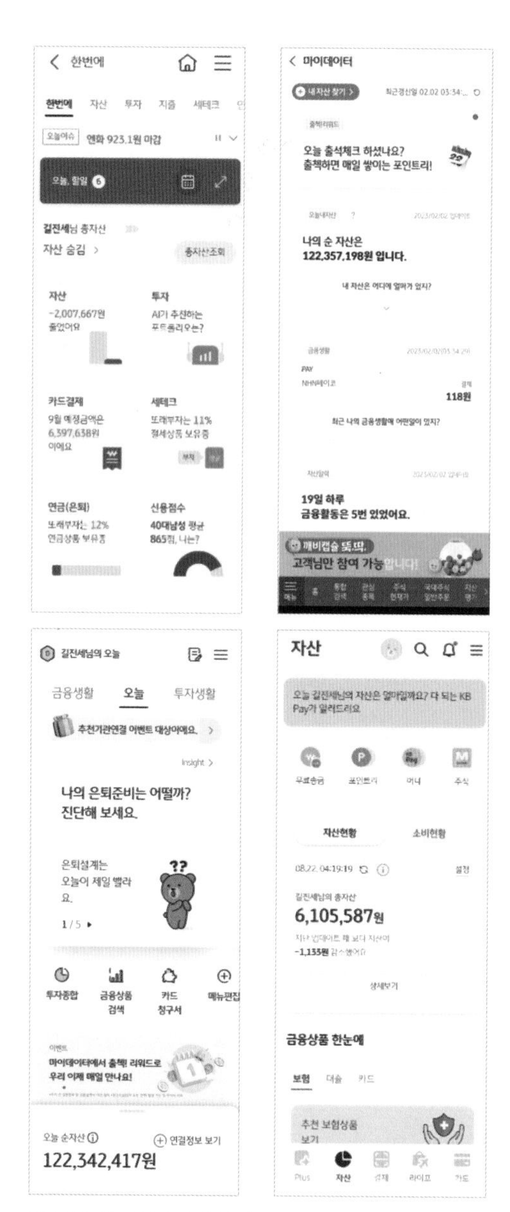

KB그룹 앱 마이데이터 화면. 출처: KB스타뱅킹(상좌)/KB증권 M-able(상우)/KB증권 마블링(하좌)/KB카드 KB페이(하우) 앱

다. 그러나 KB는 스타뱅킹을 통합앱으로 포지셔닝하면서도 마이데이터는 개별 앱들에 동시 적용하는 특이한 전략을 보이고 있습니다. 이것이 제가 KB를 다룬 두 번째 이유입니다. KB는 마이데이터를 각 앱의 보조적 기능으로 정의하고 있는 것으로 보이거든요. 향후 마이데이터에 어떤 BM이 허용될지 아직 모르나 현재는 PFM으로 강제되고 있는 만큼 이는 꽤 영리한 전략입니다.

핀테크 3사의 마이데이터

확고한 간편결제 앱으로 자리를 잡은 네이버페이를 볼까요? 네이버페이는 메인 탭의 가장 왼쪽에 '자산' 탭을 두고 마이데이터를 운용하고 있습니다. 들어가 보면 의외로 구성이 평이합니다. PFM을 위주로 하는 타 앱들과 큰 차이가 없습니다.

카카오페이는 어떨까요? 약속이나 한 듯 메인 메뉴의 가장 좌측에 '자산관리'라는 이름으로 마이데이터 메뉴를 서비스하고 있습니다. 마이데이터 이전에도 스크래핑을 통한 자산관리를 선보이고 있었던 터라 어떤 부분이 바뀌었나 살펴보았지만 크게 달라진 점은 없었습니다.

송금 앱으로 시작해 종합금융포털을 노리고 있는 토스 역시 마찬가지입니다. 기존의 PFM에서 크게 달라진 점이 보이지 않습니다. 마이데이터 사업 초반에 가입절차를 지나치게 간소화하여 여러 언론을 통해 논란이 된

* One App, 다양한 서비스를 하나의 앱에서 원스톱으로 처리하는 모바일 앱을 일컫는 말 / Supper App, 원앱과 같은 의미이며 국내의 카카오톡, 해외의 고젝Gojek, 그랩Grab 등이 이에 해당된다.

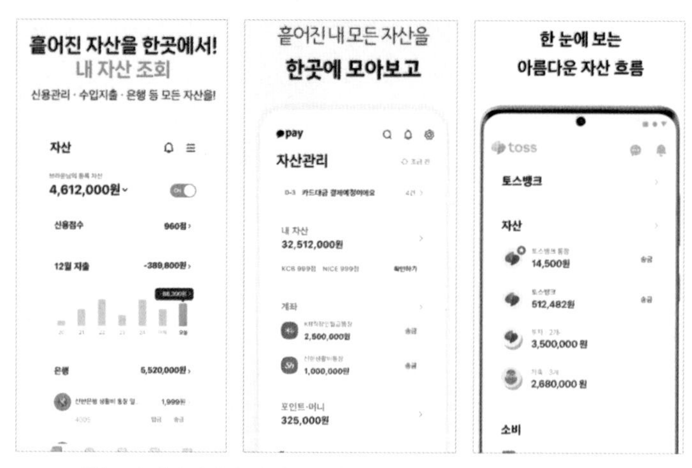

왼쪽부터 네이버페이, 카카오페이, 토스의 PFM 화면. 출처: 구글플레이

적은 있으나(B) 고객에게 체감되는 변화는 없습니다.

사실상 국내 핀테크계의 TOP3 앱임에도 마이데이터에 미지근한(?) 이유는 무엇일까요? 이들은 이미 엄청난 사용자를 확보한 상태입니다. 앞서 소개한 금융권의 앱과 같이 마이데이터 사업을 기회삼아 가입자 확대에 집착할 필요가 없습니다. 마이데이터로 인해 스크래핑이 금지되고 API로 연결해야 하니 이에 대한 대응은 하되, 시장 변화를 지켜보겠다는 전략으로 보입니다. 이들 핀테크사들은 원래 하고 있던 PFM을 통해 이미 고객의 사용패턴, 주로 사용하는 금융사 현황 정보 등을 확보한 상태입니다. 내부에서 분석한 결과 마이데이터 이후에도 PFM의 본질은 크게 변하지 않는다고 판단했을 것으로 보입니다.

마이데이터 사업이 핀테크와 빅테크 업체에 절대적으로 유리한 이유가 여기에 있습니다. 현재까지의 흐름만 놓고 봤을 때, 마이데이터 사업은 스크래핑이라는 (논란의 소지가 있는) 기술로 그동안 고객을 모아온 핀테크를 법의 테두리 안으로 끌고 들어오는 효과를 낳았습니다. 문제는 이미 고객은 핀테크와 빅테크 앱을 주요 채널로 인식한다는 것입니다. 후발주자인 금융권에서는 자사의 마이데이터를 고객들에게 열심히 홍보하지만 고객은 지금 쓰고 있는 앱이 있는데 굳이 다른 서비스를 같이 쓸 필요가 없습니다. 이미 앞선 핀테크를 금융권이 쫓기란 엄청나게 어려운 현실입니다. 금융권은 앞으로도 상당기간 핀테크에 끌려다닐 수밖에 없을 것으로 보입니다.

마이데이터 사업의 미래

앞서 말한 바와 같이 마이데이터 사업은 관의 주도로 진행되고 있습니다. 이제 1년이 지났으니 아직 성패를 논하기에는 이르다고 하겠습니다만, 사업 시작 전 기대했던 엄청난 지각변동은 없었다고 하겠습니다. 마이데이터를 접한 많은 일반 고객들은 마이데이터와 오픈뱅킹도 쉽게 구분하지 못합니다. 일단 이름부터 어렵죠. 그래서 실제로 많은 제1금융권 앱에서는 초기에 마이데이터라는 말을 넣어서 메뉴 이름을 구성했다가 시간이 흐른 뒤 바꿨습니다.

마이데이터 사업의 근본 취지는 개인의 정보 자기결정권을 돌려주겠다는 것이었지만 현재 마이데이터는 '사업'이 아닌 '인프라 정비'에 가깝습니다. 데이터가 다른 업권 간 이동할 수 있는 합법적인 통로가 생김과 동시에 개인이 전체적으로 컨트롤 할 수 있는 수단이 생겼다고 하겠습니다. 향후 몇 년간은 참여기관의 확대, 전송되는 정보의 보강 등 사업 인프라 정비가 계속될 것입니다.

또한 현재는 금융 분야에 국한해 추진되고 있지만 국방, 의료, 교육 등 이종 마이데이터도 본격적으로 추진될 것입니다. 행정안전부에서는 공공 마이데이터를 본격적으로 추진하고 있습니다. 2021년 10월 민원처리법 개정안이 시행되었고 같은 해 12월 전자정부법 개정안도 시행되며 법적 근거가 마련되었습니다. 개인이 요구하면 자신의 행정정보를 은행, 신용정보회사 등에 서류를 발급받지 않고 전자적으로 보낼 수 있게 된 상태입니다. 공공 마이데이터 서비스는 업종별로 제한적으로 시범서비스가 이루어지고 있는데 계속 확대될 것입니다.

마이데이터 시대가 되면 많은 것이 변할 것이라고 생각하는 독자가 있다면 현재는 실망할 수 있습니다. 아직 새로운 BM이 보이지 않기 때문에 변화가 크지 않게 느껴질 것입니다. 이는 김칫국물을 가득 제공한 언론의 책임도 크다고 봅니다. 마이데이터 사업은 개인의 민감한 정보를 여과없이 다룹니다. 세심한 법과 규제가 없다면 대형사고가 터질 수 있는 그야말로 지뢰밭이기에 신중하게 추진해야 합니다.

새로운 트렌드 PLCC

최근 PLCC라는 단어가 여러 매체에서 자주 보입니다. 업계에서도 잘 쓰지 않던 단어인데 언론에서 반복적으로 다루면서 트렌디한 단어가 되었습니다. 카드업계에도 트렌드라는 게 있긴 했지만 일반에 화제가 될 정도는 아니었는데요. 핀테크가 활성화되면서 업계 트렌드도 덩달아 조명받게 되었고 PLCC라는 단어가 스포트라이트를 받게 된 듯합니다. 데이터와 연결되면서 PLCC도 마냥 트랜드로만 치부하긴 어렵게 되었으니 자세히 짚어보려 합니다.

PLCC란 무엇일까

PLCC는 Private Label Credit Card의 약어입니다. 개별 상표를 부착한 카드라는 뜻인데요. 이렇게 말하면 잘 와닿지 않을 것입니다. 그러면 스마일페이 카드라고 하면 어떨까요, 토스 신용카드나 대한항공 카드는요? 아니면 정말 특이한 디자인으로 SNS에서 화제가 된 배달의민족(이하 배민) 카드는 보셨을지 모르겠습니다. 이 카드들이 이른바 PLCC라고 불리는 카드들입니다.

혹자는 이렇게 물을 수 있습니다. "원래 그런 카드들은 많지 않았나요?"라고요. 좋은 질문입니다. 기존에도 엄청난 수의 제휴카드가 있었습니다. 대한항공 제휴카드, G마켓 제휴카드, 현대백화점 제휴카드 등 여러 카드사에서 많은 종류의 카드가 출시되었죠. 제휴카드와 PLCC는 어떤 차이

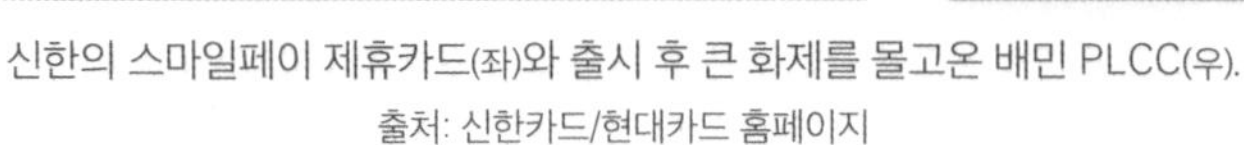
신한의 스마일페이 제휴카드(좌)와 출시 후 큰 화제를 몰고온 배민 PLCC(우).
출처: 신한카드/현대카드 홈페이지

가 있는 걸까요?

우선 카드의 겉모습부터 다릅니다. 혹시 지갑에 제휴카드가 있다면 꺼내서 살펴보시기 바랍니다. 제휴된 회사와 발급한 카드사의 로고가 보일 겁니다. 비자나 마스터와 같은 국제 브랜드사의 디자인도 선명하게 노출되죠. 따라서 신용카드인지 체크카드인지, 어느 카드사인지를 쉽게 알 수 있습니다. PLCC는 많이 다릅니다. 최대한 제휴처를 부각하는 디자인입니다. 처음부터 카드로 보이지 않기 위해서 신용카드라면 필수로 가지고 있는 카드 번호, 유효기간과 같이 중요한 정보를 작게 표시하거나 뒷면으로 넘기는 경우가 많습니다. 마치 해당 제휴처 브랜드의 멤버십 카드처럼 보이게 할 정도입니다. 특히 배민 카드는 이게 신용카드가 맞을까 싶을 정도로 파격적인 디자인이죠. 근엄하고 진지한 금융의 세계에 고등어가 왠 말인가 싶습니다.

대한항공 PLCC는 항공기 티켓과 같이 디자인하여 화제가 되었고 스타벅스 PLCC는 마치 스타벅스 기프트 카드처럼 디자인하였습니다. 토스

토스가 하나카드와 함께 출시한 PLCC.
출처: 토스 홈페이지

가 하나카드와 손을 잡고 내놓은 PLCC는 특이하게 반투명 카드 디자인을 채택했습니다. 내부의 IC칩, 후불교통 기능을 위한 카드 주변의 안테나까지 모두 보입니다. 보통 카드에 있는 엠보싱도 없앴습니다. 대부분의 카드들은 카드번호, 유효기간이 볼록 튀어나오도록 각인되어 있습니다. 이는 과거 신용카드 단말기가 보급되기 이전 시절, 가맹점에서 압인 방식으로 카드를 사용했다는 증빙을 남겼기 때문입니다. 지금 젊은 세대는 모르겠지만, 신용카드 가맹점 단말기가 없던 시절에는 먹지를 대고 카드를 통째로 찍어서 카드가 사용되었음을 인증하기도 하였습니다. 토스 PLCC를 비롯해서 최근 카드들은 디자인에 방해가 되는 요소라 판단하여 그것을 뺀 카드를 출시하고 있습니다.

고객이 느낄 수 있는 PLCC의 특징은 이것만이 아닙니다. 기존 제휴카드와 카드 서비스의 구성에서도 차이를 보입니다. 예를 들어 G마켓 제휴카드와 G마켓 PLCC를 가정해서 비교해본다면요. G마켓 제휴카드는 전월실

적을 30만원을 달성했을 때 G마켓 구매액의 5퍼센트를 5000원 한도로 할인해줍니다. 이동통신요금을 자동이체하면 3000원까지 할인해주고, 어학원과 제휴하여 학원비도 할인해줍니다. 제휴카드는 이렇게 특정 브랜드와 제휴는 하되 여러 가지 서비스를 복합적으로 탑재하였습니다. 특정 브랜드를 선호하는 고객을 타깃으로 하면서도 보편적인 서비스를 태워서 넓은 범위의 고객을 잡으려는 데 목적이 있었습니다. 반면 PLCC는 특정한 브랜드 하나에 철저히 집중합니다. G마켓 PLCC가 나온다면 G마켓 할인과 적립에만 집중하는 것이죠.

고객은 자신이 선호하는 브랜드에서 PLCC가 나오면 즐겁게 사용하면 됩니다. 그렇다면 카드와 연계된 사업자들의 입장은 어떨까요? PLCC를 만들어낸 카드사의 입장과, 스타벅스, 대한항공 같은 브랜드사의 입장에서 살펴보겠습니다.

PLCC를 추진하는 각자의 이유

금융당국은 지난 수년 동안 계속 카드 가맹점의 수수료를 낮춰오고 있습니다. 우리나라는 해외와 달리 카드사의 주요 수익원이 가맹점 수수료입니다. 카드사의 수익성 악화가 우려되자 금융당국은 높은 혜택을 주는 카드에 대해서도 규제해나가고 있습니다. 카드사는 카드 설계 단계에서부터 새롭게 고민할 수밖에 없었습니다. 기존 제휴카드는 대부분의 비용을 카드사가 안는 구조였죠. 카드사는 초기에 적자를 보더라도 고객의 주력카드가 되고 나면 흑자를 볼 수 있었습니다. 초기에 카드를 발급하고 배송하는 비용이 들지만 이후에 고객이 계속 사용해주면 수익도 비례해서 발생하기 때문입니다. 따라서 카드사끼리 혜택 경쟁도 치열할 수밖에 없었습니다. 그런데 이 경쟁에 제동이 걸린 것입니다.

PLCC가 주목받게 된 이유가 여기에 있습니다. PLCC는 하나의 브랜드만을 대상으로 하는 전용카드에 가깝습니다. 그래서 카드에서 발생하는 수익과 비용을 해당 브랜드사와 카드사가 분담합니다. 카드를 출시하면 카드사는 여러 항목에서 수익을 얻게 됩니다. 먼저 연회비가 있고, 고객이 카드를 사용할 때마다 가맹점에서 받는 가맹점 수수료가 있죠. PLCC는 주요한 이 두 가지 수익을 브랜드사와 카드사가 나눠 가집니다. 제휴카드보다 훨씬 더 많은 금액을 브랜드사에 주게 되는 것입니다. 대신 고객에게 혜택을 주는 비용도 브랜드사가 많이 부담하게 됩니다.

유명 브랜드 입장에서는 기존의 충성도 높은 고객을 확실하게 붙잡는 효과가 있습니다. 유명 PLCC카드의 경우 출시되고 나서 고객이 카드에 반해서 신청하는 경우는 거의 없습니다. 대부분의 경우 해당 브랜드에 대해 충분히 알고 있고 충성도 가득한 고객이 자발적으로 PLCC를 발급받습니다. 보통 때보다 혜택 서비스를 강하게 만들기에 브랜드사에서도 비용이 발생하지만 고객을 확실히 관리할 수 있으니 PLCC에 집중하게 됩니다.

신규 가입 절차 또한 기존의 카드와는 많이 다르다 보니 카드사 입장에서는 카드 모집에 들어가는 각종 비용이 거의 들지 않습니다. 유명 브랜드의 채널을 통해 발급되는 경우가 많기 때문입니다. 스타벅스 PLCC가 스타벅스 앱과 홈페이지를 통해 발급되는 거죠. 또 매번 반복되어 온 것처럼 혜택 위주의 경쟁구도에서 벗어나 유명 브랜드의 시장지배력을 빌려서 카드 발급을 유도할 수 있는 큰 장점이 있습니다. 즉, 카드사와 브랜드 모두 윈윈할 수 있는 구조입니다.

스타벅스와 같은 브랜드사들은 제휴카드로 진행할 때보다 PLCC로 진행할 때 훨씬 더 많은 데이터를 받을 수 있습니다. 고객과 관련된 정보는 대부분 카드사가 가지고 있습니다. 일반적인 제휴카드는 카드사와 브랜드사가 계약할 때 비용율을 중심으로 협의를 하지 데이터에 관해서는 별도로 논의하지 않죠. 그러나 PLCC는 카드 신청 고객 정보는 물론, 그 고객의 카드 사용 정보도 브랜드사가 받는 경우가 많습니다. 애초에 가입부터 브랜드사를 통하는 경우가 많기 때문입니다.

PLCC를 가장 적극적으로 추진하고 있는 곳은 현대카드입니다. 현대카드는 국내 제1호 PLCC인 이마트 카드를 출시했습니다. 이어 G마켓과 옥션으로 대변되는 이베이 그룹과 제휴하여 스마일 카드를 내어 국내에 PLCC를 알렸습니다. 스마일페이 카드는 출시 2년 만에 발급자 수가 100만 명을 돌파하며 유명세를 탔습니다. 고객 정보와 마케팅의 유리함 때문에 스마일 카드 또한 이베이 그룹의 적극적인 지원이 있었습니다. 실제로 지금도 G마켓의 결제창을 보면 스마일 카드를 지속적으로 노출시키고 발급을 유도하는 것을 볼 수 있습니다.

현대카드는 이후 다양한 PLCC를 내보였습니다. 오랫동안 삼성카드가 전담하고 있던 코스트코를 빼앗아와서 코스트코 PLCC를 낸 것은 유명합니다. 코스트코는 카드 결제에 대해 독특한 정책을 취하고 있는데요. 한 나라에서 1개 카드사만 계약하여 결제를 받는 것입니다. 코스트코에서는 현금과 현대카드 외에는 다른 카드로 결제가 불가능합니다. 현대카드는 코

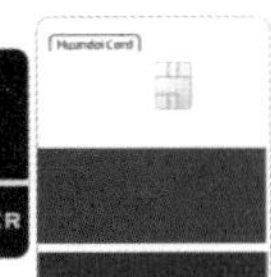

코스트코는 자사의 멤버십과 PLCC를 같이 보여주며 카드 발급을 유도하고 있다. 맨 오른쪽이 코스트코와 현대카드의 PLCC, 나머지는 코스트코 멤버십 카드. 출처: 코스트코 홈페이지

스트코 제휴를 이루어내면서 전용 PLCC를 출시했습니다. 코스트코 구매액의 적립율을 기존 대비 세 배까지 늘린 것이 특징입니다. 현대카드는 코스트코 외에도 네이버, 야놀자, 대한항공, 배민, 스타벅스, 현대차, 기아차, GS칼텍스, 쏘카, 무신사 등 업계 유명 사업자들과 PLCC를 냈습니다. 향후에도 제휴사와 데이터를 활용한 마케팅을 확대해나갈 것으로 보입니다.

데이터의 중요성으로 더욱 부각되는 PLCC

몇 년 전부터 빅데이터와 IoT, 제4차 산업혁명 등의 키워드가 뜨거워졌습니다. 동시에 데이터 산업이 각광받고 있죠. 2022년부터 마이데이터가 본격적으로 시작되는 등 핀테크 분야에서도 데이터의 중요성은 커져가고 있습니다. 유통/통신/금융 영역의 초대형 사업자들이 모두 데이터를 활용해서 어떻게 사업을 전개할지 고민하고 있는데요. 데이터 확보라는 측면에서 PLCC는 좋은 대안이 되고 있어, PLCC는 향후 더욱 활성화될 전망입니다.

중국은 어떻게 간편결제 강국이 되었나

지난 몇 년간 늘 중국은 간편결제의 모범사례처럼 언급되어 왔습니다. 간편결제는 우리나라도 사용하고 있지만 중국처럼 온/오프라인 전방위적으로 사용하는 나라는 세계적으로도 찾기 어렵습니다. 우리나라 사업자 입장에서는 참 부러운 부분입니다. 그래서 중국의 간편결제를 따라해보려는 많은 노력이 있었습니다. 지금도 많이 보이는데요. 가게 계산대 한구석에 서 있는 카카오페이 QR결제 입간판을 많이 보셨을 겁니다. 페이코의 로고가 큼지막하게 박힌 결제 단말기도 많이 보셨을 것이고요. 제로페이 QR은 말할 것도 없습니다. 그러나 시장 안에 보편화된 모바일 결제방식은 찾기 어렵습니다. 아직도 국내는 신용카드와 현금이 가장 유효한 수단입니다. 왜 이런 격차가 생긴 걸까요? 이를 이해하기 위해서는 중국과 한국의 차이를 이해해야 합니다.

위조지폐의 천국이었던 중국

2021년 중국 인민은행이 밝힌 바에 따르면, 중국에서 수거되는 가짜 지폐(위폐) 총액은 연평균 8억 위안에 달한다고 합니다. 8억 위안이면 현재 환율로 약 1500억 원입니다. 수거되는 총량이니 실제로 유통되는 규모는 더 클 것입니다. 인터넷에서는 중국 ATM이나 은행에서 받은 돈임에도 위폐로 감별되는 경우가 있었다는 증언을 심심치 않게 찾을 수 있습니다.

가짜 계란이나 가짜 버블 티 제조 뉴스로 온 세계를 경악하게 했던 나라인데 위폐가 없을까요? 나라가 크고 사람도 많다 보니 위폐는 여러 사회문제를 일으켰습니다. 보통 위폐에 대해서는 국가가 나서는데요. 워낙 위폐 규모가 크고 광범위하게 문제가 되다 보니 중국에서는 상인들조차 현금을 받기 전 위폐 감별기를 가계에 두고 확인하게 되었죠. 돈을 내는 사람도, 받는 사람도 위폐 문제 해결의 필요성을 느끼게 되었습니다. 이 부분이 중요합니다. 적절한 대안이 나타나면 바로 이동할 준비가 된 것이죠.

100위안 지폐 비교. 아래가 위폐다. 출처: 나무위키

유선을 건너뛴 무선 정책과 저가 스마트폰

중국 전역에 유선전화를 설치하려면 전 세계에 매장되어 있는 모든 구리를 써도 안 된다는 우스갯소리가 있었습니다. 그럴수도 있겠다 싶은데요, 여기에 대한 사실 확인은 못하게 되었습니다. 중국은 유선 인프라 설치를 건너뛰고 바로 무선망을 확충하는 정책을 폈기 때문입니다. 또한 저렴한 가격의 내수용 스마트폰 보급이 시작되었습니다. 우리는 샤오미Xaomi나 오포Oppo 제품을 저렴한 가성비 폰으로 알고 있지만 실제 중국 현지에서는 이보다 훨씬 더 저렴한 스마트폰도 많이 만들어지고 있습니다. 애플 아이폰과 달리 안드로이드폰은 오픈소스 기반이기에 중소제조사들도 자유로운 제조

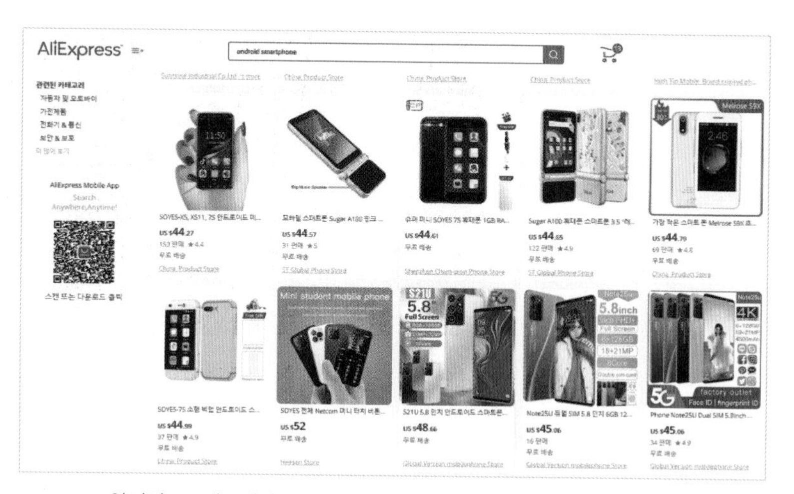

알리익스프레스에서 '스마트폰'으로 검색해보면 20~50달러의 중저가
스마트폰을 많이 판매하고 있다. 출처: 알리익스프레스

판매가 가능합니다. 중국은 전 세계 스마트폰 제조사들의 공장 역할을 해왔던 터라 제조금형과 기술을 발전시키기도 좋은 입장이었습니다.

앱 마켓의 파편화로 QR 활용도 증가

해외여행을 가면 보통 로밍 신청을 하고 비행기에 타실 텐데요. 저는 좀 더 저렴하게 데이터를 많이 사용하고 싶어서, 여행하는 국가의 현지 유심을 꼭 구입하는 편입니다. 우리나라와는 달리 해외는 무기명 선불 유심도 잘 발달되어 있어서, 시내 어디서나 편리하게 구매해서 사용할 수 있습니다. 국내의 로밍 비용이 보통 하루 1만 원씩 적용되는데 속도나 용량에 제한이 있음을 감안하면 현지에서 유심을 구입하는 게 더 이익이거든요.

샤오미 자체 앱스토어 화면. 중국은 사설 앱 마켓이 활성화되어 있다. 출처: 샤오미 앱스토어

몇 차례의 중국 여행 때마다 현지 유심으로 개통을 하고 데이터를 사용했는데 큰 불편함이 있었습니다. 중국 현지 유심으로는 구글의 여러 서비스 사용이 불가능했기 때문이죠. 중국 정부 차원에서 구글 서비스를 제한하고 있기 때문입니다. 해외에서 구글 맵이 안되는 불편함은 정말 당해본 사람만이 아는데요. 저도 뒤늦게 알고 중국 현지 지도 앱을 다운받아 사용해야 했습니다.

구글 서비스들이 안 된다는 말은 구글플레이(앱 마켓)도 안 된다는 뜻입니다. 이 또한 처음에 적잖게 당황하게 한 부분이었는데요. 저는 현지인들은 필요한 앱을 어디서 다운받는지 궁금했습니다. 앞서 말씀드린 것처럼 안드로이드폰은 오픈소스 기반이기 때문에 제조사나 다른 사업자가 별도의 앱 마켓을 운영할 수 있습니다. 우리나라의 원스토어가 좋은 예입니다. 샤오미 등 스마트폰 제조사와 텐센트Tencent 같은 중국 대형 IT사업자가 별도로 앱 마켓을 운영하고 있습니다. 이런 마켓이 무려 400개에 달하는데 상위 10개 마켓이 90퍼센트의 점유율을 보이고 있다고 합니다.

이런 특수한 환경 덕에 중국에서는 다른 나라에서는 볼 수 없는 문제가 생겨납니다. 바로 앱 다운로드를 홍보하는 문제입니다. 우리나라는 길에서 볼 수 있는 광고판에서도, TV CF에서도 다운로드 방법을 간단하게 안내합니다. '구글플레이에서 OO을 검색하세요!' 하는 식이죠. 그러나 중국에서는 여의치 않습니다. 그래서 그곳에서 흔히 볼 수 있는 게 바로 앱 다운로드를 안내하는 QR입니다. 자신들이 홍보하고자 하는 앱의 다운로드 링크를 QR로 만들어서 홍보하는 건데요. 이 링크를 통해 APK(안드로이드 설치파일)를 다운받는 것입니다. 자신이 필요한 프로그램을 자연스럽게 QR을 통해 다운받는 경험을 하다 보면 점점 더 QR에 익숙해지게 됩니다.

선불지급수단의 빠른 확대

우리나라는 신용사회입니다. 일반인들끼리 이야기할 때는 '서로 믿을 수 있는 사회' 정도의 의미일 것입니다. 그러나 금융에서 말하는 신용사회는 좀 다릅니다. 이 사람을 믿고 돈을 빌려줄 수 있느냐의 의미가 됩니다.

중국에서 위챗으로 결제하며 찍은 사진. 현금을 들고 다닐 필요가 없다.
출처: 위챗 홈페이지

우리나라는 출생부터 주민등록번호와 여러 가지 사회 시스템으로 관리를 받습니다. 차를 사거나 집을 소유하는 것, 직업, 소득내역 등이 정부나 금융기관을 통해 관리되죠. 우리는 당연하게 여기는 이러한 점들이 해외에서는 그렇지 않은 경우가 많습니다. 특히 중국과 인도처럼 인구가 폭발적으로 늘어나는 나라에서는 출생이나 사망 관리조차 제대로 되지 않습니다.

개인에 대한 정보가 적으면 금융기관에서는 제대로 된 금융거래를 하기 어렵습니다. 계좌를 열어주거나 신용카드를 발급해주는 게 힘들어집니다. 그래서 인도, 중국 등에서는 우리나라와 여러 모로 다른 금융 형태가 나타났습니다. 계좌는 없지만 온라인 거래를 해야 하는 경우가 많다 보니 선불충전수단이 발달한 것입니다. 우리나라로 치면 티머니, 캐시비나 네이버페이, 쿠페이 등을 예시로 들 수 있겠네요. 여러분이 계좌나 신용카드가 없어서 네이버페이 포인트를 무통장입금으로 충전해서 사용한다고 생각하시면 비슷할 것입니다.

중국의 주요 선불지급수단은 유명한 알리페이와 위챗페이가 있습니다. 알리바바 그룹은 중국의 온라인 커머스를 꽉 잡고 있다 보니 선불충전 계정이 같이 발달했고, 중국의 국민 메신저인 위챗에서 쓰이는 선불충전수단인 위챗페이도 대중화되었습니다. 대부분의 중국인들이 이 둘을 같이 사용하고 있죠.

장점이 총집화된 중국의 간편결제

앞서 말씀드린 사항들을 종합해볼까요? 중국정부는 위폐에 골머리를 앓고 있었습니다. 중국은 유선보다 무선에 집중했고, 저렴한 안드로이드 스마트폰 보급율이 높습니다. 국민들은 QR에 익숙하고, 선불충전지급수단을 잘 사용하고 있었습니다.

애초에 우리나라와는 태생부터 다른 이러한 배경이 있다 보니, 오프라인에서 QR을 찍고 자신의 QR을 보여주며 결제를 하는 게 쉽게 퍼진 것입니다. 고객은 원래 가지고 있던 선불계정으로 돈을 내는 것에 익숙합니다. 가맹점주도 위폐 걱정없이 돈을 받을 수 있으니 만족합니다. 중국 정부 역시 위폐 문제가 해결되고, 개개인의 자금의 흐름을 체계적으로 파악할 수 있어 만족합니다. 흔치 않게도 관계자 모두가 행복한 윈윈이 가능해진 것이죠.

이는 뒤집어 말하면 우리나라나 다른 선진국에서 오프라인 간편결제가 그만큼 늦게 보급되는 이유이기도 합니다. 우리나라는 신용카드 인프라가 너무 발달해있습니다. 신용카드 한 장만 가지고 나가도 거의 모든 경제

활동이 가능한 나라는 선진국 중에서도 많지 않습니다. 경쟁이 치열하다 보니 카드사들은 서로 더 많은 혜택을 주려고 출혈경쟁까지 합니다. 현재 상황에서는 가맹점주가 굳이 새로운 결제수단 도입을 위해 장비를 설치하고 POS기기 조작방식을 배워야 할 이유가 없습니다. 고객 또한 잘 쓰고 있는 수단이 있는데 모바일 결제로 넘어가야 할 이유도 없습니다. 무엇보다 한순간에 전체 가맹점이 특정 모바일 결제수단을 받지 않는다면 고객은 만일의 사태에 대비하여 항상 현금이나 카드를 가지고 다녀야 한다는 말이 됩니다. 이러니 우리나라에서는 오프라인 간편결제가 쉽지 않은 것입니다.

결제에는 국가별 상황과 문화, 성향까지도 영향을 끼칩니다. 우리나라도 오프라인 간편결제의 발전을 추구한다면, 중국이 발전한 이유를 잘 연구해보고 우리 상황에 맞는 방식을 찾아야 할 것입니다.

카카오뱅크가 플랫폼이 될 수 있을까

최근 몇 년간 주식도 호황이었지만 공모주도 뜨거웠습니다. 직장생활을 오래 하면서 이런저런 주식투자를 하고 있었지만 저도 공모주를 해본 건 2021년이 처음입니다. 왜 그동안 안 했냐고 물으신다면, 몰라서도 있겠지만 '귀찮아서'라고 답하겠습니다. 공모주 청약을 어디서 어떻게 하는지 공부하는 것도 일이었고 그 정도 시간을 투자해도 수익율이 썩 좋아 보이지도 않았거든요.

그런 저를 처음으로 움직인 종목이 있었으니 시장의 엄청난 관심을 끌었던 카카오뱅크입니다. 그때 열기는 정말 대단했는데요. 2021년부터 최초로 도입된 균등배정 제도 덕분에 학생들과 주부들 명의까지 동원해서 청약에 들어가는 진풍경이 펼쳐졌습니다. 2021년 7월 26일과 27일, 이틀간 진행된 청약기간 동안 청약증거금만 57조 원이 몰렸고 증권사별 청약경쟁율은 최소 167.3:1에서 최대 203.1:1까지 치솟았습니다. 마지막 날 오후부터는 제가 속한 여러 단톡방마다 몇 주나 받을 수 있을지 서로 의견을 나누는 모습이 심심치 않게 보였죠. 아마 저 말고도 많은 분들이 카카오뱅크 청약을 했지 싶습니다.

그렇게 어렵게 받은 카카오뱅크 주식을 저는 받고 바로 팔았습니다. 한치의 망설임도 없었습니다.

사실 그때는 카카오뱅크에 대한 기대감이 대단했기 때문에 길게 보고 투자하겠다는 분들도 많았습니다만, 저는 정말 한치의 망설임도 없었습니다. 결과론적인 이야기지만, 그때의 제 선택은 옳았습니다. 이후 카카오뱅크는 수직낙하라는 표현이 어울릴 정도로 급락했으니까요. 아직도 가지고 계신 분께는 속이 쓰릴 수 있지만 냉정하게 돌아봐야 할 시점이 아닌가 싶습니다. 카카오뱅크는 과연 예전 주가를 넘어설 수 있을까요? 그 가능성을 살펴보기 위해서는, 우리가 웹과 모바일 세상에서 지겹게 듣던 단어인 '플랫폼'에 대해 생각해봐야 합니다.

상장 전에 플랫폼을 논하다

2021년 6월 말, 카카오뱅크의 증권신고서가 공개되었습니다. 증권신고서는 10억 원 이상 유가증권을 모집할 때 증권거래법에 따라 해당 유가증권과 회사의 내용을 기재한 서류를 말합니다. 회사가 생각하는 사업의 방향과 예상 주가전망 등이 있어 꼼꼼히 읽어보면 큰 도움이 됩니다. 시장의 기대가 컸던 만큼 카카오뱅크의 증권신고서가 나오자마자 저도 읽어보았습니다. 참 특이하게 느껴졌던 것이, 카카오뱅크는 사업을 두 가지로 구분하고 있는 것이었는데요. 바로 뱅킹 비즈니스와 플랫폼 비즈니스입니다. 인터넷전문은행이니 뱅킹 비즈니스는 이해가 가지만, 플랫폼이라… 어찌 보면 대

마. 종류별 영업 현황

당사의 영업은 크게 뱅킹 비즈니스 부문과 플랫폼 비즈니스 부문으로 구분할 수 있습니다. 당사는 인터넷전문은행으로서 기본적인 여수신 상품을 포함한 은행업 상품 및 서비스를 제공하는 한편, 모바일 앱 기반의 디지털 플랫폼 사업자로서 금융업 뿐 아니라 비금융업 전반에 걸친 여러 파트너사들과 제휴하여 고객들에게 다각적인 서비스를 제공하고 있습니다.

구분	주요 취급 업무
뱅킹 비즈니스	예금, 대출, 외화송금, 지급결제 등
플랫폼 비즈니스	주식계좌 개설, 제휴사 대출 추천, 제휴 신용카드 등

2021년 카카오뱅크 증권신고서. 출처: 카카오뱅크 홈페이지

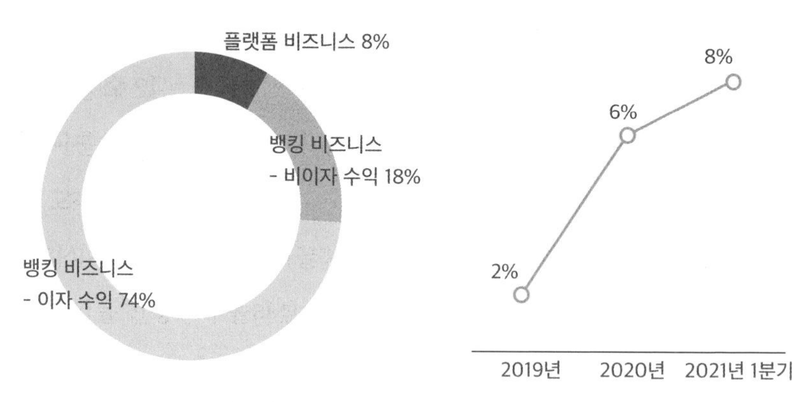

2021년 카카오뱅크 증권신고서. 출처: 카카오뱅크 홈페이지

단한 자신감이란 생각이 들었습니다.

어떤 회사이건 주주들에게 미래가치 증대를 위해 비전을 제시하는 게 일반적입니다. 저는 카카오뱅크가 어떤 비전을 제시할지 궁금했는데, 거기에 플랫폼이라는 말을 쓸 줄은 정말 몰랐습니다. 카카오뱅크에서는 플랫폼 비즈니스의 정의를 외부상품 연계로 보고 있었습니다.

전체 사업 중 플랫폼 비즈니스 수익 비중이 계속 높아지고 있음을 증권신고서에서 강조하고 있었습니다. 앞으로 외부 상품을 팔아주는 매대賣臺 역할이 더 커지면서 수익을 창출할 것으로 본 것입니다. 이 부분이 저는 좀 의아했습니다. 여러분은 플랫폼을 어떻게 정의하고 계신가요?

앱 비즈니스를 잘 모르는 사람에게 "카카오톡이 플랫폼 같나요?"라고 물으면 그렇다고 답할 것입니다. 카카오톡 위에서 온갖 비즈니스가 굴러가고 있기 때문입니다. 그런데 카카오뱅크는 그 위에서 뭐가 굴러갈까요? 애초에 인터넷전문은행이라는 업業이 다른 무언가를 굴릴 수 있는 판이 맞을까요? 그래서 저는 플랫폼이라는 단어에 위화감을 느꼈습니다.

제 의구심에 답하듯 2021년 7월 26일 BNK투자증권의 김인 연구원은 '카카오뱅크는 은행이다!'라는 제목의 리포트를 냈습니다. 보통 증권사의 리포트는 좋은 이야기만 잔뜩 넣고, 안 좋다 싶을 때는 'Hold' 정도로 의견을 냅니다. 늘 맞춘다는 보장도 없거니와 굳이 해당기업과 각을 세울 필요도 없기 때문인데요. 그러나 이 보고서에는 직설적으로 '장외시장 가격은 어이없는 수준이며 비교할 가치도 없음', '이해하기 힘든 비교기업 선정'이라는 강한 워딩이 사용되어 화제가 되었죠.

당시 BNK투자증권은 이 보고서를 내고 투자자들의 항의에 하루만에 내려야 했습니다. 당시 카카오뱅크의 투자 열기가 너무 뜨거웠기에 큰 화제가 되었죠. 그리고 시간이 흐른 후 웃프게도 BNK보고서가 옳았다는 기사가 나왔습니다.

상장 직후 현재까지의 주가 흐름

이런저런 논란 끝에 2021년 8월 6일 상장한 카카오뱅크는 첫날 시가총액 32조 원으로 코스피 11위에 오릅니다. 당시 국내 금융지주 1위인 KB금융의 시가총액 22조 원을 훌쩍 뛰어넘은 거죠. 겨우 4년 된 인터넷전문은행이 여러 금융사를 거느린 금융지주사를 제치는 지각변동은 관망하던 투자자들의 투심에 불을 붙였습니다. 엄청난 상승곡선을 그리며 주가는 9만 4400원까지 오릅니다. 그러나 시간이 흐를수록 주가는 추락을 거듭하여

1만 5800원까지 떨어지기도 했습니다. 글로벌 장세 탓을 할 수도 있겠지만 카카오뱅크의 성장성에 의구심을 보였기 때문이 아니냐는 분석도 많습니다.

카카오뱅크는 2023년 8월에 2023년 2분기 실적을 발표했습니다. 고객 수 2170만 명, 영업이익 1118억 원을 기록해서 전년동기 대비 50.3퍼센트 증가한 규모입니다. 제가 눈여겨보고 있는 '플랫폼 수익'도 다각화 중이라고 밝혔습니다. 카카오뱅크를 통한 대출이동제도 전체 금융권 중 10.5퍼센트를 달성했고 증권계좌 개설도 누적 630만 좌로 순항 중입니다. 2023년 6월부터는 발행어음 판매도 시작했고 제휴 신용카드도 누적 69.7만 좌를 달성했다고 합니다.

숫자들만 보면 높은 증가세를 보이고 있는 것 같습니다. 하지만 저는 카드사에 있다 보니 카드 숫자가 특히 눈에 들어오는데요. 통계청 국가통계포털KOSIS의 2023년 1분기 국내 개인 신용카드 발급 수는 165만 좌 수준으로 나옵니다. 월평균 55만 좌입니다. 해당기간 동안 카카오뱅크를 통해 발급된 카드 수는 7.4만 좌로 국내 개인신용카드 전체 발급량의 4.5퍼센트 정도가 카카오뱅크를 통해 발급되었다고 할 수 있습니다. 발급채널로서 높은 숫자일 수 있으나, 플랫폼이라고 하기에는 조금 약해 보입니다.

주목해야 할 부분은 또 있습니다. 영업수익 자체는 매년 성장하고 있으나 이는 엄청난 이자수익 덕분입니다. 경기가 어렵다 보니 대출이 큰 폭으로 상승한 탓이죠. 반면 제가 주목해서 보고 있는 플랫폼 수익은 취급상품의 종류는 늘어가고 있음에도 수익액은 줄어드는 것을 볼 수 있습니다.

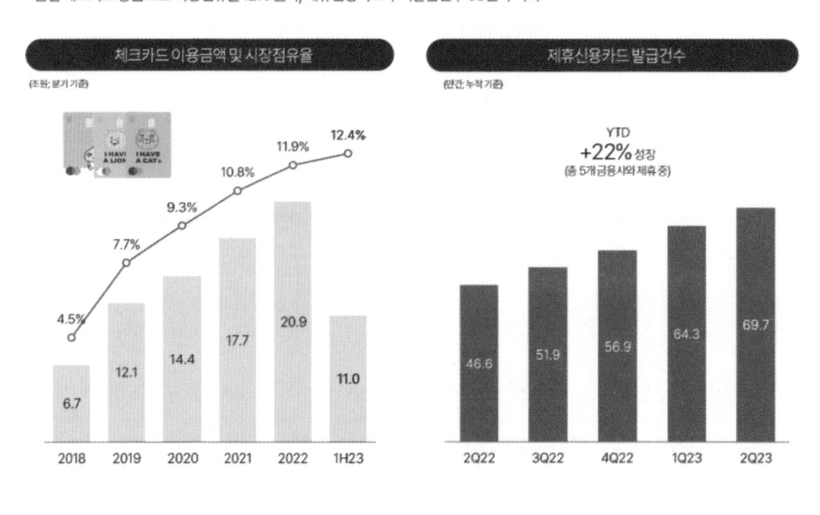

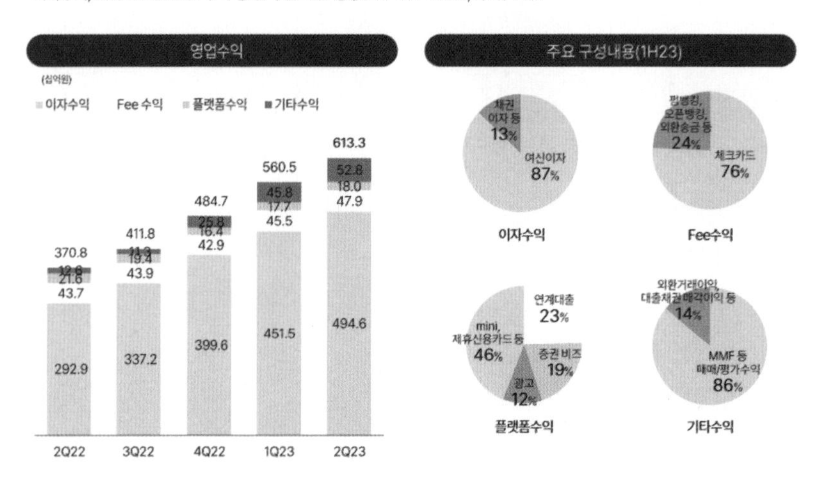

카카오뱅크 2023년 2분기 실적보고서. 출처: 카카오뱅크 홈페이지

그들은 플랫폼을 원하지만…

상장 당시를 회상해보면, 시장은 카카오뱅크에 희망과 기대를 가지고 있었다고 하겠습니다. '모바일을 잘 이해하는 은행', '기존 은행의 한계를 뛰어넘는 은행', '종합금융 플랫폼이 될 수 있는 은행' 같은 희망입니다. 카카오뱅크는 이를 '플랫폼'이라는 단어로 포장했고 시장은 환호했던 건데요. 현재의 무너진 주가는 카카오뱅크가 플랫폼이 아님을 보여주고 있습니다.

저는 애초부터, 그리고 지금도 카카오뱅크가 플랫폼을 이야기하는 것이 불편합니다. 아무리 앱을 잘 만들었고, 모바일을 잘 이해하고 있으며, 좋은 상품을 출시한다고 해도 카카오뱅크는 은행법의 적용을 받는 은행입니다. 상대적으로 활동반경이 넓은 핀테크 기업들과 차이가 있습니다.

저도 카카오뱅크를 쓰고 있습니다만, 카카오뱅크 앱을 꾸준히 켜고 트래픽을 일으키지 않습니다. 은행업무를 볼 일이 있을 때만 앱을 여는데요. 그 은행업무라는 것도 매일매일 들어가야 할 일이 생기진 않습니다. 더욱이 카카오뱅크 계좌 하나로 모든 금융 생활을 다 하는 것도 아니니 제 금융 트래픽은 분산되기 마련이죠. 카카오뱅크의 신용대출상품, 26주 적금 등은 막강합니다만 금융상품을 고를 때 무조건 카카오뱅크 속에서 골라야겠다는 생각이 들 정도는 아닙니다.

이는 카카오뱅크의 잘못이라기 보다는 고객이 인식하는 목적성의 차이입니다.

제가 SKT 대리점에 들어가서, kt 요금제를 물어보지 않는 것처럼 카카오뱅크를 쓰고 있다고 해서 금융생활을 이것 하나로 처리한다는 생각을 처음부터 하지 않는 것이죠. 카카오뱅크는 2017년 설립 당시 '같지만 다른 은행'이었던 슬로건을 상장 시점에 '이미 모두의 은행'으로 변경했습니다. 강력한 자신감을 보여준 건데요. 모두의 스마트폰에 설치되고 가입하는 것에는 성공했을지 모르겠으나 모두의 금융플랫폼으로 진화하는 것은 전혀 다른 문제입니다.

그렇다면 토스는 어떨까요? 토스는 플랫폼이라고 할 수 있을까요? 은행으로서 규제를 벗어날 수 없는 카카오뱅크 대비 토스는 전자금융업자이기에 좀 더 유연합니다. 카카오뱅크에서 찾아볼 수 없는 서비스로 트래픽을 만들어내고 있습니다. 정부재난지원금을 신청이 가능하다고 알려주거나, 행정안전부의 국민비서 서비스를 하고, 청와대 방문 신청 등을 대행해주는 것이 그런 예입니다.

저는 플랫폼이라는 단어를 쓸 수 있는 조건으로 두 가지가 필요하다고 보는데요. 먼저 '억지로 만들어내지 않는' 트래픽입니다. 가만히 있어도 사람이 모이고 앱이 사용되어야 합니다. 두 번째는 확장성입니다. 벌려진 판위에서 뭔가 할 수 있어야 합니다. 토스는 높은 앱 완성도와 강력한 PFM으로 1번을 달성했습니다. 2번은 돈과 시간과 사람(?)을 불태우며 찾고 있다고 보여집니다. 불태우다가 재만 남을 수도 있습니다만, 어찌 되었건 불이라도 붙여보고 있는 중입니다. 카카오뱅크는 높은 앱 완성도와 핫했던 몇가지 금융상품(신용대출 등)으로 1번을 아슬아슬하게 달성 중입니다. 2번은 글쎄요, 제휴상품 판매를 플랫폼이라고 하기에는 어려워 보입니다.

결국, '은행'

카카오뱅크가 너무나 잘 만든 인터넷전문은행임은 반론의 여지가 없습니다. 출시 이후 지금까지 극찬을 받고 있는 앱의 완성도며 은행법이라는 답답한 틀 속에서도 혁신적인 여수신상품을 개발하는 능력은 대단합니다. 이 강점으로 트래픽을 모아, 타사 상품을 중계하며 수익을 확장하는 것도 좋은 전략이 맞고 해야 할 전략입니다만, 이것을 플랫폼이라고 부르기는 어렵지 않을까요?

제가 대출이 필요할 때는 여러 대출비교 서비스를 사용하지, 카카오뱅크 하나만 바라보지 않죠. 제가 신용카드가 필요할 때 카드비교 서비스를 보거나 커뮤니티 의견을 참고하지 카카오뱅크 하나에서 끝내지 않습니다. 오히려 같은 집안 형제인 카카오페이가 핀테크 플랫폼에 더 가깝게 느껴집니다.

카카오뱅크는 '좋은 은행'이지만 '결국 은행'으로 남을 것이고 주가 역시 '좋은 은행' 관점으로 조정되어 갈 것으로 보입니다. 좋은 은행이든, 좋은 플랫폼이든 둘 중 하나만 해도 대단한 것 맞습니다. 잘 자리 잡아서 계속 은행업의 혁신을 주도하길 바랍니다.

백화점 전략을 구사 중인 토스의 향방

"이 글은 2019년 12월에 제가 브런치에 올렸던 글입니다. 무려 4년 전 글을 가져와서 보여드리는 이유는, 놀랍게도 (그리고 슬프게도) 핀테크 종합금융포털의 딜레마가 4년 전이나 지금이나 달라지지 않았기 때문입니다. 먼저 쭉 읽어보시기 바랍니다. 글 말미에서 현재의 상황과 비교해보겠습니다."

대한민국 대표 핀테크 앱에 이름이 올라가는 게 몇 개 있습니다. 토스, 카카오페이, 네이버페이 등이 그렇습니다. 저는 그중 유독 토스가 대단하다고 생각합니다. 카카오나 네이버는 원래 덩치 큰 녀석이 세력을 넓힌 것이지만 토스는 맨땅에 헤딩한 것 같아 보여서요. 토스 이후에도 제가 아는 것만 수십 개의 핀테크 스타트업들이 나타났다가 사라졌습니다. 아수라장 속에서 살아남아 지금까지 발전해온 토스는 정말 대단하다고 생각합니다.

최근 토스에 만보기라는 생뚱맞은 기능이 추가되었습니다. 이걸 보며 '뭘 굳이 이런 것까지 하나'라는 생각이 들었습니다. 저는 이미 샤오미 미밴드를 사용 중이어서 만보기는 필요 없었지만 한번 써봤습니다. 그랬더니 앱이 백그라운드에서 계속 돌더군요. 사용자의 움직임과 GPS 변화를 봐야 하니 계속 앱이 살아있어야 하죠. 왜 하는지 알 것 같았습니다. 앱 활성화를 위해서라는 걸요.

그야말로 별 걸 다 팔고 있는 겁니다. 살아남기 위해서요. 제 맘대로 저는 이걸 '백화점 전략'이라고 부르기로 했습니다. 금융 앱에 뜬금없이 유통업을 가져다 붙이다니, 이상하지만 이유가 있습니다. 핀테크는 다들 아시다시피 Finance와 Tech의 결합입니다. 그런데 우리나라의 금융산업은 모두 규제 산업입니다. 마크 저커버그나 빌 게이츠가 우리나라에 오면 재능을 발휘 못하고 치킨집 사장이 될 확률이 높습니다. 동일한 규제의 틀 안에서 경쟁하다 보니 누구 하나가 확 튀는 상품이 나올 수가 없는 구조입니다. 눈을 감고 생각해봅시다. A은행의 상품이 B은행 대비 너무나 위대하고 혁신적인 것, 본 적이 있나요? 제가 은행의 계좌, 그러니까 수신상품을 써온 지가 20년이 넘는데, 그동안 본 것 중 그나마 가장 혁신적이었던 상품은 카카오뱅크의 모임 통장이었습니다. 은행들이 게을러서 혁신이 안 되는 게 아니라 온갖 규제가 있다 보니 뭘 할 수가 없는 게 현실입니다. 본질의 차이 없이 비슷한 상품이 포장이 바뀌어 유통되고 있는 게 금융의 현실이라고 본다면 금융업을 유통과 비교해봐도 큰 차이가 없어집니다. A은행이고 B은행이고, 금리와 마케팅 외에는 차이가 없는 것이죠.

금융과 유통이 비슷하다고 볼 때 토스는 전형적인 백화점 전략을 구사하고 있습니다. 백화점 전략은 무엇이며, 토스는 앞으로 어떻게 될지 적어보고자 합니다. 모든 내용은 100퍼센트 제 창작이니 재미로 보시면 됩니다.

	백화점	토스
집객	장갑, 우산, 향수, 세일, 주차 → "들어와서 구경하세요."	송금, 포인트, 각종 이벤트 → "앱을 설치하세요."
고객 경험	동일한 경험의 멤버십 적립, 직원 응대, 결제	동일한 UI/UX
체류 증대	화장실은 2층, 창문과 시계 없음. 키즈카페, 문화센터 보유	행운퀴즈, 만보기, PFM 등
상품	다품종	다품종
가격	대체로 고가	현재는 저렴

토스와 백화점의 비교

토스의 백화점 전략

집객 방법

백화점은 늘 가장 좋은 상권에 있습니다. 접근성은 정말 편리하죠. 주차도 편합니다. 1층에서 항상 우산이나 장갑, 양말 등을 팔고 있습니다. 상대적으로 저렴한 상품을 세일까지 하니 고객들이 모이게 됩니다. 백화점 안에서야 비싼 걸 팔지만 입구에서는 '브랜드'이면서 저렴한 상품들로 유혹합니다. 고객을 모으기 위한 마중물, 미끼상품이죠.

토스와 비교해볼까요? 송금이 그 역할을 했습니다. 송금 지원금도 마구 주고, 앱을 설치하면 현금도 줘가며 사용자 확보에 집중했습니다. 일단 앱을 설치하게 하는 게 중요하니까요. 백화점에 들어오게 하는 겁니다.

체류시간 증대

우산이나 장갑에 끌려서 백화점 안에 들어오면, 백화점 안에서 계속 돌게 됩니다. 1층에는 화장실도 없습니다. 아쉬우면 위층으로 올라가야 하죠. 유명한 이야기인데, 백화점은 창문과 시계가 없습니다. 시간을 인식하지 말고 쇼핑하라는 의미입니다. 거기에 대리석으로 잘 치장한 환경입니다. 백화점 내부에는 교양강좌와 문화센터, 키즈카페가 있습니다. 깨끗한 화장실과 파우더룸 등 백화점은 들어온 고객이 그 안에서 오래도록 머물게 할 많은 장치를 가지고 있습니다.

토스는 어떨까요? 앱 내부의 다양한 콘텐츠, 새로 고침을 유발하는 기능들(계좌조회, 타임라인), 부가서비스(만보기, 행운퀴즈) 등 토스 앱은 안에 오래도록 머물게 할 많은 장치를 가지고 있습니다. 토스 역시 고객을 어떻게든 잡고 있어야 매출로 이어진다는 것을 잘 알고 있습니다.

늘 동일한 고객 경험

백화점의 무서운 강점 하나를 더 볼까요? 백화점은 어느 매장에서 뭘 사더라도 동일한 유니폼을 입은 직원이 동일한 방식의 결제, 멤버십을 권합니다. 이게 무서운 겁니다. 파는 물품은 다양해도 고객 경험은 비슷하게 제공합니다.

토스 역시 충실히 이 부분을 따르고 있습니다. 다양한 금융상품에 동일한 고객 경험을 제공하는 것입니다. 은행 앱들을 보면 분명 같은 앱인데 안에서 메뉴별로 독립적인 게 한둘이 아닙니다. 일부 앱들은 제휴사의 서비스로 이동을 하는데 UI, 레이아웃 모두 너무 다르다 보니 고객 입장에서 이

질감이 큽니다. 반면 토스는 입점한 여러 서비스를 모두 동일한 UI로 동일한 경험을 제공합니다(아예 새로 직접 만들어 넣고 있는 것으로 보입니다). 고객은 익숙한 환경에서 편리한 쇼핑이 가능하죠. 토스가 백화점 같아 보이는 이유입니다.

상품군과 가격

백화점은 온갖 상품을 다 팝니다. 식품부터 가전까지 없는 게 없습니다. 百貨店이라는 한자 자체가 '수많은 상품을 가지고 있는 점포'라는 뜻입니다. 대신 가격은 비싸죠.

토스는 어떨까요? 현재 웬만한 금융상품은 토스 앱 안에서 해결이 가능합니다. 비대면으로 할 수 있는 금융행위는 거의 다 가능합니다. 가격은 현재 큰 격차가 느껴지지 않습니다만, 향후에는 어떻게 될지 모르겠네요.

본질적으로 사람이 하는 일이다 보니 금융이나 유통이나 비슷한 부분이 있을 수 있습니다. 핀테크 기업이 유통사와 비슷한 행보를 보이는 것도 어찌 보면 자연스러운 일입니다. 토스가 백화점처럼 변화하는 건 그래서 그럴듯 해보입니다. 그렇다면, 실제 유통에서 일어나고 있는 일들이 핀테크와 금융에서 일어나지 말란 법도 없습니다. 유통에서 일어나는 일로 토스의 미래를 점쳐본다면 어떨까요? 여기서부터도 제 나름의 소설이니, 재미있게 봐주세요.

백화점의 갑질은 닮지 않길

꽤 오래 전부터 나오던 문제입니다. 백화점이 자사 입점업체나 납품업체에게 갑질을 한다는 것이죠. 실제로 백화점 입점업체는 물건값의 30퍼센트 정도를 백화점에 수수료로 낸다고 합니다. '나의 채널 경쟁력 덕분에 손님이 몰려오니 수수료를 내고 장사하라'는 것입니다.

이는 이미 2200만 명이 넘는 고객을 보유한 토스도 가능한 전략입니다. A은행보다 수수료를 더 주는 B은행 상품을 우선하여 상단에 배치해준다던가, 상품 추천을 우선적으로 해주는 거죠. 사실 채널 경쟁력을 기반으로 돈을 버는 건 PC 웹에서 네이버가 충분히 보여준 바(검색광고 등) 있습니다.

다만, 매우 유연하고 조심스럽게 해야 할 것입니다. 모바일은 빠른 유입만큼이나 고객 이탈도 쉽습니다. 백화점은 원래 비싸다는 인식이 소비자에게 있어서 괜찮지만, 토스와 같은 핀테크 앱은 '이 앱은 나에게 도움이 되는 정보를 주는 앱이야!'라는 신뢰 아래 사용됩니다. 실제로 꽤 많은 핀테크 앱들이, 고객에게 금융상품 판매 후 수수료를 취하다가 고객을 잃기도 했습니다. 정보인 줄 알았던 것들이 광고가 되는 순간 고객은 떠나가니까요. 금융상품 추천 수수료가 쏠쏠하기 때문에 떨쳐내기 쉽지 않은 유혹입니다. 그래서 신중한 접근이 필요합니다.

PB상품 유통의 시작

현실세계의 유통에서는, 어느 정도 채널 경쟁력이 생기면 PB(Private Brand) 상품으로 수익을 극대화하려고 합니다. 토스도 딱 그렇게 하고 있습니다.

인터넷전문은행을 설립하고, 증권사를 인수했습니다. 다른 생산자의 상품 중계를 넘어서서 딱 PB상품 제작과 판매까지 나서는 거죠. 소비자로선 나쁠 것 없는 일입니다. 그야말로 메기가 나타나 미꾸라지들을 건강하게 할지 모르니까요.

카카오페이도 2023년 4월 미국 증권사를 인수하는 계약을 체결한 터라 재미있는 관전 포인트가 될 것입니다.

무한경쟁과 낮은 전환 비용

백화점이 거대한 상권을 형성하면 근처에 다양한 경쟁업체들이 들어섭니다. 그러면서 상권이 더욱 커지기도 하고 출혈경쟁도 심화되곤 하죠. 토스가 자리를 잡고 잘 되는 걸 보면서 경쟁업체들도 입점 준비를 합니다. 성공 방식이 보이거든요.

여기에 정부가 기름을 부었습니다. 바로 오픈뱅킹입니다. 은행이 계좌 조회와 이체를 API화 하여 제공하고 비용은 10분의 1로 낮춰주었습니다. 이는 핀테크 업체들을 위한 큰 배려로 보입니다만, 사실 제1금융권에게도 기회입니다. 다른 은행 앱의 영역을 꽤나 공식적으로 침범할 수 있게 해주었으니까요. 은행 앱 하나로 다른 은행 앱을 켜지 않아도 되는 환경을 만들어준 것입니다.

이렇게 백화점 구성에 필요한 기능들이 오픈뱅킹 정책을 통해 현실화되었습니다. 신한, KB와 같은 금융공룡들이 모바일 앱에 슬금슬금 기능을 추가하기 시작합니다. 토스나 카카오페이 앱을 잘 뜯어보며, 무엇이 고객들에게

먹히는지 연구합니다. 그리고는 토스 앱 이상의 완성도를 목표로 막대한 자금을 투입할 겁니다. 신한의 슈퍼앱 쏠Sol 같은 움직임이 그런 예입니다.

핀테크 백화점 경쟁의 무서운 특징은, 바로 고객의 전환 비용이 매우 낮다는 것입니다. 혹자는 이렇게 말합니다. '아니, 토스가 수천만 명의 유저를 가졌는데, 이 철옹성이 깨어지겠느냐'고요. 대부분 카카오톡을 떠올리며 비슷하게 생각합니다. 하지만 카카오톡은 네트워크 효과 덕에 앱 포기가 어렵습니다. 친구도 안 써야 나도 안 쓸 수 있죠. 핀테크 백화점은 그렇지 않습니다. 친구가 쓰던 말던 상관이 없습니다. 그리고 천덕꾸러기 공인인증서가 오히려 전환 비용을 떨어뜨려주었습니다. 후발주자는 먼저, 앱 설치를 유도하고 돈을 뿌립니다. 설치만 해도 몇 천 원을 주면 고객들이 구름처럼 모여듭니다. 이렇게 모인 고객은 공인인증서를 등록하게 됩니다. 국내 핀테크 앱은 모두 공인인증서를 통한 스크래핑을 지원하고 있습니다.

아이러니하게도 한국 핀테크의 발전을 저해하는 주범이었던 공인인증서 덕분에 'SSO'와 '기존 데이터의 손쉬운 이전'이 모두 가능해져버렸습니다. 고객 입장에서 전환 비용이 생각보다 크지 않습니다. 통장 사용 내역, 카드 사용 내역 등이 인증서 로그인 한 번으로 쉽게 넘어옵니다. 새 앱이 손에 짝짝 붙고 편리하면 언제든 다른 앱을 사용해도 되는 시장이 되었습니다. 그야말로 무한경쟁 시대가 열리고 있는 것입니다.

그들은 계속 뛰어야 하고 우리는 행복하게 지켜보자

토스는 앞으로도 미친 듯이 혁신하는 삶을 계속해야 합니다. 거대 자본들이 슬슬 쫓아올 시동을 걸고 있습니다. 핀테크 백화점, 즉 종합금융 플랫폼은 진입장벽은 낮고 전환 비용도 낮은 전형적인 레드오션이 될 겁니다.

토스에게 다행인 점은, 기술혁신이 자본 투하만으로 되는 것은 아니라는 점입니다. 기업문화와 임직원 의식이 함께하지 않으면 혁신은 어렵습니다. 그런 면에서 토스는 한참 앞서 있다고 할 수 있습니다. 하지만 뒤쫓아오는 금융공룡들도 만만치 않습니다. 계속 본토가 침략당하고 있다 느끼면 방법을 찾아 나서겠지요.

이 난리통에 소비자는 점점 더 행복해집니다. 그러니 지켜보죠. 토스 백화점의 선전과 다른 공룡들의 파이팅도 기원해봅니다. 소비자가 할 수 있는 세상에서 가장 무서운 말이 있습니다. '이기는 편 우리 편'입니다.

"재미있게 보셨나요? 다시 말씀드리지만, 이 글은 4년 전에 썼던 글입니다. 그 사이 토스는 데카콘이란 말을 들을 만큼 성장했고, 토스의 계열사도 금융 전반으로 확대되었습니다. 토스뱅크의 출범은 핀테크의 제1금융권 진출이라는 상징적인 의미도 강했죠. 그러나 토스가 원하는 종합금융 플랫폼은 아직 멀게만 느껴집니다. '금융유통'이라는 본질이 4년 전이나 지금이나 그대로이고, 토스나 다른 핀테크사, 금융권의 접근방식 또한 그대로이기 때문입니다. 테크 스타트업계에서 4년이란 결코 적지 않은 시간입니다. 그러나 고객들의 토스앱 사용패턴은 4년 전이나 지금이나 크게 변하지 않았습니다. 이는 토스의 잘

못일 수도 있고, 혹은 금융의 본질에 대한 물음표일 수도 있습니다. 금융은 스스로를 매우 고차원적인 업이라고 주장합니다만 복잡하고 어려운 부분을 떼어내고 보면 이 또한 유통업에 가깝습니다. 특히 고객채널 점유를 두고 치열하게 싸우는 앱 비즈니스는 더욱 그렇습니다."

뱅크샐러드는 데이터 전문 기업이 될 수 있을까

핀테크에 대해서 잘 모르는 분들도 뱅크샐러드는 들어보셨을 겁니다. 2017년 앱을 출시한 이후 자산관리, 가계부 앱으로서 꾸준히 인지도를 올려왔습니다. 초기에는 신용카드 추천 서비스로 시작했다가 차츰 영역을 넓혀왔고, 마이데이터 시대로 접어들면서 데이터 관리 앱으로 거듭나겠다는 포부를 밝히고 있습니다.

저는 업무상 핀테크 앱을 늘 뜯어봐야 하는 입장인데요. 뱅크샐러드는 참 흥미로운 앱입니다. PFM 분야를 개척했지만 성장이 빠르진 않은 것으로 보이고, 계속 데이터 회사를 주장하고 있는데 다소 아리송합니다. 그래서 현 시점의 뱅크샐러드의 서비스를 리뷰해보고 향후 전망을 해보고자 합니다. 많이 알려진 앱이니 기본적인 화면구성이나 메뉴에 대한 설명은 따로 하지 않겠습니다. 한번 써보길 권합니다.

차별화 방안이 필요한 개인자산관리

뱅크샐러드가 초기에 유저들에게 이름을 알렸던 건 강력한 가계부 기능 덕분이었습니다. 여러 금융 사이트의 로그인 정보를 주면 스크래핑 방식으로 정보를 긁어와서 보여주었는데요. 스크래핑은 뱅크샐러드 서버가 마치 우리인 것처럼 각 금융기관의 웹사이트에 접속하여, 화면에 보여지는 정보를 읽어와서 보여주는 방식을 말합니다.

뱅크샐러드가 이 기능을 도입하고 강화하던 무렵에는 유사한 서비스를 제공하는 앱이 드물었습니다. 스크래핑 방식은, 도입하고 운영하는 사업자 입장에서는 결코 쉬운 서비스가 아니었거든요. 은행이나 카드사가 홈페이지의 레이아웃을 바꾸기만 해도, 스크래핑으로 정보를 가져가는 입장에서는 모두 새로 작업을 해야 합니다. 국내 은행과 카드사, 각종 기관들이 줄잡아 수백 개인데 이 모두를 스크래핑 방식으로 연결하는 것은 어려움이 많았습니다. 오류도 많아 고객불편도 컸습니다. 스크래핑으로 정보를 주게 되는 사업자(은행, 카드사 등)도 유쾌하지 않은 건 마찬가지입니다. 고객이 와서 내 웹사이트를 접속해줘야 MAU도 의미가 있는 것인데, 로봇이 와서 필요한 정보만 쏙 빼어가면 회선비와 서버비만 아까운 상황이었습니다. 이 때문에 현업에서는 논란도 적지 않았습니다.

이러한 스크래핑 방식은 마이데이터가 2022년 1월부터 시작되면서, 불법이 되었습니다. 그동안 스크래핑으로 여러 금융사이트의 정보를 수합했던 사업자들은 이제 무조건 마이데이터 사업자 라이선스를 받아서 정해진 API 규격에 맞춰 데이터를 주고 받아야만 합니다. 이 말은, 토스건 뱅크샐러드건 KB스타뱅킹이건 모두 동일한 정보를 가져와서 보여주게 된다는 것입니다.

마이데이터 시대가 본격화되면서 너무나도 많은 사업자들이 PFM 서비스로 뛰어들었습니다. 독자들도 자주 사용하는 은행, 증권, 카드 앱 등에서 마이데이터 가입을 홍보하는 것을 많이 봤을 것입니다. 그리고 가입하고 나면 다들 개인자산 현황을 보여주고 있습니다.

이는 뱅크샐러드에게는 좋지 않은 상황이라고 봐야 합니다. 예를 들어볼까요? 음식점이 잘 되기 위해선 입지도 중요하고 홍보도 잘 되어야 하지만 무엇보다 음식이 맛있어야 합니다. 이를 위해 신선한 음식재료와 주방장의 음식 솜씨가 중요하겠죠. 마이데이터 시대가 시작되면서, 뱅크샐러드 식당과 유사한 '개인자산관리' 메뉴를 제공하는 식당이 마구 생겼습니다. 여기에 음식재료는 모든 식당에 동일하게 제공됩니다. 재료의 차별화는 쉽지 않습니다. 주방장이 혼자 솜씨를 부려보려 하지만, 금융 관련 여러 규제 때문에 이마저 쉽지 않습니다. 독자들이 쓰고 있는 다양한 마이데이터 앱들이 아직까지 천편일률적으로 개인자산 현황만 보여주고 있는 것은 우연이 아닙니다. 주방장 입장에선 뭘 해도 되고, 무엇을 하면 안 되는지 혼란스러운 상황이거든요.

마이데이터 이전에 개인자산관리 기능을 제공하면서 치고 나갔던 뱅크샐러드 입장에서는 환경 변화가 썩 달갑지 않은 상황이라고 하겠습니다.

강력한 가계부 기능, 그러나…

언론에 보도되는 내용만 봐서는 뱅크샐러드가 엄청난 약진을 거듭하고 있다고 말하긴 어렵습니다. 개인적으로 이 원인을 대중의 성향 차이로 보고 있습니다. 모바일앱에서 개인자산관리는 어디까지 얼마나 상세하게 이루어져야 할까요? 어느 정도까지 되어야 다양한 고객의 마음을 사로잡을 수 있을까요? 저는 대중을 세 부류로 구분합니다. 우선 자산관리를 안 하는 부류입니다. 통장도 한두 개이고 카드도 한두 장 씁니다. 보험, 저축 등 금융상품도 많지 않습니다. 애초에 관리할 것이 별로 없어 니즈도 적은 부류입니다. 두 번째는 많은 금융거래를 하기에 니즈는 있지만 자신의 시간과 노력은 들

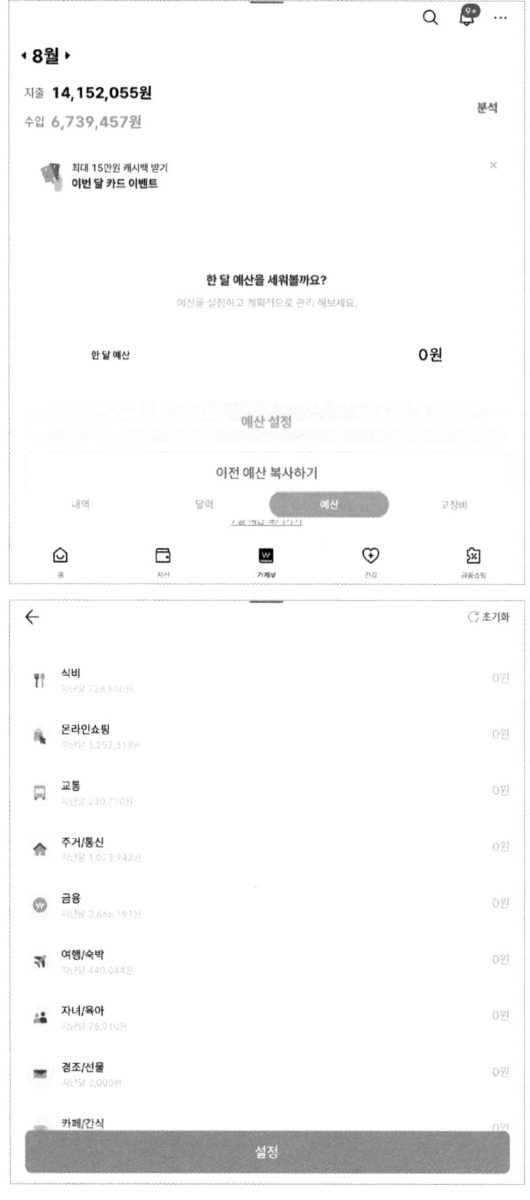

뱅크샐러드의 가계부 메뉴. 상세한 예산설정이 가능하다. 출처: 뱅크샐러드 앱

이고 싶어하지 않는 부류입니다. 누가 적당히 정리해주면 볼 용의는 있지만 딱 거기까지인 경우입니다. 마지막은, 칼 같은 자산관리를 하는 사람들입니다. 금융회사에 다니다 보니 저도 그렇고 제 주변도 그런 분이 많은데요. 다양한 금융상품을 이용하면서, 엑셀로 꼼꼼히 관리하고 있는 경우입니다. 시간과 노력을 들이더라도 정확한 데이터를 보겠다는 사람들입니다.

뱅크샐러드는 태생부터 데이터와 자산관리에 특화된 서비스입니다. 그래서 세 번째 부류의 사람들에 알맞은 꽤 상세한 메뉴를 제공합니다. 아예 메인메뉴에 '가계부'를 두고, 예산을 설정하고 고정비를 관리할 수 있게 해두었습니다. 대신 이 모든 기능을 사용하려면 보통 손이 가는 게 아닙니다. 예산설정 메뉴만 해도 식비, 온라인쇼핑 등 카테고리별 설정까지 가능하게 해두었습니다.

독자 중 뱅크샐러드 유저분들도 많이 계실 텐데요. 이 메뉴까지 들어와서 상세한 설정을 해서 쓰는 분이 얼마나 있을지 궁금합니다. 마치 수많은 스위치가 있는 우주선 같은 기분입니다. 내가 원하는 대로 설정해서 쓸 수 있다는 자유도는 정말 좋지만, 신경을 많이 써야 합니다. 저처럼 '관리'에 대한 니즈가 있는 분들이라면 좋지만 그렇지 않으면 안 쓸 기능도 많죠.

하지만 첫 번째와 두 번째 부류와 같이 자신의 노력 없이 적당히 한눈에 보는 걸 선호하는 사람들이 절대 다수입니다. 다른 핀테크나 빅테크 앱이 제공하는 마이데이터 자산관리 정도면 충분하다는 거죠. 토스나 네이버페이 등에서 제공하는 개인자산관리 서비스 정도로 만족하면 굳이 뱅크샐러드까지 쓰지 않아도 된다는 건데요. 이 또한 원앱의 강점이라고 볼 수 있겠습니다. 제공하는 기능이 많은 앱에서 오래 머물게 되는 겁니다. 우리는

출처: 뱅크샐러드 홈페이지

이미 지난 수십 년간, 포털이 다른 사이트들의 기능을 흡수하며 비대해지는 것을 본 바 있습니다. 동일한 현상이 핀테크 앱에서도 진행되고 있다고 보시면 됩니다.

다양한 요구사항을 충족하는, 하이엔드 가계부 앱으로 포지셔닝 하는 것도 쉽지 않은 길이고 나쁘지 않은 전략입니다. 다만 사용자를 더 늘리기 위해서는, 단순함으로 만족하는 대다수 고객을 어떻게 잡을 수 있을지 연구가 필요합니다.

건강데이터를 통한 차별화 시도

2021년 10월부터 뱅크샐러드는 무료 유전자 검사 서비스를 매일 선착순으로 제공하기 시작했습니다. 아침 10시부터 선착순 700명에게 유전자 분석 키트를 보내주고, 이를 제휴된 연구소로 보내서 분석결과를 앱으로 보여줍니

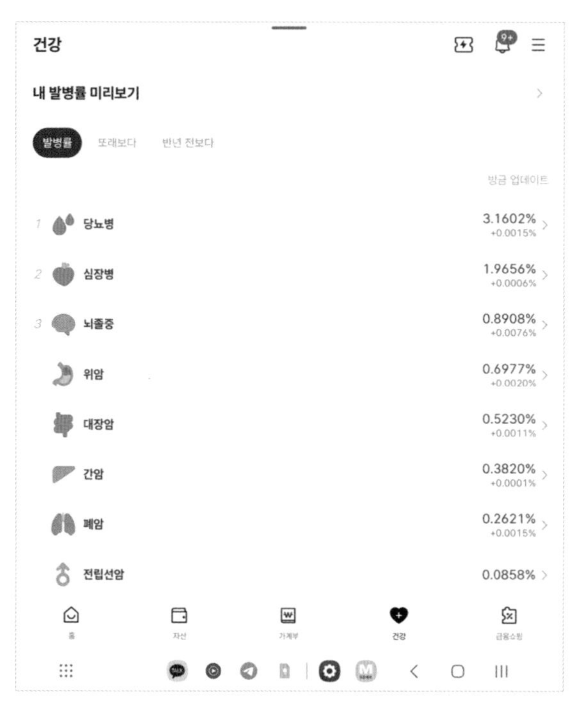

뱅크샐러드의 건강 탭. 건강검진 데이터를 바탕으로 발병률 통계와 비교하여 보여준다. 출처: 뱅크샐러드 앱

다. 탈모, 비만 등 63개의 검사를 한 번에 할 수 있다고 홍보하고 있습니다.

서비스를 시작한지 1년이 넘었음에도 시장의 반응은 뜨겁습니다. 일반인이 구매해서 할 수 있는 유전자 검사 가격도 저렴하지 않음을 감안할 때 뱅크샐러드는 상당한 투자를 하고 있다고 하겠습니다. 이에 대해 뱅크샐러드는 금융데이터뿐 아니라 건강데이터까지 확보하여 향후를 대비하기 위한 포석이라고 밝혔습니다. 개인에게 최적화된 건강관리, 보험설계 등의 서비스를 제공하겠다고 합니다.

현재 뱅크샐러드는 핵심기능 중 하나로 건강 탭을 두고 있습니다. 건강보험관리공단에서 건강검진 자료를 연동할 수 있고 이를 기반으로 각종 질병 발병률을 보여줍니다. 금융정보를 다루는 앱에서 건강데이터를 볼 수 있다니 재미있는 시도입니다. 아무래도 앱의 정중앙에 메뉴로 있다 보니 저도 더 자주 들어가서 보게 됩니다.

뱅크샐러드 측에서는 이를 향후 의료 마이데이터 시대를 대비한 준비로 설명하고 있습니다. 지난 몇 년간 마이데이터 분야 중 금융 마이데이터가 부각되었기에 많은 사람들은 마이데이터를 금융으로만 생각하고 있지만, 실제로는 행정, 의료, 교육 등에서 다양하게 준비가 진행되고 있습니다. 따라서 미리 미래를 준비한다는 뱅크샐러드의 설명은 긍정적으로 보입니다.

뱅크샐러드의 향방

작년 말 언론 인터뷰에서 뱅크샐러드는 '금융 건강 분야에서 중립적으로 초개인화 서비스를 하는 유일한 데이터 회사'를 목표로 언급했습니다. 하지만 거기까지 가는 길은 쉽지만은 않아 보입니다. Mass 고객을 더 유입할 방안을 찾아야 합니다. 금융과 의료는 모두 관官의 의사결정에 따라 크게 방향이 바뀌는 영역이라 이에 대한 대비도 필요합니다. 그리고 수집되는 데이터가 모두 민감 데이터이니, 이를 활용해서 수익모델을 어떻게 만들어낼 수 있을지도 고민입니다. 이대로는 다소 매니악한 서비스가 될 가능성이 높아 이에 대한 고민도 필요합니다.

그럼에도 다른 사업자보다 더 큰 그림을 그리는 모습은 기대감을 갖게 합니다. 잘 쓰고 있는 유저로서, 뱅크샐러드가 말하는 '데이터 전문기업'이 과연 무엇일지 궁금해집니다. 촘촘한 규제를 뚫고 어떤 서비스를 만들어낼 수 있을지 지켜봐야겠습니다.

은행 앱의 변신은 무죄인가

다들 은행 앱 한두 개 이상은 스마트폰에 있을 것입니다. 사회생활을 하다 보면 슬금슬금 계좌가 늘어나니까요. 저는 업무 때문에도 은행, 카드, 증권 앱들을 두루두루 보고 있습니다. 이중 은행 앱들이 다양한 변화를 시도하고 있는 게 눈에 띕니다. 과거와는 확연히 다른 움직임입니다. 갑자기 배달업에 진출하기도 하고 여러 개의 앱을 하나로 모으기도 하고요. 그 이유가 무엇일까요?

은행이 느끼는 불안

국내 은행이 경영상의 위기일까요? 아닙니다. 예대마진(예금이자와 대출이자 사이의 마진)을 기본으로 꾸준히 수익을 내고 있습니다. 심지어 2022년 4분기 금융지주사들은 사상 최대의 실적을 기록했습니다. KB, 신한, 하나, 우리 4대 금융지주의 2022년 당기순이익은 15조 원을 돌파했고 이자이익은 39조 원을 넘었습니다. 은행들의 수익이 크게 올랐기 때문인데요. 한국은행이 인플레이션을 잡기 위해 기준금리를 계속 인상한 탓입니다. 여기에 올해에도 금리인상은 계속될 것으로 보여 수익은 더 늘어날 것으로 관측됩니다.

그럼에도 불구하고 은행들은 뭔가에 쫓기고 있는 모습입니다. 이유는 바로 '모바일 대응'이라는 시대적 과제 때문입니다. 네, 어제오늘 나온 이야기는 아닙니다만 2021년 말부터 유독 더 이슈가 되고 있습니다. 개인적으로는 마이데이터 때문이라고 생각합니다. 어찌 보면 이때가 최초로 핀테크

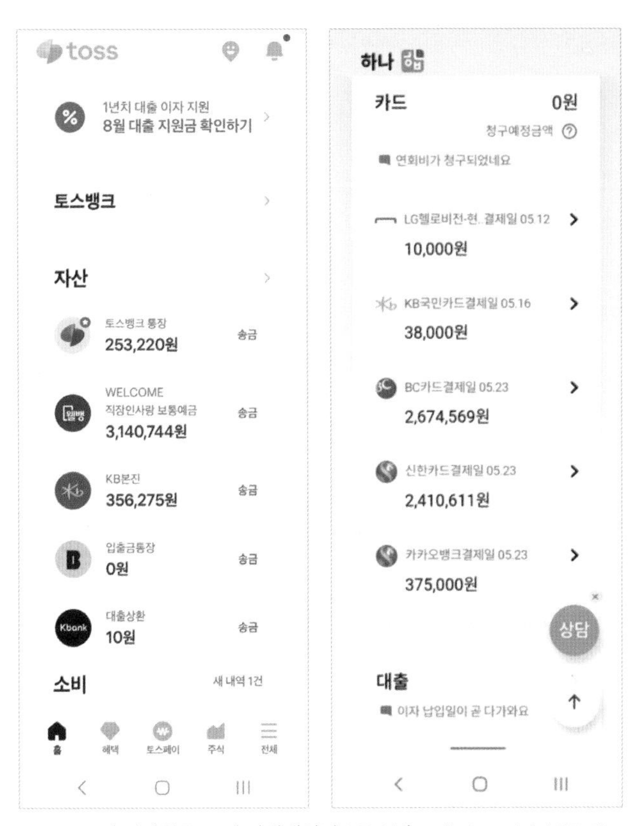

토스(좌)와 하나원큐(우)의 마이데이터 PFM 비교. 출처: 토스/하나원큐 앱

와 은행 앱들이 동일한 종목이라고 할 수 있는 PFM에서 경쟁하기 시작한 순간이었습니다. 마이데이터 가입자 수, MAU 등이 본격적으로 비교되기 시작한 거죠.

그러나 이미 핀테크 앱들은 고객채널을 꽉 움켜쥔 상태였습니다. 무료송금으로 시작해서 핀테크 유니콘이 된 토스, 포털사이트 네이버의 영향력을 이어받아 간편결제 시장을 장악하고 있는 네이버페이 등은 이미 엄청난 고객을 확보한 상태죠. 카카오페이, 뱅크샐러드 등도 특유의 기능으로 많은 고객을 확보한 상태였습니다. 반면 은행 앱은 어땠을까요? 은행은 예전부터 PC 웹 환경의 '인터넷뱅킹'을 지원해왔습니다. 자행 업무를 대행하기 위한 웹 채널을 제공하는 것이 목적이었고 이 방향성은 그대로 모바일 앱으로 계승되어왔습니다. 자행 고객을 위한 자행 서비스를 잘 제공하는 게 목적이었죠.

태생이 이렇다 보니 트래픽을 늘리는 데도 당연히 한계가 있었습니다. 반면 핀테크 앱들이 확대되어가면서 은행들도 모바일 비즈니스의 핵심이 트래픽임을 알게 되었습니다. 가만히 있으면 고객을 빼앗길 수 있다는 것을 알게 된 것이죠. 마이데이터 PFM은 그 비교의 척도가 되어버렸던 것입니다. 뭔가 하지 않으면 앞으로 영영 고객채널을 얻을 수 없을 것이라는 불안감이 은행에 생겨났습니다. 그래서 은행 앱들도 변화를 꾀하기 시작합니다.

앱은 합치고, 기능은 늘이고

핀테크 앱들은 자체 앱 안에서 많은 기능을 지원하는 이른바 '슈퍼앱' 전략을 추구하고 있습니다. 기능별로 고객에게 앱 설치를 강요하는 것이 안 좋다는 것을 잘 알고 있는 것입니다. 은행 앱들도 앱을 합치는 것을 추진 중입니다. KB금융지주는 2022년 MAU 달성 목표를 1500만 명으로 잡고 기존 앱들의 통폐합을 진행했습니다. 과거에는 구글플레이에서 '국민은행'으로 검색하면 나오는 앱만 약 20여 종이었습니다. 국민은행은 이중 KB스타뱅킹을 슈퍼앱으로 정하고 간편뱅킹 앱으로 키우던 '리브'를 삭제했습니다.

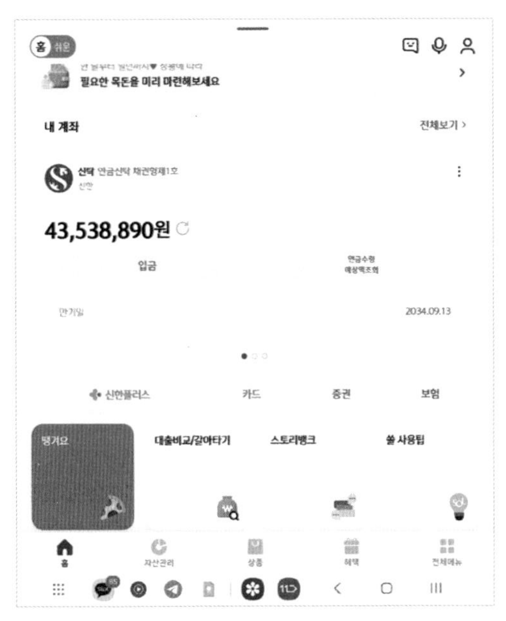

신한은행 SOL 화면. '땡겨요' 배너가 메인에 노출된다.
출처: 신한은행 앱

늦었지만 고객 편의성 차원에선 환영할 만한 변화입니다. 우리은행도 '우리 Won 뱅킹' 앱 하나에 집중하는 것으로 전략을 수정했고, 하나은행도 '하나원큐'를 메인 앱으로 정하여 집중하고 있습니다.

신한은행은 이미 2018년부터 신한 SOL로 여러 은행 앱들을 통합한 바 있습니다. 이후 내부에 UI, UX 전담조직까지 만들면서 앱 전략에 신경을 쓰고 있는데, 다른 은행과 좀 다른 점이 더 있습니다. 아예 본업과 거리가 먼 이종사업까지 신한 SOL에 포함시키고 있는 것입니다. 2020년 말 금융위원회로부터 혁신금융서비스로 지정을 받고 2022년 1월 본격 출시한 '땡겨요'가 그 주인공입니다. 배민이나 요기요와 같은 음식배달 서비스를 은행

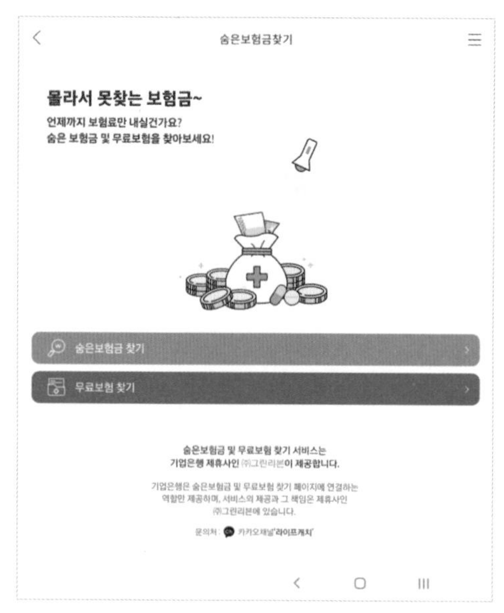

기업은행 앱의 '숨은보험금찾기' 메뉴.
출처: 기업은행 엡

앱에 넣은 건데요. 처음에는 서울 내 6개 구에서만 실시하다가 차츰 지역을 늘렸고 2023년 말까지 전국을 커버하는 것이 목표입니다.(C)

배달 앱 시장은 이미 치열한 경쟁을 통해 상위 업체가 정해진 상황입니다. 거기에 전혀 상관없는 금융사가 도전장을 냈기에 큰 화제가 되었죠. 신한은행은 기존 사업자와 차별화를 위해 입점 수수료와 광고비를 받지 않고 중개수수료는 업계 최저 수준인 2퍼센트를 적용하는 등 변화를 일으키고 있는 중입니다. 소상공인과 배달 라이더를 위해 관련 대출상품을 출시한 점도 은행의 특징을 활용한 차별화 포인트라고 하겠습니다.

이색서비스를 제공하는 건 신한은행만이 아닙니다. 기업은행은 자사

다양한 콘텐츠를 제공하는 카카오뱅크의 '돈이 되는 이야기'.
출처: 카카오뱅크 앱

앱 내에서 '숨은보험금찾기'와 '내차중고로팔기'라는 이색적인 기능을 추가했습니다. 하나은행도 작년부터 개인 중고차 직거래를 지원하는 P2P 플랫폼인 원더카 직거래 서비스를 운영 중입니다. KB, 하나, 신한, 우리 등 국내 주요 은행들은 은행 앱에 실손보험청구 기능도 추가하여 운용 중입니다.

카카오뱅크를 잘 쓰고 계신 분이라면, 최근 카카오뱅크에서 '이야기'라는 메뉴를 오픈한 것을 보셨을 겁니다. 은행에서 뜬금없이 '이야기'라니, 궁금해서 저도 들어가봤습니다. 첫 인상은 카드뉴스 집합입니다. 예전 플립보

하나원큐 앱의 음악 스트리밍 무료 서비스..
출처: 하나원큐 앱

드Flip board 이후로 카드뉴스가 흥했다가 소강상태였던 걸로 기억하는데, 다시 트렌드가 돌아오고 있나 봅니다.

보통 카드뉴스는 카테고리를 구분해두어서 특정 분야를 선택해서 읽을 수 있게 하는데, 카카오뱅크 '돈이 되는 이야기'는 해시태그 기반으로 구분해두었습니다. 금융회사 콘텐츠는 딱딱하고 뭔가 사야 하는 콘텐츠라 생각하기 쉬운데 이것은 잡지에 가깝습니다.

그런데 공교롭게도 카카오뱅크가 이야기를 오픈하기 한 달 전, 케이뱅크도 '머니톡'이라는 메뉴를 오픈했습니다. 제목처럼 금융과 관련된 콘텐츠를 풀어내고 있는 중입니다. 케이뱅크에서는 '부자되는 모닝 루틴, 머니톡', '케이뱅크만 잘 써도 부자가 가까워져요', '요즘 MZ세대들은 뭐로 돈 벌까', '어려운 재테크, 쉽게 정복하기'로 해시태그 구분을 하고 있었습니다. 케이뱅크는 좀 더 돈에 대한 이야기에 집중하는 모습이었습니다.

아예 음악감상을 지원하는 은행도 있습니다. 하나은행의 하나원큐 앱은 지니뮤직과 제휴해서 무료 음악 스트리밍 서비스 '하나뮤직박스'를 앱에 구현했습니다. 하나원큐 앱을 켜고 생활제휴 메뉴를 통해 들어가면 웹브라우저로 스트리밍 페이지가 뜹니다. '트렌디한 최신음악' 등 지니에서 추천하는 최신곡을 제한없이 들을 수 있습니다. 하나은행 가입고객이 아니어도 쓸 수 있는 서비스입니다. 스트리밍 비용을 부담하더라도 고객을 모으겠다는 의지가 느껴집니다.

은행 앱은 변화할 수 있을까

은행 앱의 다양한 변화가 꽤 흥미롭습니다. 전체적인 변화 방향을 볼 때 은행들이 드디어 '자행 은행업무만으로는 트래픽을 끌어모을 수 없다'는 것을 인식하기 시작했다고 보입니다. 흩어진 앱들을 모으고, 다양한 서비스를 탑재하고 있습니다.

원앱과 슈퍼앱 전략은 사실 지극히 당연합니다. 앱 스토어에서 유사한 로고와 유사한 타이틀의 앱들이 동시에 나타나 고객을 혼란스럽게 하는 것도 문제이고, 무엇을 하는 앱인지 고객이 강제로 배우게 하는 것도 큰 문제입니다. '리브Liiv'라는 단어를 듣고 이게 무엇인지 바로 알 수 있는 사람이 몇이나 되었을까요? 지금이라도 빠르게 정리해나가려 하니 다행입니다.

반면 배달앱, 중고차 매매 등 금융 외적인 기능을 가득 탑재하는 것은 좀 생각해봐야 할 부분입니다. 혹시 여러분은 중고차 매매를 해보셨나요? 차가 필요할 때, 은행 앱을 먼저 찾게 될까요? 배달 역시 마찬가지입니다.

할인쿠폰을 많이 받는다면 사용하겠지만 이후에는 어떨까요?

저는 은행 앱이 문어발식 사업 확장을 하는 배경은 이해합니다만 이에 대해 비관적으로 전망합니다. 고객이 앱을 사용할 때는 목적성에 크게 좌우됩니다. 금융 앱을 켜는 것은 금융 앱에 기대하는 바가 있기 때문입니다. 이체를 한다거나 출금 내역을 본다거나 하는 거죠. 배달음식을 먹기 위해 금융 앱을 열게 하기까지는 많은 노력과 마케팅 비용이 들 것입니다. 아직 국내에선 성공사례가 없습니다. 'KB의 부동산이 성공사례 아니냐'고 반론할 수도 있는데요. 부동산 시세와 관련해서 KB는 오랫동안 높은 신뢰를 쌓아왔기에 KB의 부동산 사업은 기존 사업으로 봐야 합니다.

천신만고 끝에 고객 인지도를 높이며 시장에 파고든다고 해도 도전정신으로 무장한 스타트업들과 경쟁해야 합니다. 그들보다 금융회사가 민첩하게 움직이기란 쉽지 않습니다. 시중의 모든 은행 앱이 금융 플랫폼을 목표로 하며 앱 개선에 몰두하고 있습니다. 고객의 선택을 받고 트래픽을 늘려나가는 게 당연히 중요하겠습니다만 보다 정교한 전략이 필요해 보입니다. 은행 앱과 궁합이 맞고, 은행 앱에 붙어 있는 것이 자연스러운 서비스를 발굴하여 확장해나가야 하지 않을까 생각해봅니다.

국민비서 서비스와 금융 앱의 시너지

국민비서 서비스를 아시나요? 알음알음 노출되고 알려져서 이제는 많은 사람이 아는 서비스인데요. 지난 2021년 3월에 시작된, 생활형 행정정보를 여러 모바일 앱을 통해 선제적으로 알려주는 서비스입니다. 행정안전부에서 의욕적으로 추진 중인데 예명을 '구삐'라고 지었네요.

국민비서 서비스는 초기에는 국내 다운로드 수가 많은 앱인 네이버, 카카오톡, 토스를 통해 시작했는데, 2023년 8월까지 카카오뱅크, 페이코, 하나은행, 하나카드, KB카드, KB은행, 신한은행, 신한카드, 우리은행, 우리카드, PASS, NH농협은행이 합류했습니다. 은행과 카드사의 대거 진입이 눈에 띕니다. 국민비서 서비스를 이용할 수 있는 채널은 이로서 17개가 되었습니다.

국민비서를 지원하는 앱. 출처: 국민비서 홈페이지

저도 빅테크 앱을 통해 국민비서 서비스를 쓰고 있었지만 금융회사가 시도한다고 하니 흥미로웠습니다. 핀테크를 보는 입장에서 또 하나 중요한 포인트는 '참여하는 회사들이 모두 동일한 서비스를 시행하는 것'도 처음이라는 것입니다. 경쟁관계에 있는 금융사들이니 당연한 일입니다. 대형 금융사들은 어떻게 국민비서를 구현했는지, 그리고 그들이 이 서비스 도입에 나서는 이유는 무엇인지 살펴보고자 합니다.

국민비서 서비스의 이모저모

국민비서 서비스는 2023년 11월 기준 총 54개의 알림서비스와 38개의 상담서비스를 제공하고 있습니다.

분야	알림서비스 명
건강/주택	건강검진(암검진 포함)/전기요금/주택임대차/코로나 접종 예약
세금/고지/미환급금	국세고지서 발송 안내/4대보험가입/경찰청 고지/휴면예금/국민연금 청구 안내/지방소득세 신고
주민등록	주민등록증 발급 통지/분실 주민등록증 습득
민원처리	전자상거래 물품통관내역/정부24 민원신청, 보조금24/문서24 도우미/고향사랑e음 안내/해운항만 민원/범죄경력회보서 발급/자동차등록 세제공과금/건축행정민원
내정보조회 내역 확인	본인정보 조회/열람 내역
교육	유치원입학/취업 후 상환 학자금대출 승인/학자금 중복지원금 반환/1365자원봉사/청소년 봉사활동

분야	상담서비스명
자동차/교통	운전면허 적성검사 갱신/내 차 정보 변경(자동차365)/자동차 의무보험 만기/교통범칙금 납부기한/교통과태료 납부기한/선박용물건 형식승인 갱신/자동차 검사
보수교육/기타	국가공무원 공개경쟁채용시험/어린이 통학버스 운전자 교육/고령 운전자 교육/민간자격 보수교육/제주 운수종사자 보수교육/교통안전담당자 보수교육/항공종사자 자격시험
법적알림(고지)	경찰청 고지/청원 진행사항/민방위 교육훈련(시범운영)/자동차 취등록세 고지/전파사용료 고지납부/무선국 재허가 안내/무선국 허가증·신고증명서 발급 및 결과 통보/초중고 학생 교육비 지원(심사결과통보)/국민기초 교육급여 결정통지/국민연금 가입내역/국민연금액 인상/고액거래정보(CTR) 제공사실 통보/LH공공임대주택 임대료 고지/고용·산재보험 가입이력
종합일반	민원사무 안내/ 국민콜110/생활법령정보
여가·건강	자연휴양림/공유누리/수상레저/화학제품민원 안내/금연정보/식품안전나라(푸디)/건강이지
생활·복지	보조금24/공무원연금/북한이탈주민 정착지원/주민등록민원/영사민원24/지방세/통계정보/소비자24
교육·취업·병역	유치원입학/병무/국민취업지원제도/청소년활동정보/보건의료인국가시험
교통·주택	자동차배출가스365/운전면허·교통안전교육/청약홈 /고속철도 SRT/국토교통부 민원상담
산업·특허·통상	전자통관/무역투자24/특허상담/지방계약/스마트K팩토리
범죄·안전	사이버범죄/형사수사/개인정보보호/여성폭력 피해자지원/성범죄 피해자지원

출처: 행정안전부 홈페이지

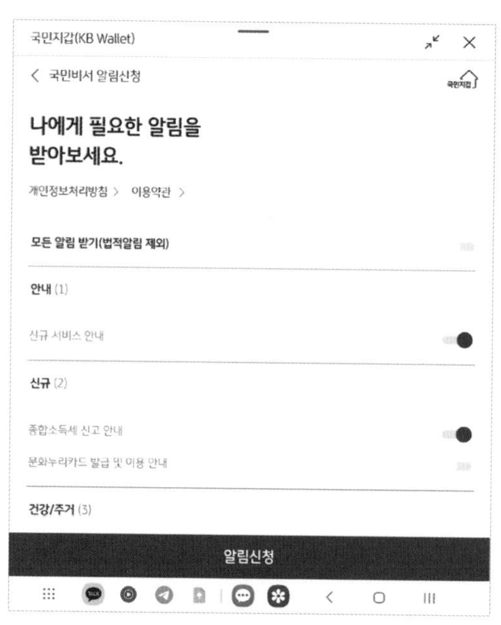

국민비서 알림 신청 화면. 알람별로 On/Off 세팅이 가능.
알림 시 송달 효력이 발생함을 안내하고 있다.
출처: KB스타뱅킹 앱

저도 이번에 알게 되었는데요, 국민비서 서비스는 신청 사업자를 바꿀 때마다 기존 신청이 해지되고 새 사업자로 변경됩니다. 저는 여러 금융 앱과 빅테크앱의 푸시Push 알람을 모두 켜두고 사용해서 여러 채널을 통해 동시에 사용하는 것도 좋겠다고 생각했습니다. 세금 납부 같은 건은 기한을 놓치면 안 될 것 같았거든요. 그러나 애초에 불가능했습니다.

서비스 신청 및 사용은 빅테크나 금융 앱이나 대동소이합니다. 먼저 관련 메뉴에 들어가면 본인인증 후 서비스 약관에 동의하면 어떤 알람을 받을 것인지 물어옵니다. 종류가 수십 가지이고 자신이 어떤 알람이 필요하게

설정을 마치면 국민비서가 다양한 안내 알림을 보내온다.
출처: KB스타뱅킹 앱

될지 알 수 없기 때문에 대부분 전체 선택을 하게 됩니다. 등록하고 나면 다음날부터 해당 앱의 푸시로 각종 메시지들이 전달됩니다. 해외직구 통관물품 등에 대한 내용, 세금내라는 고지서 등이 전달되니 잘 확인해야 합니다. 국민비서를 신청하고 나면, 법적인 효력이 푸시 메시지를 발송하도록 행정기관에서 전자적으로 명령한 시점부터 발생되기 때문입니다. 세금고지서의 경우 연체 가산세가 있다 보니 고지를 받지 못했다는 걸로 종종 실랑이가 생기는데 이럴 때 주의해야 합니다.

금융 앱이 국민비서 서비스에 나서는 이유

국민비서 서비스는 초기에 진입한 빅테크(네이버, 카카오톡)와 핀테크(토스, 페이코)가 자리를 선점했다고 볼 수 있습니다. 앞서 본 것처럼 복수의 앱에서 동시에 사용도 안 됩니다. 이런 상황에서 금융 앱들은 왜 국민비서 서비스에 뛰어드는 것일까요?

가장 큰 이유는 트래픽입니다. 모든 모바일 비즈니스는 트래픽 확보에서 시작합니다. 어떻게든 트래픽을 올리기 위해 하는 전략은 빅테크나 금융권이나 비슷합니다. 자사 앱에 여러 가지를 올려놓는 거죠. 다음DAUM이나 네이버가 PC포털 시절 메일, 카페, 쇼핑, 뉴스 등을 자사 페이지 안에 모든 걸 모아둔 것과 크게 달라지지 않았습니다. 네이버의 목표는 앱 안에서 고객이 떠나지 않게 하는 것입니다. 금융 앱 또한 같은 목적으로 다양한 기능들을 붙이고 있습니다. 국민비서도 그중 하나인 것이죠.

이벤트나 혜택을 강화하거나 볼거리 콘텐츠를 보강하는 등 다른 방법도 있을 것입니다. 그럼에도 국민비서를 택한 건, 서비스의 특수성 때문입니다. 앞서 설명한 것처럼 국민비서는 개인에게 꽤 중요한 정보를 다루기 때문에 고객이 푸시를 허용할 가능성이 높습니다. 푸시 메시지 허용율은 최근 금융권 앱들이 중요하게 바라보는 지표입니다. 안드로이드나 iOS 버전이 높아지면서 개별 앱의 푸시 메시지 허용에 민감해졌고, 실제로 푸시를 많이 켜두면 배터리 누수가 생김을 많은 사용자들이 인지하고 있습니다. 그래서 푸시를 허용하는 사용자들은 줄어들고 있는데 이는 사업자 입장에선 마케팅 기회의 손실입니다. 그러니 국민비서와 같은 생활필수형 서비스를 탑재하면 푸시 허용 고객을 늘릴 수 있다는 장점이 있습니다. 이게 두 번째

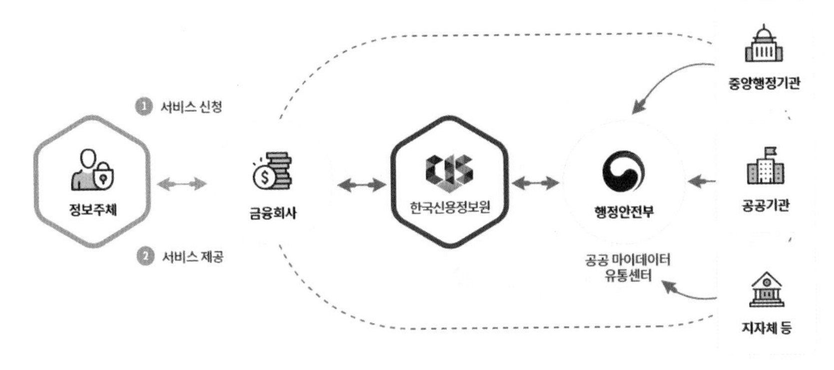

공공 마이데이터 유통체계. 출처: 한국신용정보원

이유입니다.

세 번째는 국민비서 서비스 내용이 금융과 관련된 것이 많아 장기적으로 공공 마이데이터를 위한 포석으로 활용할 수 있다는 것입니다. 각종 고지서, 과태료 납부, 학자금 대출 등 금융과 관련된 내용이 상당수 있어, 자연스럽게 관련 상품을 홍보할 수 있습니다. 여기서 공공 마이데이터 사업을 위한 사전 대응으로 연결할 수 있습니다. 공공 마이데이터는 공공, 행정기관에서 보유하고 있는 개인 행정정보를 정보주체인 국민이 본인 또는 본인이 지정한 제3자에게 전송 요구할 수 있는 데이터를 뜻합니다. 행정서류가 오가는 절차를 줄여 소요시간을 단축할 수 있고 기존 대비 보안이 강화되는 등 편리한 점이 많습니다. 현재 정부24 앱에서 가능한 서비스나 일부 금융기관에서 행정정보(건강보험 내역확인, 거주정보 확인 등)를 확인할 때 사용되고 있습니다. 대고객서비스가 어떤 형태로 발전해나갈지 현재 논의 중인 사안인데, 국민비서 서비스를 운영하고 있다면 향후 공공 마이데이터 분야에서도 유리한 고지를 차지할 가능성이 높습니다.

국민비서를 활용한 금융비서까지

국민비서 서비스를 탑재하면 위의 효과를 어느 정도 기대할 수 있으니 많은 사업자들이 탐낼법합니다만, 요구하는 참여 조건이 엄격합니다. 출범 전 2022년 1월부터 5월까지 이용량, 보안성, 기능성 등의 자격 요건을 갖춘 민간 앱의 연계 신청을 받았는데 금융 앱을 제외하고 많은 앱이 이를 통과하지 못했습니다. 특히 이용량 조건은 앱스토어 누적 다운로드 100만 건 이상이었습니다.

빅테크와 핀테크에 뒤처졌다고 평가받는 금융 앱이지만 빠르게 추격하고 있는데, 금융비서 도입은 그 추격의 일환이라고 하겠습니다. 아직도 많은 사람이 오프라인에서 주거래은행을 위주로 금융생활을 영위하고 있는 현실을 감안할 때 금융 앱이 금융비서로 진화하는 것도 불가능하진 않을 것으로 전망합니다.

삼성의 모니모 앱은 성공할 수 있을까

'모니모'라는 앱을 아시나요? 삼성의 금융계열사들이 연합해서 만든 앱 이름입니다.

삼성그룹에는 총 4개의 금융계열사가 있습니다. 삼성증권, 삼성생명, 삼성화재, 삼성카드인데요. 슈퍼앱 트렌드에 맞추어 4개 사는 브랜드도 '삼성금융네트웍스'라고 새롭게 정의하고 통합앱으로 모니모를 내놓았습니다.

Samsung
Financial Networks

기존 로고를 지우고 새로운 서체로 금융 계열사만의 표시를 만든 삼성

통합앱, 슈퍼앱이 대세인 점을 고려하면 삼성의 움직임이 납득이 됩니다. 관련 업계에 따르면 야심차게 출발한 모니모는 출시 4개월 만인 2022년 8월 500만 다운로드를 돌파하며 금융 앱 인기순위 1위를 차지했습니다.[D] 앱 통계 분석기관 '모바일인덱스'에 따르면 2023년 4월 기준 MAU 220만 명을 유지하고 있습니다.

저는 서비스 초기부터 매우 관심있게 모니모를 지켜봐왔습니다. 기존 금융권의 앱과는 확연히 다른 몇 가지 특징 때문입니다. 먼저, 기존의 4개 사가 가지고 있는 앱 중 하나를 중심으로 계열사 앱의 기능을 가져온 것이 아니라, 아예 새로운 앱을 만든 점입니다. 삼성금융그룹의 4개 사는 어디 하나 규모나 순위에서 밀리는 회사가 없습니다. 2022년 12월 말 기준으로 삼성증권은 자산총계 47.7조 원으로 증권업계에서 5위입니다. 삼성생명은 281.4조 원으로 생명보험업계 부동의 1위입니다. 손보업계에서는 삼성화

다양한 서비스로 통합앱을 추구하며 출시한 삼성의 모니모
출처: 삼성금융네트웍스 앱

재가 88.2조 원으로 역시 1위입니다. 삼성카드 역시 29.6조 원으로 카드업계 상위권을 유지하고 있습니다.

각 업권에서 최상위 플레이어들인 만큼, 개별적으로 가지고 있는 고객 수도 상당합니다. 이들 중 큰 계열사의 앱을 개편하여 슈퍼앱으로 성장시켜도 좋았을 텐데, 과감히 새로운 브랜드로 새롭게 시작하는 전략을 취했습니다. 새로운 정도가 아니라 모니모라는 이름에서부터 삼성이 인식되지 않기 때문에 핀테크와 빅테크 앱에 가까운 느낌을 냈습니다.

두 번째로 금융그룹이 슈퍼앱 전략을 할 때 부딪히는 이슈를 어떻게 헤쳐나갈지 궁금했습니다. 앞에서 강점으로 제시한 부분, 즉 기존에 확보한 많은 고객 때문입니다. 삼성 계열의 금융상품을 쓰지 않는 사람들은 어떻게 잡아야 할까요? 이는 삼성뿐 아니라 다른 많은 금융그룹사들이 고민하는 부분입니다. 자사 고객을 품으면서도 신규 고객, 나아가 삼성금융상품을 이용하지 않는 고객도 이용할 가치가 있어야 하는 거죠.

말이 쉽지 실상은 어렵습니다. 자사 고객을 벗어나서 생각하자면 경쟁사뿐 아니라 빅테크와 핀테크 업계보다도 경쟁력 있는 앱이 되어야 하니까요. 모니모는 어떤 전략을 쓸 것인지 궁금했습니다.

2022년 4월 출시 이후 1년이 훌쩍 지난 지금, 모니모는 제가 보기엔 성공했다기 보다는 실패에 가깝지 않나 싶습니다. 앞서 다운로드 수가 많다는 기사가 있었지만, 이후 월 MAU가 220만 명대에 그치며 '성장 정체'라는 뉴스가 나오고 있습니다.(E)

기대와 달리 부진한 이유는 무엇일까요? 현 시점의 모니모의 아쉬운 점을 짚어보고 향후 방향을 가늠해보고자 합니다.

애매한 포지셔닝과 정체성

삼성 금융상품을 사용하지 않는 저도 모니모는 설치하고 매일 접속하고 있습니다. 모니모는 '아침 일찍 일어나기' 이벤트와 '5000보 이상 걷기' 이벤트를 하고 있으며, 수행할 때마다 '젤리'라는 걸 줍니다. 젤리 한 개는 랜덤으로 현금을 주는 쿠폰인데 보통 개당 15~20원으로 현금교환을 해줍니다. 아침저녁으로 모니모를 켜면서 돈을 받는 거죠. 뿐만 아니라 송금을 1원이라도 할 때마다 또 젤리를 줍니다. 그리고 가끔은 앱 안에서 이런저런 미션을 수행하면 스페셜 젤리를 주기도 합니다. 스페셜 젤리는 평균 1500원 정도 됩니다. 매일 이렇게 해서 한 달에 3000~5000원 가량을 받았습니다.

여느 핀테크 앱들도 어느 정도 현금성 이벤트를 상시적으로 합니다. 토스는 1만 보를 걸으면 최대 40원을 주고, 토스가 정한 장소를 가면 최대 100원을 줘서 하루 140원까지 지급했습니다. 예전에는 '행운퀴즈'라고 해서 퀴즈를 맞추면 돈을 주기도 했죠. 소액을 계속 지급하며 앱을 활성화하는 건 오프라인 매장 방문 유도를 위해 길거리에서 물티슈나 휴지를 나눠주는 것과 비슷하다고 하겠습니다. 어떻게든 방문을 유도하고(앱이 켜지게 하고) 이후에 뭐라도 하나 더 파는(토스의 경우는 금융상품 가입) 것을 노리는 거죠.

그런데 일단 들어온 고객이 이탈하지 않도록 잡아두는 건 정말 어려운 일입니다. 차라리 콘텐츠 앱이나, 게임 앱은 뭔가 즐길 거리라도 있죠. 금융은 기본적으로 재미를 주는 산업이 아닙니다. 돈을 다루다 보니 엄격하고 딱딱하게 느껴집니다.

모니모는 우선 최대한 MZ세대의 눈높이에 맞도록 앱을 디자인했습니다. 여백을 남기고 고객 동선을 최대한 신경 써서 설계했습니다. 파란 톤에 하얀 배경, 그리고 버튼 디자인과 여러 아이콘 디자인은 토스를 많이 참조한 것으로 보입니다.

금융 앱을 볼 때 그 앱의 의도를 많이 읽을 수 있는 부분은 두 가지인데요. '첫 화면에 무엇이 보이느냐', '메인 메뉴의 구성이 어떻게 되느냐'입니다. 모니모의 경우 첫 화면(다음 페이지 그림)은 '투데이'라고 해서, 카드뉴스 기반으로 이루어져 있습니다. 좌측 상단 가장 눈에 잘 띄는 곳에는 현재까지 모은 젤리가 표시됩니다. 아래쪽에는 각종 미션들에 이어 모니모가 자동 정렬해주는 카드뉴스들이 나타납니다. 가입할 때 설정한 관심사 기반으로 내용이 보여지는 것으로 보입니다.

제게 보여지는 카드뉴스는 대략 이런 것입니다. '40대는 아파트 관리비를 매달 얼마나 내고 있을까?'. '경제뉴스에 자주 보이는 EBITDA는 무슨 뜻?', '40대 남성의 미용실 월평균 이용 금액은?' '나와 가장 잘 어울리는 여행지는 어디일까?' 등등. 40대 아파트 관리비를 터치해보면 삼성카드로 아파트 관리비를 정기결제한 회원을 대상으로 분석했다는 내용이 나타납니다.

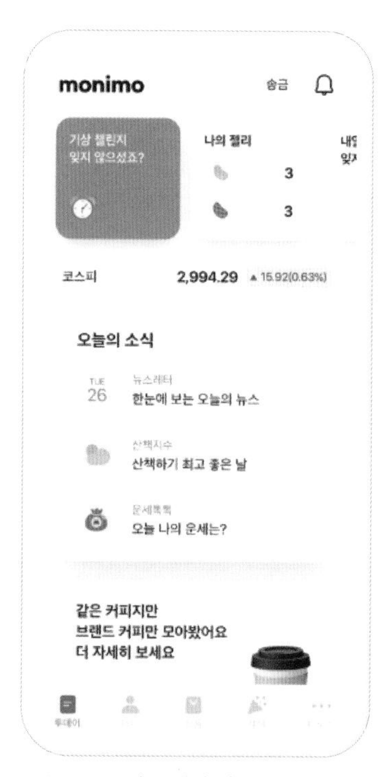

모니모 앱의 첫 화면.
출처: 삼성금융네트웍스 앱

모니모에서는 아마도 '젤리로 유인 → 금융계열사에서 만든 콘텐츠 노출 → 상품과의 연계를 은근히 넣어 가입유도'로 생각했을 것 같습니다. 어찌 보면 딱 정석이라고 하겠습니다. 많은 핀테크/빅테크 역시 비슷한 전략을 취하고 있습니다. 그런데 그러다 보니 문제가 생깁니다. 젤리를 받기 위해 들어온 고객에게 콘텐츠는 큰 소구점이 될 수 없습니다. 매일 젤리를 습관적으로 받는 체리피커*는 당연히 젤리만 받고 나갈 것이고, 일반고객은 젤리 때문에 들어왔다가 잠시 둘러볼 수는 있으나 '매일 봐야 하는 중요하고 강력한 콘텐츠'는 아니기 때문입니다. 만

* Cherry Picker, 신 포도 대신 달콤한 체리만 골라 먹는 사람을 지칭하는 단어. 금융상품의 혜택만 취하고 실제 매출에는 기여하지 않는 사람을 말한다.

약 이 콘텐츠들이 매일 업데이트되는 것이라고 하면 이야기가 다를 수 있겠습니다만, 제가 지켜보니 그렇게 업데이트가 자주 있진 않았습니다.

MAU, DAU를 넘어서 하루에도 몇 번씩 열어보는 앱이 되기 위해서는 압도적인 콘텐츠 수로 밀어붙여야 합니다. 그게 아니라면 사람들이 스스로 찾아오게 만드는 '기능'이 필요합니다. 모니모가 제공하는 기능은 제한된 PFM 그리고 송금, 신용관리, 환전입니다. 삼성금융상품을 이용하지 않는 경우에 사용할 수 있는 메뉴들입니다.

구조적인 문제로 인한 사용성 저하

2021년 초, 삼성카드는 마이데이터 라이선스 취득을 하고자 했던 당초 전략을 수정할 수밖에 없었습니다. 다른 카드사, 은행들이 마이데이터 라이선스 취득에 한창일 때 말이죠. 삼성카드의 대주주인 삼성생명이 금융감독원의 제재심의위원회로부터 중징계결정을 받았기 때문입니다. 대주주가 중징계를 받을 경우 산하 금융회사는 최소 1년간 신사업 진출을 위한 금융당국의 인허가를 받을 수 없습니다. 이는 삼성생명이나 삼성카드뿐 아니라 삼성증권 등 다른 자회사들도 마찬가지입니다. 그래서 모니모는 출시 시점에 마이데이터 관련 기능을 구현할 수 없었습니다. 현재 메인메뉴의 '마이'에서 '내자산'이라는 메뉴가 있는데 여기는 마이데이터가 아닌 오픈뱅킹으로 데이터를 가져와 보여줍니다. 현재 보여지는 항목은 은행과 증권사의 계좌잔액, 입출금내역, 카드 청구서 내역, 환전, 부동산 시세확인, 자동차 시세 확인입니다.

카드뉴스를 터치하면 콘텐츠를 제공하는 계열사의 페이지로 이동한다. 출처: 삼성카드(좌)/삼성증권(우) 앱

문제는 속도입니다. 저는 계좌 20개, 증권 10개, 카드 5개를 연결해둔 상태인데요. 갤럭시 폴드3인 제 폰 기준으로 화면 진입 후 정보 확인까지 10초 내외가 소요됩니다. 오픈뱅킹 방식으로 각 계좌로부터 정보를 불러오는 데 시간이 걸리는 겁니다.

카드뉴스 기반의 콘텐츠들도 속도가 빠르지 않습니다. 각 계열사에서 별도로 제공하고 있어서 클릭할 때마다 해당 자회사 사이트로 이동하기 때문입니다. 경쾌한 속도가 무엇보다 중요한 최근 앱 트렌드를 고려하면 이는 사용성을 매우 해치는 것인데요. 계열사의 상품가입 화면이라면 어쩔 수 없겠으나 콘텐츠를 보여주는 것은 다른 방법이 있지 않았을까 싶습니다. 아쉬운 부분입니다.

앱을 출시하고 시간이 흘러 지난 2023년 6월, 삼성카드도 마이데이터 라이선스를 취득했습니다. 연말까지는 마이데이터 기반으로 앱을 재편한다고 하니 사용성 개선이 이루어질 전망입니다.

그럼에도 모니모의 선전을 기대하다

출시 초기에는 '토스나 카카오페이를 잡기 위한 삼성의 회심의 무기'라는 평가까지 나왔던 모니모였습니다. 하지만 지금은 그저 체리피커들에게 환영받는 앱 정도가 된 듯합니다. 그렇게라도 시장에 자리를 잡은 것을 다행이라고 해야 할지도 모르겠습니다. 수많은 핀테크 앱들이 나타났다가 소리 없이 사라져가고 있거든요.

이렇게 확보한 트래픽을 가지고 뭐라도 해내야 하는데, 현재는 마땅한 탈출구가 보이지 않습니다. 자사 상품가입을 시키면 좋겠지만 금융상품이라는 게 일반적인 커머스와 달라서 자주 일어나는 상거래도 아닙니다. 오히려 충분한 시간을 두고 비교하고 선택하는 상품이죠. 그렇다고 자주 앱을 켜도록 만드는 킬러 콘텐츠가 있는 것도 아니고요.

기존의 4개 사가 가지고 있는 앱을 모니모로 통합한다면 집객 효과는 지속적으로 발생할테니, 삼성금융그룹은 이 방향으로 추진하고 있습니다. 삼성생명이 자체 앱에서 제공하던 보험금 청구, 보험료 납입 등 주요 서비스를 모니모로 이전했고, 삼성화재도 검토 중입니다.

또 계열사별로 모니모 전용상품 출시도 진행되고 있습니다. 삼성생명

삼성카드에서 내놓은 모니모카드. 출처: 삼성카드 홈페이지

은 모니모 출범과 동시에 상품을 출시했고 삼성카드도 모니모카드와 같이 관련 상품을 내놓았습니다.

다른 금융그룹들과 달리 삼성금융그룹은 아예 새로운 앱을 출시하는 방식을 택했습니다. 당연한 말이지만 새로운 앱을 출시하면 고객에게 새로운 다운로드를 강제하게 되는데요. 모바일 비즈니스에서 이는 엄청난 자신감(또는 도박)입니다. 그래서 대부분의 대기업들은 안전하게 '기 보유 고객이 많은 원래 앱'을 키울 생각을 하는데 삼성은 직접 뛰어든 거죠. 저는 삼성의 이런 결정이 대단하다고 생각하고, 잘 되었으면 하는 바람입니다. 소비자 반응과는 별개로요.

빅테크와 핀테크의 도전이 엄청난 상황에서, 제1금융권의 반격이 주목되는데요. 모니모가 어디까지 선전할 수 있을지 흥미롭게 지켜보게 됩니다.

'게이미피케이션', 금융 앱에 대한 경고

저는 최근까지 모회사로 전출을 가서 그룹의 중장기 금융 전략을 수립하는 일을 했습니다. 제 인생의 중장기 전략도 없는 판에 무슨 그룹의 금융 전략인가 싶지만 거시경제 흐름과 국내 모바일 금융 판도를 살피며 이런저런 고민을 했습니다. 산더미 같은 자료들을 보며 현안에 대한 고민을 강제당하던 중 금융감독원 런던사무소에서 작년에 발행한 리포트 하나가 눈에 들어왔습니다. 영국 FCA의 금융거래 앱 감독 현황에 대한 것이었는데요. 처음 봤을 때는 '아니 국내 자료만 봐도 숨이 막히는데 남의 나라 이야기까지 굳이 왜'란 생각만 들었습니다만, 보다 보니 '오호 이거 남의 이야기가 아닌데' 싶었습니다.

문제 제기가 꽤나 흥미로웠거든요. 요지는 "금융 앱들이 점점 게임처럼 되어가고 있다(Gamification, 게이미피케이션). 사용자들에게 유사 도박행위처럼 될 수 있으니 규제해야 한다"는 것이었습니다. 딱 이것만 보면 영국도 만만치 않게 꼰대문화인가 싶었지만, 세계 금융의 중심지에서 이런 규제 주장이 나왔다는 것은 시사하는 바가 큽니다.

FCA의 우려의 목소리

영국의 FCA는 Financial Conduct Authority의 약자로, 우리말로는 '금융행위감독청'입니다. 우리나라는 금융위원회 산하에 금융감독원이 국내 금융 전반을 감독하는데, 영국은 크게 FCA와 PRA(Prudential Regulation Authority, 건전성감독청)로 구분하고 있습니다. 영업행위와 건전성을 구분하여 감독하는 점이 국내와 다릅니다.

2022년 11월 21일, FCA는 자국 내 주식 트레이딩 앱 운영자들에게 '게임과 같은 요소가 포함된 기능이 소비자 이익에 반할 수 있으니 디자인을 재검토하라'고 경고했습니다. 뜬금없이 무슨 소리인가 했는데, FCA 홈페이지에 가서 보니 나름의 근거를 가지고 연구까지 진행했더군요.

2021년 1월에서 4월 사이에 주요 4개 트레이딩 앱을 통해 약 115만 개의 계좌가 신규 개설되었다고 합니다. 이 고객 중 다수는 투자를 처음 접했고, 기존 투자자들보다 젊다고 합니다. 이에 FCA는 자국의 주요 트레이딩 앱들을 분석했고, 앱들이 지나치게 투자를 도박처럼 만든다고 우려하는 연구 결과를 발표했습니다.(F)

이른바 긍정적 강화Reinforcement와 게임화 기술을 트레이딩 앱에서 사용하고 있는데, 이러한 장치가 투자를 부추길 수 있음을 발견했다고 합니다. 사람들이 더 높은 레버리지를 사용하고, 더 많은 금액을 쓰도록 한다는 거죠. 관련 연구가 몇 가지 예시를 들고 있습니다.

(1) 거래 체결 직후 축하메세지와 흩날리는 색종이 이미지(falling confetti) 등을 표시하여 행동의 긍정적 강화 유도

(2) 특정 행위를 하면 포인트 등 보상Reward 제공 및 포인트 보유자별 순위표 표시, 알림 표시 등을 하여 행위 유도

(3) 최신 뉴스 및 실시간 가격변동 정보 등의 잦은 푸시 알림

(4) 투자 금액 및 신용거래(차입)에 관한 안내를 할 때 기본적으로 높은 금액을 설정하여 투자자들을 현혹

FCA에서는 이러한 앱의 기능들이 온라인 투자를 도박과 경계를 모호하게 한다고 주장합니다. 젊은 신규 투자자에게 스릴과 흥분을 느끼게 한다는 거죠. FCA에서는 조사를 위해 3000명 이상의 트레이딩 앱 사용자를 대상으로 설문조사를 했고 20명 이상의 사용자와 심층 인터뷰를 진행했다고 합니다.

FCA의 지적에 주목해야 하는 이유

FCA의 지적은 일리가 있습니다. 금융소비자를 보호하겠다는 데 사실 누가 뭐라고 할까요? 그리고 원래 각국의 금융감독기관들이 해야 할 일이기도 합니다. 그럼에도 제가 놀란 점은 두 가지입니다. 하나는 선제적 대응인 점, 또 하나는 결과가 아니라 과정에 돋보기를 들이댄 점입니다.

어느 나라건 금융규제는 규제 전후로 파급효과, 불확실성이 엄청납니다. 일단 규제가 발표되는 순간, 모두가 주목하게 되고 일이 커지기 때문에 관으로서는 신중할 수밖에 없습니다. 들여다 본다는 것만으로도 뉴스가 되고, 주가에 영향을 주는 것을 많이 보셨을 겁니다. 그래서 관의 움직임은 늘 신중하고, 실물경제보다 느릴 수밖에 없습니다. 만약 이보다 빠르게 움직인다는 건, 대단히 예외적인 상황입니다. 문제가 될 것이 뻔히 보일 때나 그렇죠. 그래서 저는 FCA의 선제적 대응이 놀라웠습니다. 트레이딩 앱에 게이미피케이션을 적용했다고 해서, 실질적인 문제나 피해자가 발생했다고 하긴 쉽지 않습니다. 피해를 받았다고 주장하는 쪽에서도 이를 증명하기 어렵습니다. 투자 손실이 앱에서 팡파레가 울린 탓이라고 주장할 수 있을까요? 아무리 유능한 변호사라도 쉽지 않을 겁니다.

두 번째로 '결과가 아니라 과정을 지적'한 점입니다. '트레이딩 앱에 과몰입한 투자자들이 많아진다 → 그들이 가산을 탕진해가며 마치 도박장에 온 듯 투자를 지속해나간다 → 이로 인해 국민경제에 큰 영향을 미치고 빈민층이 양산되었다' 같은 결과를 초래했다면 금융당국에서 나설 수 있겠죠. 하지만 이번에는 트레이딩 앱의 프로세스 단위를 봐가며 선제적으로 개선을 권고한 것입니다. 인과관계를 관에서 먼저 확인하고 이에 대한 개선을 요청하는 것 또한 쉽게 나타나는 사례가 아닙니다.

예상되는 파급 효과

토스증권이 처음 나왔을 때, 스스로도 지향점을 한국의 로빈후드Robin-Hood 앱이라고 선언한 바 있습니다. 로빈후드는 어렵고 복잡한 주식 트레이딩을 쉽게 해서 수많은 유저들의 호응을 얻은 미국의 주식 거래 앱입니다. 앞서 보셨던 게이미피케이션, 긍정적 강화 등의 기법을 잘 활용하는 것으로 유명합니다. 토스증권과 카카오페이증권도 여러 재미요소를 탑재해서 사용자에게 호평을 받았죠.

사실 앱을 기획하고 만드는 입장에서 보면, 고객들이 게임처럼 사용하고, 살짝 중독되어 자주 들어오고, 계속 거래하는 것은 그야말로 '대성공'입니다. 즉 사업자로선 성공이 관의 규제 대상이 될 수 있는 상황입니다.

토스증권과 카카오페이증권을 보고, 기존 증권사도 변화를 꾀하고 있습니다. KB증권에서 나온 마블 미니 같은 앱이 좋은 예입니다. 화면 구성을 심플하게 하고, 재미있는 투자를 할 수 있도록 유도하는 것은 최근의 큰 트

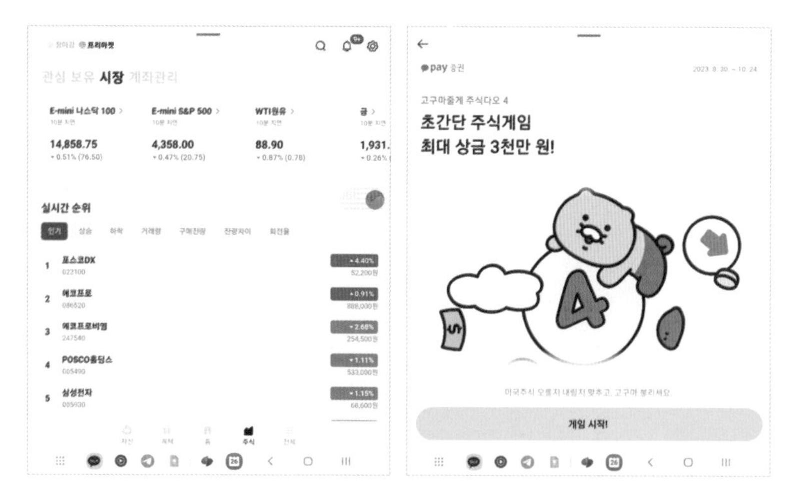

출처: 토스증권(좌)/카카오페이증권(우) 앱

렌드가 되어가고 있습니다.

아직은 먼 일로 예상되지만 FCA의 움직임을 우리나라에서도 심각하게 받아들인다면, 이러한 앱 구성에 대해 엄격한 잣대를 들이댈 수도 있을 것입니다.

규제와 함께 기준도 확립되어야

핀테크는 어려웠던 금융을 기술을 활용하여 쉽게 접근할 수 있도록 하여 큰 시장을 만들어냈습니다. 기존에 없던 변화이기 때문에 다양한 부작용이 있을 수 있고, 이에 발맞춰 규제도 발전해나가는 것이 맞습니다.

다만 이번 FCA의 움직임은, 개인적으로 좀 걱정이 됩니다. 앱에서 팡

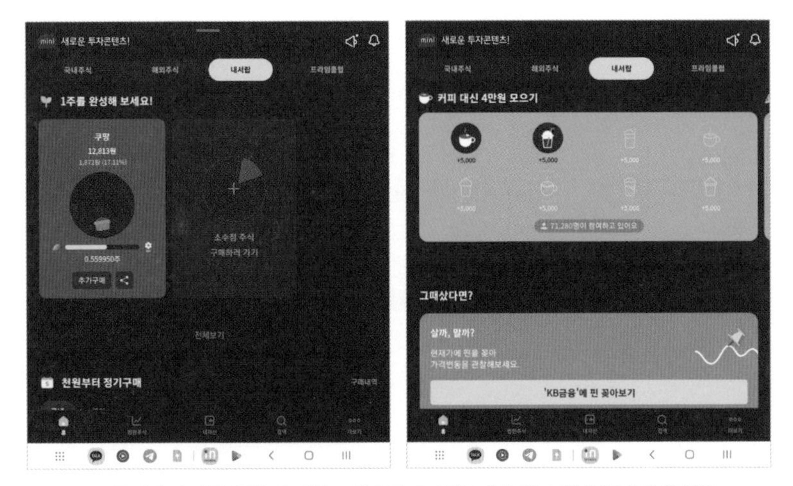

KB증권에서 기존 앱은 유지하고 별도로 출시한 마블 미니 앱. MZ세대 취향을 맞추려 노력한 흔적이 보인다. 출처: KB증권 앱

파레가 울려퍼지는 것이 고객의 과도한 투자를 유도하는 나쁜 행위라고 해버리면, 앱 기획을 하는 입장에선 위축될 수밖에 없죠. 그럼 기준을 어떻게 설정할 수 있을까요? 어디까지는 건전한 게이미피케이션이고, 어디서부터 고객을 중독시키는 도박과 같은 영역이라고 어떻게 정할 수 있을까요?

큰 문제가 될 수 있는 부분이기에 향후 꽤 진지하게 받아들여지고 연구되어야 할 부분입니다. 투자의 온라인/비대면화는 거스를 수 없는 흐름이니, 논란은 점점 커질 것으로 보입니다.

카카오톡 송금 논란

2022년 8월 말, '카카오톡 송금하기'가 크게 뉴스가 되었습니다. 다소 자극적인 제목인 '[단독] 금융위 전금법 개정—카톡 송금하기 못한다'라는 기사 때문이었습니다.(G)

'금융위원회가 마련한 전자금융거래법 개정안에 선불충전 기반의 간편송금을 금지하는 법안이 담겼는데, 송금을 계좌 거래에만 국한하는 내용을 추진하니 시대를 역행하는 초유의 족쇄규제가 될 공산이 커졌다, 그러니 다수의 소비자가 이용하는 간편송금을 할 수 없게 될 것'이 기사의 요지입니다. 자극적인 제목과 단어 때문인지 주식 시장에서는 '전자금융업자는 앞으로 간편송금 서비스를 할 수 없을 것'으로 이해했습니다. 기사가 나온 날 상장사인 카카오페이의 주가는 6퍼센트 이상 하락했습니다. 사태가 심상치 않자 이례적으로 금융위원회에서는 당일 보도자료를 내고 반박했습니다. 법이 개정되더라도 사업자가 자금이체업 허가를 받으면 송금 서비스가 가능하다고 설명했습니다. 이 논란은 왜 생긴 것일까요? 그리고 우리 실생활에서는 어떤 변화가 있을까요?

생활 속에 파고 든 간편송금 서비스

많은 사람이 실생활에서 송금 서비스를 사용하고 있을 것입니다. 은행 앱을 켜고 이체하는 사람보다는 핀테크 앱을 활용하는 사람들이 점점 많아지고 있습니다. 딱딱하고 복잡한 은행 앱과 달리 핀테크 앱은 높은 모바일 이해

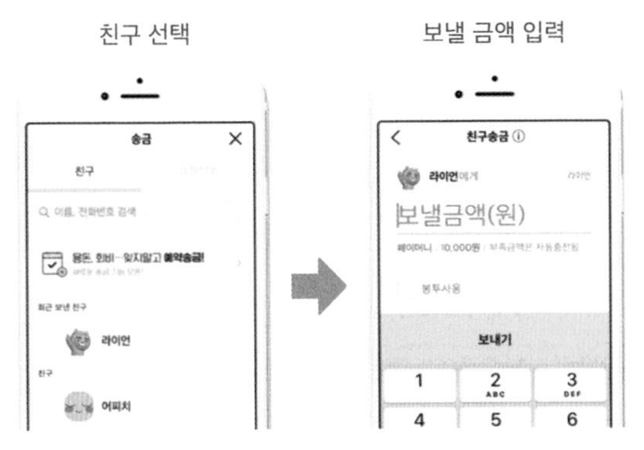

출처: 카카오페이 홈페이지

도를 바탕으로 사용하기 쉬운 UI/UX를 제공하니 한번 적응하면 계속 사용하게 됩니다. 국내 간편송금 1위는 카카오페이이며 2위는 토스입니다. 많은 사람이 "어? 난 카카오페이로 송금하는 게 아닌데?"라고 말씀하실 수 있는데, 카카오톡 안에서의 모든 송금은 카카오페이 송금입니다. 간단한 송금이나 모임의 더치페이는 카카오톡으로 하는 것이 훨씬 편합니다. 반면 모르는 사람의 계좌로 보내는 송금이나 내 계좌 현황을 확인하고 해야 하는 송금은 토스를 많이 쓰게 됩니다.

카카오페이나 토스와 같은 핀테크 앱들은 MAU의 중요성을 누구보다 잘 알고 있습니다. MAU 지표는 투자를 받을 때 중요한 척도입니다. 자꾸 쓰이는 앱을 만들기 위한 킬러 서비스가 무엇인지 늘 고민했고, 송금이 중요하다는 것을 잘 알고 있습니다. 토스가 간편송금으로 서비스를 시작한 이유이기도 합니다. 2019년 12월 전까지는 핀테크 앱을 통해 송금할 때마다 은행에 지급해야 할 수수료가 건당 300~500원에 달했습니다. 우리가 내는 것은 아니니 체감하지 못했을 뿐입니다. 토스와 같은 핀테크 업체가 스스로 부담하고 있었는데, 부담이 커지자 한 달에 무료로 송금할 수 있는 건 수를 제한했습니다. 10회 송금무료 서비스를 제공한다면 고객 한 명에게 약 3000원 이상을 쓰고 있던 셈입니다. 고객수와 MAU를 늘이기 위해 캐시버닝Cash Buring 한다는 표현은 거짓이 아니었던 거죠.

선불전자지급수단을 활용하는 간편송금

그러다가 2019년 12월부터 국내에서 오픈뱅킹이 시행되었습니다. 여러 금융기관과 핀테크 업체가 고객의 계좌 정보를 조회하고, 이체할 수 있게 해주는 제도입니다. 오픈뱅킹의 특징은 관에서 제도를 만들고 금융결제원이 주관한다는 것입니다. 자신의 앱에서 고객에게 계좌조회나 이체를 제공하고 싶은 핀테크 업체는 API 연결만으로 서비스를 구현할 수 있게 되었습니다. 그러나 이보다 더 파급이 컸던 것은 이체 건마다 핀테크 업체에서 은행에 지급하던 수수료가 10분의 1 수준으로 떨어진 점입니다. 활성화를 위해 정부에서 강제로 수수료를 낮춘 것인데, 은행 입장에선 그동안 받던 수수료 수입이 사라지게 된 반면, 핀테크 업체는 재무제표가 크게 개선되는 효과가 있었습니다. 토스는 이후 송금 수수료 영구 무료를 선언하고 지금까지 이를 유지하고 있습니다.

카카오페이는 2016년 4월부터 송금 서비스를 하며, 토스처럼 사용자 대신 송금 및 계좌이체 수수료를 내주고 있었습니다. 그러나 재무적인 부담이 가중되자 2019년 4월부터 무료송금을 월 10회로 제한하고 11번 째부터 건당 500원의 수수료를 부과했습니다. 이후 현재는 카카오페이 증권계

**토스가
평생 무료 송금을
시작한 이유**

토스팀은 2021년 8월 2일부터 송금 수수료 없는 세상을
선언하며 '평생 무료 송금' 정책을 발표했습니다.
토스는 갑자기 왜, 모든 사용자에게 평생 무료 송금을
제공하겠다고 발표했을까요?

출처: 토스 홈페이지

좌를 개설한 고객에 한해 무제한 송금을 허용하고 있습니다.

같은 송금 같은데 왜 차이가 날까요? 이는 현재 이루어지고 있는 간편송금이 선불전자지급 라이선스에 기반한 것이기 때문입니다. 전자금융거래법에서는 라이선스를 다소 복잡하게 다음과 같이 구분하고 있습니다. 선불전자지급수단의 사전적인 의미는 마일리지, 포인트, 상품권 등 금전적인 가치가 저장되어 있는 것들을 포괄하는 개념입니다. 법이 만들어질 당시에는 마일리지나 포인트를 양도하거나 환급하는 상황을 고려해서, 이를 가능하도록 해두었죠. 그런데 현재 간편송금을 하고 있는 핀테크 사들은 이 조항을 활용하여 '현금이체 = 현금성 포인트 이체'로 하고 있는 것입니다.

원래 법을 엄격하게 적용하면, 송금업무를 하기 위해서는 전자자금 이체업자로 등록해야 합니다. 하지만 선불전자지급업자로 등록하면 자본금과 규제도 적게 적용받을 수 있습니다. 또 '선불전자지급수단이 양도 및 환급이 자유로운 점'을 이용하면 자금송금을 똑같이 할 수 있게 됩니다.

전자지급결제 대행	온라인 쇼핑몰 등을 대신해 지급결제정보 송/수신, 대금정산 업무를 대행(전자상거래에서 구매자로부터 대금을 수취하여 판매자에게 최종적으로 지급될 수 있도록 지급결제정보를 송수신하거나 그 대가를 정산대행 또는 매개하는 서비스)
선불전자지급	미리 충전한 선불금으로 교통요금, 물품대금을 지급하거나 송금할 수 있도록 선불금을 관리하고 이체를 수행하는 서비스
결제대금예치	전자상거래에서 구매자로부터 대금을 예치받고 구매자의 물품 수령 확인 과정 등을 통해 거래가 적절하게 이루어졌는지 확인 후 구매대금을 판매자에게 지급하는 서비스
전자고지결제	이메일과 앱 등을 통해 전자적인 방식으로 고지서를 발행하고 대금을 직접 받아 정산을 대행하는 서비스
직불전자지급	물품을 구매할 때 스타트폰 등을 이용한 인증 절차를 거쳐 구매자의 금융회사 계좌에서 판매자의 계좌로 대금을 이체할 수 있도록 중개
전자화폐	이전 가능한 금전적 가치가 전자적 방법으로 저장되어 발행된 증표 또는 그 증표에 관한 정보

전자금융거래법 내 라이선스 구분

우리가 카카오페이를 이용해서 카카오톡 친구에게 2만 원을 송금하면 우리는 그냥 돈을 보낸 것으로 느끼지만, 뒤에서는 '2만 원을 계좌에서 출금 → 2만 원어치 포인트 구매 → 포인트를 친구에게 포인트로 전송'이 되는 것입니다.

선불전자지급수단은 무기명의 경우는 50만 원, 기명인 경우는 200만 원으로 한도가 정해져 있습니다. 그래서 토스에서 200만 원 이상 송금을 하면, 최대 200만 원씩 여러 번으로 나누어 송금하게 되는 것입니다. 은행에서 선불형 상품권을 구매한 사람은 최고액권이 50만 원인 것을 봤을 텐데 그것도 이런 규정 때문입니다.

2018년 정부의 가상화폐 실명제 실시로 가상화폐 거래소들은
모두 인증제를 도입했다. 출처: 코빗 홈페이지

무기명 송금의 문제점

현 상황은 이러한데, 개정되는 전자금융거래법에서 대체 무엇을 바꾸길래 이슈가 되는 것일까요?

앞서 2만 원을 카카오페이로 받은 친구의 상황을 자세히 보겠습니다. 먼저 현재는 카카오톡 계정이 있으면 돈을 받을 수 있는 구조입니다. 이렇게 받은 돈으로 카카오 생태계 내에서 재화나 서비스를 구매해도 되고, 제3자에게 송금을 해도 됩니다. 제3자에게 송금을 하면 무슨 문제가 생길까요? 금융당국의 눈을 피해 불법자금을 은닉하기 쉽습니다. 카카오페이 내부에서 포인트의 이동이 되어 버리니 외부에서는 추적이 어려워집니다. 그래서, 돈을 보내는 사람은 계좌가 당연히 연결되어 있으니 상관없지만 돈을 받는 사람의 실명계좌 연동을 의무화하는 내용이 이번 개정안에 들어갔습니다. 실명계좌 인증을 해본 사람은 다 알겠지만 그렇게 어렵고 복잡한 일은 아닙니다. 다만 본인명의 계좌를 가지지 못하는 미성년자와 외국인은 서비스 사용이 어려워집니다. 미성년자와 외국인의 사용이 어려워지는 것도 분명 문제가 맞습니다만, 이걸 '카톡 송금 중단'이라고 표현할 필요는 없지 않을까요?

라이선스 재편에 따른 자금이체업 등록

언론에서 또 이슈화했던 것은 간편송금업을 하고 싶으면 자금이체업자로 등록을 해야 한다는 부분이었습니다. 자금이체업은 '지급인과 수취인 사이에 자금을 지급할 목적으로 금융사, 또는 전자금융업자에 개설된 계좌에서 다른 계좌로 전자적 장치에 의해 자금을 이체하는 업'을 말합니다. 토스, 카카오페이 등 현재 간편송금 서비스를 하고 있는 사업자의 경우 새로운 라이선스를 취득해야 합니다. 취득과 관련된 세부안이 나오진 않았으나 자금세탁방지, 보안 등의 요구사항이 있을 것으로 보입니다. 기존의 선불전자지급업은 등록제였던 것에 반해, 전자자금이체업은 허가제이기에 핀테크 업체 입장에서는 허들로 느껴질 수 있습니다.

관련하여 금융위원회에서는 현재 간편송금을 하고 있는 업체의 경우 라이선스 취득에 문제가 없을 것이라고 밝혔습니다. 현재 시행 중인 서비스가 중지될 경우의 파급을 고려하면 기존 사업자들의 자금이체업 등록은 큰 문제는 없을 것으로 예상됩니다.

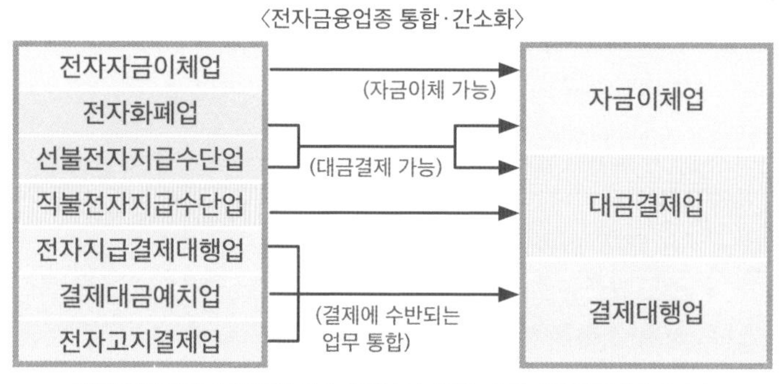

전자금융거래법 개정안 이후 라이선스 변화. 출처: 금융위원회 홈페이지

규제가 꼭 잘못된 것일까

2014년 핀테크가 막 태동하던 시절과 비교하면 현재 핀테크는 엄청난 성장을 이루어냈습니다. 인터넷전문은행을 세우고, 증권, 보험업까지 진출하는 등 금융그룹의 성격마저 가져가고 있습니다. 세계적인 흐름이고 금융 혁신을 위해서는 바람직하다고 하겠습니다.

다만 성장하는 만큼 사회 전반에 미치는 영향력도 커지고 있으니 그에 대한 규제 필요성도 높아지고 있습니다. 규제가 무조건 나쁘다고 볼 것은 아닙니다. 머지포인트 사태는 많은 피해자를 양산하고 사회적으로 큰 문제가 되었는데요. 고객으로부터 받은 선불금을 외부기관에 예치했다면 피해를 최소화할 수 있었을 것입니다. 이 내용도 이번 전금법 개정안에 들어가 있는데, 이 또한 향후 누군가에게는 규제로 느껴지겠죠.

이번 간편송금 관련 논란도 이면에는 '실명계좌 인증 강제'라는 규제에 대한 반발이 있습니다. 꼭 필요한 규제가 어디까지인가는 늘 어려운 문제입니다만 합리적인 선을 찾았으면 하는 바람입니다.

애플페이 오픈이 국내 결제산업에 끼칠 영향

핀테크와 신사업 관련 업무를 하다 보니 하루에도 수십 건의 관련 기사와 자료를 보게 됩니다. 오랫동안 이 일을 하면 저만의 룰이 몇 가지 생겼는데요. 그중 하나가, 바로 '게 섰거라' 기사는 대부분 거른다는 겁니다. 누구나 다음과 같은 제목의 기사를 본 적 있을 것입니다.

'아이폰 게 섰거라! X에서 OOO 출시!'
'ChatGPT 게 섰거라! X가 OOO 개발 중'

아니나 다를까, 애플페이가 2023년 3월 21일 정식으로 오픈하면서 국내의 여러 페이와 비교하는 '게섰거라 류' 기사가 많이 보입니다. 하나씩 읽어보면 참 불편합니다. 그냥 '페이'면 다 같다고 치부하는 태도 때문입니다. 애플페이의 대항마가 오픈페이라고 하는 것을 비롯해 애플페이 관련 여러 논란이 많아 정리해보고자 합니다.

애플페이 대항마가 오픈페이일까

애플페이는 애플이 자사 기기(아이폰, 애플워치)에 탑재하는 간편결제의 명칭입니다. NFC 기반의 오프라인 결제를 지원합니다. 애플은 자사 외에 애플페이를 개방하지 않고 있으며 NFC 결제 방식 또한 오픈하지 않고 있어 아이폰의 오프라인 결제는 애플페이를 통해서만 가능합니다.

반면 오픈페이는, 국내에서 진행되고 있는 '사업'의 명칭입니다. 특정

회사의 기술이나 BM 명칭이 아닙니다. 하나의 카드사 앱에서 여러 개의 카드사를 등록해서 사용할 수 있도록 하자는 사업입니다. 카드사의 연합체 성격을 가지는 여신금융협회에서 주관했습니다. 예를 들어 현재는 KB카드의 앱카드*인 KB Pay에는 KB카드만 등록할 수 있지만 앞으로는 신한, 하나, 롯데 등등 다른 카드사들의 카드까지 등록해서 사용할 수 있도록 하자는 내용입니다. 즉 오픈페이 앱이 별도로 나오는 것이 아닙니다. 은행권에서 시행 중인 오픈뱅킹과 비슷하다고 하겠습니다.

'페이'라는 단어가 들어가면 다 같은 것으로 보며 경쟁구도라고 생각하는 사람들이 많습니다. 오픈페이와 애플페이를 자꾸 경쟁구도로 몰고 가는 것도 그래서입니다. 이보다는 '개별 카드사의 앱카드'와 애플페이를 비교하거나 'QR과 NFC 간 기술방식을 비교'하는 것이 더 맞습니다. 오픈뱅킹이 회자되었을 때 "토스와 오픈뱅킹의 대결, 승자는?"이라고 묻지 않았던 것을 생각해보면 됩니다. 오픈뱅킹은 정부와 은행 간에 이루어지는 사업이었습니다. 오픈페이도 마찬가지입니다.

카카오페이와 네이버페이가 타격을 받을까

DB금융투자는 2023년 초 카카오페이에 대한 투자의견을 '비중유지'로 하향조정했습니다. 이유는 '삼성페이를 사용하지 못하는 아이폰 사용자들이 주로 카카오페이를 썼는데, 애플페이가 서비스를 시작하면 카카오페이 대

* 실물 카드 없이 스마트폰에서 온/오프라인 결제를 할 수 있도록 카드사에서 제공하는 앱

신 애플페이를 쓸 수 있어 간편결제 서비스 경쟁이 심화될 것'이라는 것이었습니다.(H)

일견 그럴듯해 보이는 예상입니다. 아이폰 사용자에게 열려 있는 결제 방식은 안드로이드 사용자와 다르니까요. 안드로이드에서는 삼성페이(MST), NFC, QR, 바코드 등 현존하는 모든 결제 기술이 사용가능합니다. 반면 아이폰은 NFC, QR, 바코드가 가능한데요. 이중 NFC는 내부통제권한을 애플만 가지고 있고 다른 사업자에게 열어주고 있지 않습니다. 아이폰 NFC 서비스는 오직 애플만이 직접 만들 수 있습니다. 애플페이가 들어오기 전까지 아이폰은 QR과 바코드 외에는 대안이 없었던 것이죠.
이러니 DB금융투자의 의견처럼 편의점 등에서 애플페이가 늘어나면 카카오페이 아이폰 QR결제가 줄어들 것 같았습니다. 그러나 애플페이 오픈 3개월 뒤인 2023년 5월 카카오페이는 기자간담회를 열어 "영향받은 바 없다"고 밝혔습니다. 또한 애플페이 때문에 오프라인 모바일 결제가 가속화되는 계기가 될 것이라고 평가했습니다.(I)

카카오페이와 네이버페이가 사용하는 QR은 NFC 단말기를 설치하지 않고 바코드리더기만 있어도 사용할 수 있습니다. 애초에 삼성페이를 제외한 모든 오프라인 간편결제는 강력한 마케팅 혜택을 바탕으로 강제로 이끌어가야만 굴러갔다는 점을 돌아보면 카카오페이, 네이버페이에게 애플페이가 그렇게까지 위협이라고 볼 필요는 없을 것입니다. 물론 카카오페이와 네이버페이는 지금까지의 캐시버닝 전략을 수정해서 사용성을 높이고 지원 가맹점을 확대하는 데 더 공을 들여야 할 것입니다.

기존의 결제업계가 타격을 받을까

결제업계 입장에서는 그동안 한 번도 겪지 못했던 상황이 닥쳐왔습니다. '강력한 사업자의 독자적인 결제수단'이 '많은 고객의 팬덤을 기반'으로 국내에 상륙하는 거죠. 국내 결제산업 역사상 이런 경우는 한 번도 없었습니다.

그동안 기술표준, 사업방식 등에 대한 결정권은 주로 정부와 국내 결제사업자들이 쥐고 있었고 타 국가에서는 찾아보기 힘든 VAN*이라는 특수한 사업자가 있는 등 우리나라는 상대적으로 폐쇄적인 환경에서 발전하고 있었습니다.

애플페이가 출시되면서 카드사는 새로운 수수료 체계 때문에 고민하게 되었고 NFC 단말기 확대를 위한 비용분담 이슈도 본격적으로 화두가 될 전망입니다. 애플페이 때문에 결제금액 자체가 커지면 산업계 모두가 행복하겠죠. 하지만 고객이 애플페이 쓰겠다고 1만 원짜리를 2만 원에 사 먹을리 없고 편의점 한 번 갈 것 두 번 가지도 않을 겁니다. 즉 전체 파이는 그대로일 겁니다. 결제산업 관련기업들은 대부분 결제액과 결제건이 커질 때 같이 돈을 버는 구조라서 큰 소득 없이 대응업무만 많아질 것으로 예상됩니다.

갤럭시와 삼성페이가 타격을 받을까

애플페이 출시가 갤럭시 판매량에 직접적인 위협이 되진 못했습니다. 삼

* Value Added Network, 카드사와 가맹점을 별도의 네트워크로 이어주는 사업자. 카드사로부터 승인중계와 전표매입업무를 대행하고 수수료를 받음.

성폰과 애플폰의 사용자 계층은 국내에서는 뚜렷이 나뉩니다. 2015년부터 꾸준히 서비스를 지속하며 가입자를 늘여온 삼성페이는 국내 환경에서 100퍼센트 결제가 가능합니다. 그리고 국내에서 아이폰과 갤럭시를 고민하는 사람들의 대부분은 이를 알고 있을 것입니다. 이 와중에 아이폰을 선택하는 사람들에게는, 이미 삼성페이가 그리 큰 가치가 아니라는 말입니다. 어차피 아이폰을 쓸 사람이었다고 보는 것이 자연스럽습니다. '아이폰이 이제 결제까지 되니까 아이폰으로 가야지!'라는 분들이 많아지려면(즉 신규 아이폰 사용자가 많아지려면) 애플페이 결제처가 대폭 늘어나면 될 것 같습니다만 당장은 쉽지 않아 보입니다.

그런데 삼성전자는 걱정이 되는 모양입니다. 2022년 가을부터 삼성페이 광고를 국내에서 시작했습니다. 극초기에 갤럭시 S6을 광고할 때 하나의 기능으로 삼성페이를 광고한 이후 삼성의 갤럭시 광고에서 삼성페이는 찾아보기 어려웠는데, 갑자기 광고를 하더군요. 일단 갤럭시 판매량에 애플페이가 큰 타격을 줄 것 같진 않습니다. 오히려 삼성페이는 NFC 결제도 가능한 것을 홍보할 수 있는 기회로 쓸 수 있을 것입니다.

현대카드의 애플페이 도입은 성공적인가

애플페이가 국내에 도입되고 반년이 흐른 지금, 초기 현대카드 가입자가 폭발적으로 증가한 것 외에는 드라마틱한 변화는 없어 보입니다. 카드사간 경쟁 현황을 간접적으로 알 수 있는 자료는 여신전문협회의 공시인데요. 2023년 3월 출시 이후 현대카드의 본인명의 신용카드 신규 가입자 수는

3월 19.5만 명, 4월 15.9만 명, 5월 13.9만 명, 6월 12만 명 순으로 순증했습니다. 특히 3월에서 5월은 전체 전업계 카드사 중 가장 높은 수치를 보였습니다.

재미있는 부분은 같은 기간 체크카드 회원 증가율이 25.5퍼센트로 신용카드 회원 수 증가율 1.4퍼센트대비 두드러지게 높은 것입니다. 같은 기간 현대카드의 신용카드 사용액은 72.1퍼센트 증가하여 카드사 평균 69.7퍼센트 대비 큰 차이가 없었지만 체크카드 사용액은 110.9퍼센트 증가로 카드사 평균 69.4퍼센트 대비 차이를 보였습니다. 이게 어떤 의미일까요? 애플페이에 호기심을 가진 젊은 고객들이 체크카드를 발급받아 많이 사용해본 것으로 해석할 수 있습니다. 체크카드는 발급은 쉽지만 신용카드 대비 가맹점수수료가 낮아, 카드사에게는 수익성이 좋지 않습니다. 애플페이로 인해 애플에 별도의 수수료를 지급해야 하는 점을 고려할 때, 현대카드는 화제성을 얻었지만 수익성에 대한 고민이 커질 것으로 보입니다.

한편 현대카드의 애플페이 도입은 삼성페이와 수수료 이슈를 불러 일으키기도 했습니다. 삼성페이는 2015년 국내에서 서비스를 시작하면서 지금까지 카드사로부터 별도의 수수료를 받지 않았습니다. 애플페이의 국내 도입을 위해 현대카드는 미국과 같은 0.15퍼센트의 수수료를 결제 건별로 애플에 지불한다고 알려졌습니다. 카드사의 주 수입원인 가맹점 수수료는 영세가맹점인 경우 0.8퍼센트에 불과합니다. 극단적으로 보면 카드사 수익의 19퍼센트가 애플페이 수수료로 나가는 것입니다. 삼성페이에는 지급하지 않고 있는 금액입니다. 이렇게 되자 삼성전자도 전 카드사로부터 상응하는 금액을 수수료로 받는 것을 검토했습니다. 이후 상생 차원에서 계속 받지 않겠다는 보도가 나왔고 카드사들은 놀란 가슴을 쓸어내릴 수 있었습니다.[J] 그러나 이 조치는 언제 어떻게 바뀔지 모릅니다. 애플페이가 국내에서 세력을 확장한다면 삼성전자도 마음을 바꿀 수 있을 것입니다.

결제생태계, 어떻게 변할까

남북 통일과 애플페이의 대결은 결국 애플페이가 먼저 되는 것으로 결론이 났습니다. 언론에서는 계속 애플페이로 인해 큰 변화가 있을 것처럼 말하고 있는데, 저는 부정적입니다. 앞서 말씀드린 것처럼 단기간에 늘어나기 어려운 가맹점 환경, 지갑을 반드시 가지고 다닐 수밖에 없는 개인의 상황 때문입니다. 애플페이가 안되는 가맹점에서 애플페이 쓰겠다고 싸우던 고객이 화를 내며 나가버리는 상황이 반복된다면 모를까, 그 정도 열정적인 팬이 얼마나 될지 모르겠습니다. 2023년 7월 한국 갤럽의 국내 스마트폰 사용율 조사에 따르면 갤럭시 69퍼센트, 아이폰 23퍼센트라고 합니다. 모수 자체가 크지 않다는 한계가 있는 것입니다.

그러나 애플페이로 인해 NFC 인프라와 차세대 결제 형태에 대한 논의는 활발히 전개될 겁니다. 관련 주식들이 요동치는 것은 이러한 시장 변화에 대한 반증일 거고요. 흥미롭게 지켜보면 좋을 듯 합니다.

결제의 순간, 치열한 선택 경쟁에 관하여

온라인 결제를 처음 해보며 신기하다고 느낀 게 엊그제 같은데, 이제는 오프라인보다 온라인으로 사는 경우가 더 많아졌습니다. 퇴근하고 집 앞에 쌓여 있는 택배상자를 보며 문득 택배기사님이 아파트 전체 물량을 여기다 다 두고 가신 건가 싶지만, 다 제 것임을 깨닫고 기쁜 마음으로 뜯어봅니다. 독자들도 저와 비슷할 거라 믿습니다. 암튼 이렇게 열심히 온라인 결제를 하다 보면 우리는 '결제수단 선택'이라는 갈림길을 반드시 만나게 됩니다.

과거 Visa 안심클릭*시절에는 결제 창이 비교적 단순했습니다. 계좌

결제수단 선택의 순간. 출처: 알라딘 홈페이지

* Visa에서 제공하는 전자상거래 결제 보안서비스. 쇼핑몰을 이용할 때 소유한 카드에 따라 설정해둔 전자상거래용 별도 비밀번호를 입력하여 본인확인이 진행된다. 간편결제가 활성화되며 국내에서는 찾아보기 어려워졌다.

이체, 휴대폰 결제, 카드 결제 정도가 주로 쓰였는데요. 요즘은 온갖 간편결제들이 범람하면서 복잡하기 그지없습니다. 각 쇼핑몰에서 자체적으로 운용하는 선불충전수단에, BNPL까지 생기면서 복잡하기만 합니다. 고객의 선택지가 넓어지는 것이니 좋은 일일 수도 있지만 어차피 내 주력카드를 쓸 건데 간편결제 A로 하나, 간편결제 B로 하나 카드 사용은 동일합니다. 그래서 고객에게는 그놈이 그놈으로 보이기도 합니다. 이런데 왜 간편결제들은 고객에게 선택받으려고 노력할까요?

간편결제사들이 경쟁하는 이유

고객들은 간편결제를 꼭 쓰지 않아도 된다

2014~2015년 천송이 코트 사태 이후 PG가 카드번호를 저장할 수 있게 되면서 간편결제들이 우후죽순 생겨났습니다. 세월이 흐르며 한때 50여 개에 이르렀던 간편결제들은 강력한 계열사 내부시장(Captive Market)을 보유한 상위 10여 개사 외에는 모두 사라져갔습니다.

알려진 바대로, 네이버페이, 카카오페이 등이 시장을 빠르게 장악해나갔는데요. 그동안 여러 매체에서 간편결제의 약진을 거듭 소개하니 티가 잘 안 났지만 카드사도 가만히 보고만 있진 않았습니다. 카드사들은 자체적으로 앱카드를 고도화시키고 브랜딩해가며 고객들의 폰 한 귀퉁이를 점유하기 위해 노력했죠. 현대카드나 롯데카드와 같이 결제 기능을 기존 카드사 앱에 포함하여 활용도를 높이기도 하고 신한카드나 KB카드처럼 별도의 결

교통카드 충전 앱 '댐댐'의 결제 화면. 각종 간편결제들이 이벤트 표시와 상위 차지. '신용카드'를 선택하면 카드사를 선택하는 과정을 한 번 거친 후 앱카드 결제로 이어진다. 출처: 댐댐 앱

제 기능을 분리하여(신한PLAY, KB Pay) 운영하기도 했습니다. 그렇다고 해도, 일반적인 결제 순간에서는 카드사의 앱카드 결제가 불리합니다. 최소한 1~2회의 추가 클릭이 더 필요한 구조가 많고 간편결제들의 온갖 마케팅 배너가 주변에 포진하고 있기 때문입니다.

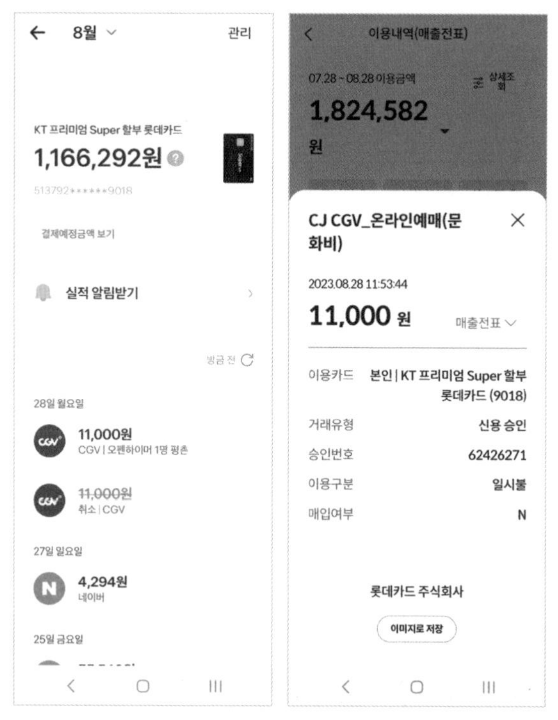

토스의 카드 결제내역(좌), 롯데카드 앱의 결제내역(우). 토스에 영화명과 극장명 처럼 더 자세한 결제정보가 나타나는 건 토스 페이먼츠(PG)는 해당 정보를 보유한 반면 카드사는 알 수 없기 때문이다. 출처: 토스/롯데카드 앱

MAU도, 고객 데이터 확보도 중요하니 선택받고 싶다

간편결제사들이 이토록 치열하게 싸우는 이유가 있습니다. 일단 다들 아시는 수수료 수익이 있죠. 간편결제 사용이 확대되면서 수수료도 차츰 도마에 오르고 있습니다. 간편결제 수수료율이 2023년 3월부터 공시가 된 데는 다 이유가 있습니다. 간편결제사들은 결제의 길목을 지키며 수수료도 받을 수 있지만 또 하나 중요한 데이터를 얻을 수 있습니다. 이른바 바스켓 데이터

인데요. 앞의 그림을 보면 명확히 이해가 될 것입니다. 제가 CGV 앱에서 간편결제 토스로 롯데카드 결제를 했을 때 토스를 통해 보는 결제 내역과, 롯데카드 앱을 통해 보는 결제 내역입니다. 차이가 느껴지나요?

이러한 차이가 발생하는 이유는, 간편결제나 PG는 가맹점에게서 구매정보를 받기 때문입니다. 고객민원 대응을 위해 가맹점으로부터 관련 정보를 받는 건데요. 한편으로 이 데이터는 고객을 파악할 수 있는 빅데이터로서 중요한 의미를 가집니다. 또 결제 시점에 앱이 강제적으로 켜지니 MAU, DAU 등 지표에 영향을 줍니다. 고객이 적극적으로 앱을 켜서 뭔가 행위를 한 것은 아니지만 MAU는 올라가는 것이죠. 이렇다 보니 간편결제 입장에서는 어떻게 해서든 고객 눈에 띄어서 결제가 자신을 통해 이루어지게 해야 합니다. 결제 화면에 커다랗게 이벤트 배너를 달고, 선택 버튼이 최상단에 노출되면 가장 좋겠지만 세상에 공짜가 있나요. 이게 다 돈입니다. 이벤트 배너는 말할 것도 없고, 결제수단 선택 화면에서 윗쪽에 배치되기 위해서는 해당 가맹점에 큰 비용을 지불하고 개발을 요청해야 합니다. 이렇게 얻는 효과도 그나마 일시적이고, 사람들이 많이 찾는 대형 온라인 가맹점을 모두 이렇게 하기에는 실질적으로 무리입니다.

개인적으로는 2015~2018년간이 절정이었던 것 같은데요. 이후 대형 간편결제들은 고객 UX를 파악하고 전략을 조금씩 수정해나가기 시작합니다. 끝없는 마케팅비 소모전을 할 것이 아니라 고객의 마음 속에 일종의 믿음(?!)을 심어야 한다는 것을 안 것이죠. 평범한 고객은 결제의 순간에 그저 자신이 자주 쓰는 익숙한 간편결제를 선택하고 있었습니다. 즉, "A페이는 언제나 나한테 포인트를 주더라" "B페이는 늘 할인혜택이 있더라"라고 고

페이코(좌)는 공격적인 적립률로 고객을 확보해왔다. 카카오페이(우)는
월간 이벤트 형태로 포인트를 주거나 주식을 선물한다. 출처: 페이코/카카오페이 앱

객마음 속에 자리 잡는 것이 중요하다는 사실을 깨우친 것입니다.

이 때문에 각 간편결제들은 전략 방향을 조금씩 수정하기 시작하는데요. 네이버페이와 토스는 구독경제를 활용했습니다. 네이버 멤버십 플러스라는 월정액 멤버십을 가입하면(2023년 11월 기준, 월 4900원) 일단 가입비 이상의 디지털 재화를 제공하고, 네이버페이로 결제하면 추가로 적립을 해줍니다. 토스는 토스 프라임이라는 구독모델(2023년 11월 기준, 월 5900원)에 가입하면 토스페이먼츠를 통해 결제가 되는 일부 가맹점에서, 추가 적립이 가능합니다. 두 간편결제가 '기본적립+추가적립'의 구조로 고객을 붙잡는 락인 전략을 취하고 있는데 반해 페이코의 경우 온라인 결제액의 0.2퍼센트, 오프라인 결제액의 1퍼센트를 무조건 추가 적립해주는 공격적인 정책을 2022년 말까지 펼쳤습니다. 2023년부터는 온라인 1퍼센트, 오프라인 0.5퍼센트를 적립해주고 있습니다.

관련 통계가 없어 아직까지 명확하게 어떤 페이가 이기고 있다고 말씀드리긴 어렵습니다. 개인적으로는, 온라인에서는 네이버페이, 오프라인에서는 페이코를 기본으로 사용하고 있는데요. 저 역시 스스로 이 둘이 적립을 많이 해줄 것 같다고 간주(?)하고 있기 때문입니다. 결제 분야에서 일하는 저조차도 복잡하게 생각하지 않고 요즘말로 '무지성'으로 사용하는 경향마저 생긴 것을 보면 습관이 무섭긴 무섭습니다.

간편결제 최후의 승자는 누가 될까

과거 시장의 전문가들은 최후의 한두 개 간편결제 사업자가 천하통일을 이룰 것으로 예상했습니다. 특정 간편결제가 시장내 1위 사업자가 되면, 고객 편의를 위해 여러 가맹점들이 해당 간편결제를 지원하면서 이른바 '쏠림현상'이 심화될 것으로 본 것입니다. 고객에게 n개의 간편결제에 가입을 강제하기보다는 한 개의 간편결제가 대다수의 쇼핑몰에서 사용할 수 있어지는 것이 당연히 편하니까요.

그러나 시간이 지나도 간편결제를 운영하거나 사용처를 가지고 있는 대형 온라인 몰, 대기업, 빅테크는 협력할 생각이 없어 보입니다. 한편 SSG 페이와 스마일페이를 보유한 신세계는 페이 모두를 토스에 매각하겠다고 발표했습니다.(K) 출혈경쟁으로 인해 다시금 시장이 재편되고 있는 것입니다. 많은 고객과 가맹점을 보유하면 승리할 줄 알았지만, 차별화가 이루어지지 못했기에 결국 고객의 뇌리에 먼저 새겨지는 페이가 시장을 장악할 것입니다. 그때까지 우리는 좀 귀찮더라도, 혜택을 챙겨가면서 기다려보죠.

2부

Q&A로 풀어보는 '핀테크와 IT 궁금증'

●

이번 장에서는 다양한 IT 이슈와 대기업과 스타트업의 조직문화를 Q&A로 풀어봅니다. 핀테크를 제대로 이해하려면 IT 전반에 대한 깊은 이해가 필요합니다. 예를 들어, 카카오톡이 자리를 잡았기 때문에 카카오페이와 카카오뱅크를 볼 수 있었습니다. 블록체인 기술이 발달하며 가상화폐가 활성화되었고 수탁Custody, STO(Security Token Offering, 증권형 토큰 발행) 등의 시장까지 생겼습니다. 이렇듯 기술의 발전은 새로운 금융의 영역을 찾아내며 같이 성장하고 있습니다. 그런데 문제는 너무 빠르다는 점입니다. 이 책을 준비할 때만 해도 ChatGPT라는 단어는 생소했습니다. 지금은 산업 전반에서 도입을 검토할 정도로 대중적인 말이 되었죠. 불과 반년도 안 된 변화입니다. 속도는 더 빨라지고 있습니다. 어떤 기술과 스타트업이 세상을 변화시킬지 잘 관찰해야 합니다.

핀테크를 다루다 보니 기존 금융권과 핀테크 업권의 차이에 대해 많이 느꼈습니다. 금융에 강한 금융사와 기술에 강한 핀테크사를 들여다보면 각각의 장단점이 있는데요. 그 바탕에는 조직문화의 차이가 있습니다. 어느 한쪽이 좋다고 말씀드릴 순 없겠습니다만, 변화를 주도하는 자와 저항하는 자의 대결구도였던 것은 맞습니다. 어떻게 싸워 왔고 무엇이 문제였는지 같이 살펴보겠습니다.

Q. 메신저계의 최강자 '카카오톡'은 절대 안 망할까요?

2021년 5월, 카카오톡이 저녁시간에 먹통이 된 사건이 있었습니다. 꽤 큰 사고였으니 지금도 기억하는 사람이 많을 것입니다. 두 시간 조금 넘게 사용이 안 되는 동안 그야말로 난리가 났었습니다. 커뮤니티마다 경험담이 올라오고, 문자메세지가 평소보다 더 많이 왔습니다. 급한 건 문자로 처리한다고 해도 업무 단톡방은 대안도 없더군요. 평소에는 생각도 안 했던 대체재를 찾아보았는데, 텔레그램이 어느 정도는 대안이 되었습니다. 그것도 사용자가 은근히 많더군요. 메신저 앱이 대중적으로 화제가 되려면 많이 알려져야 하는데, 이렇게 카카오톡이 한 번씩 다운되면서 언론에 자주 노출되어서 그랬나 봅니다. 카카오톡이 멈추어도 대안이 될 수 있는 서비스들은 꽤 있었습니다. 텔레그램도 그렇고, 페이스북 메신저도 그렇고.. 찾으면 일단 뭐라도 있긴 있었습니다. 그리고 2년이 지났지만, 여전히 우리는 카카오톡을 쓰고 있습니다. 카카오톡의 네트워크 효과는 건재합니다. 이제 골리앗이 되어 버린 카카오톡은 과연 영원불멸할까요?

저는 싸이월드를 대학교 때 사용하던 세대(98학번)입니다. 일촌들과 어울리고 사진을 열심히 올리면서 그때는 생각했죠. '싸이월드는 절대로 망하지 않겠구나. 이렇게 올려둔 자산(사진과 추억), 네트워크(일촌들)에서 벗어날 수 없겠구나'라고요. 그렇지만 없어도 다 살아졌습니다. 세월이 흐르고 깨달은 점입니다.

MSN 메신저로 해외 친구들과 이야기하던 추억도, '한 달에 문자

100개 공짜'에 혹해 열심히 쓰던 네이트온도 이제는 아이디도 기억이 안 납니다. 모바일 시대의 총아로서 무한확장 중인 카카오톡도 언젠간 순식간에 사라지지 않을까요? 카카오톡이 시작될 때부터 지금까지 보아온 입장에서 미래를 예상해보고자 합니다.

개인적으로 막고 싶었던 시작

국내 모 통신사의 신사업부서에 재직시절, 국내에 아이폰이 들어왔고 본격적인 스마트폰 시대가 열렸습니다. 역사적인 순간을, 해당 산업 내부에서 볼 수 있었던 점은 제게 큰 도움이 되었죠

피처폰(Feature phone, 일반 휴대전화)의 장벽이 무너지면서 통신사와 국내 제조사들은 거대 외래종의 등장에 당황했습니다. 다들 알듯, 이때를 기점으로 통신뿐만 아니라 여러 산업이 격변하기 시작합니다. 당시 해외에서는 왓츠앱*이라는 메신저가 사용되고 있었습니다. 지금이야 메신저라는 게 새로울 것 없지만, 그때 왓츠앱은 꽤나 파격적으로 보였는데요. 통신사의 주요 수익원이었던 문자메세지를 다 무료화 해버리는 점 때문이었습니다. 하지만 공짜가 아니라 1달러를 주고 구매해야 하는 앱이었고 해외 앱이니 국내에선 큰 위협은 되지 못했습니다. 그러던 차에 아이폰으로 갈아타고 옴니아(이후 갤럭시)로 갈아타는 지인들이 점점 카카오톡이라는 걸 많이 쓰기 시작했습니다. 첫 인상은 좋지 않았지만, 무료에 한글이라는 점이 좋아 보

* Whatsapp, 2009년 1월 출시된 글로벌 모바일 메신저. 페이스북과 인스타그램을 운영하는 메타Meta에서 190억 달러에 인수해, 현재 월 20억 명 이상이 사용하고 있다

였죠. 그 당시에 다른 메신저가 없었던 것이 아님에도, 유독 카카오톡은 빠른 속도로 확장해나갔습니다. 저는 처음에는 무시했지만 어떤 시점부터는 좀 무서워졌는데요. 통신사 매장에 들어서서 스마트폰을 구매하는 아주머니가 '카카오톡을 설치해달라'는 것을 봤을 때 뒤통수가 서늘했는데, 통신사 현장 영업점의 매뉴얼에서 고객들에게 카카오톡을 설치하는 방법이 상세히 적혀 있는 것을 봤을 때도 그랬습니다. 스마트폰은 기기가 비싸서 본사의 정책 지원금이 많이 실립니다. 대리점 입장에선 기왕이면 스마트폰을 많이 팔 수록 이익입니다. 그래서 통신사의 수익인 문자메세지가 무료가 되더라도 대리점은 스마트폰 판매에만 열을 올리고 있었습니다.

저는 신사업본부에 오기 전, 현장에서 영업을 하면서 피처폰도 팔아보고, 기업고객을 대상으로 B2B SMS 솔루션을 판매해봤습니다. 문자 수입이 통신사 매출에 얼마나 도움이 되는지를 봤던 터라, 카카오톡이 빠르게 확산되는 게 향후 회사에 큰 위협이 될 것 같았습니다. 그래서 높은 자리에 있는 분을 만날 때마다 카카오톡을 막아야 한다고 주장했죠.

지금 생각해보면 치기어린 생각입니다만 저는 그만큼 무서웠습니다. 입사 5년도 안 된 새파란 애송이가 주장을 하니 회사에서 받아들여질 리가요. 당연히 제 주장은 무시되었고 카카오톡은 어느새 국민메신저가 되었습니다.

그때는 몰랐는데, 앱 서비스라는 게 여러 개를 쓸 수밖에 없는 것이 있고 하나만 있어도 크게 문제가 없는 게 있습니다. 가령 은행 앱과 같은 금융 앱은 상품 특성이 다르니 나한테 맞는 이것저것을 고르게 되고 그래서 여러 회사 앱을 설치하게 됩니다. 같은 영상 앱도 유튜브와 넷플릭스 앱을 따로 쓰는 것처럼요. 반면 메신저는 하나만 있으면 다른 메신저의 설치 유인이 크게 줄어듭니다. 지금이야 모두가 알고 느끼는 당연한 사실이 되었습니다만, 그때는 몰랐습니다. 그렇게 카카오톡은 독점 메신저가 되었습니다.

이렇게 성공할 줄은 몰랐다

성공은 성공인데, 급격히 사용자가 늘어난 카카오톡을 보며 트래픽이 감당될까 궁금했습니다. 서버 비용도 엄청날 텐데, 카카오는 수익모델은 보지도 않고 가입자를 모으는 데 집중하고 있었습니다. 지금이야 스타트업 성공 공식처럼 취급됩니다만, 2010년대에는 수익이 없는 것에 대한 별별 억측이 다 돌고 있었습니다. 그리고 문자메세지를 대체한다는 건 무료인 점만 중요한 게 아닙니다. 고객은 무료로 쓰면서도 안정성을 원하죠. 한 시간 있다가 메세지가 전달되는 일이 반복되면 고객이 이탈할 것은 뻔하니 돈은 안 받더라도 서비스 품질은 유지해야 합니다.

저는 '어느 정도 하다가 적자를 내고 투자금도 까먹고 끝나겠지'라고 생각하고 있었는데요. 사람들이 이모티콘을 돈을 주고 삽니다? 카카오톡에 기반한 게임으로 사람들이 등수 경쟁도 하고요. 상품권도 카카오톡으로 전달하기 시작합니다. 결정적으로 기업이 '카카오 플러스 친구'를 홍보 수단으로 쓰기 시작합니다.

계속 말씀드리지만 이게 지금 보면 당연해 보이고 "그 시절에 이걸 예측도 못했느냐!"라고 하실 수 있습니다만, 헨리 포드Henry Ford의 명언이 있지 않습니까. '사람들에게 더 빠른 수단을 물어봤다면 그들은 자동차가 아니라 더 빠른 마차를 말했을 것'이란 명언 말이죠. 딱 그 상황입니다. 카카오톡이 플랫폼이 되고 나니 이런 수익모델이 가능했다는 걸 시간이 지나고서야 저도, 사람들도, (주식)시장도 깨달았습니다.

이후 카카오톡은 알다시피 페이, 모빌리티 등 여러 분야로 문어발 확장을 거듭하며 지배적 플랫폼 사업자로서 등극합니다.

그들은 영원불멸할까

MSN메신저, 네이트온, 버디버디, 세이클럽 등 시대를 풍미한 메신저들과 비교해서 카카오톡은 몇 가지 차이점을 보여줍니다. 그때와 달리 모바일 기반의 메신저입니다. 또 송금, 본인인증 등 강력한 부가기능을 등에 업고 개인생활의 필수재가 되고 있습니다. 다양한 자회사가 이종산업에 진출해서 카카오톡과 시너지를 내고 있습니다. 앱이라도 무겁고 사용하기 불편하면 모르겠는데 카카오는 카카오톡 안에 배치할 법한 핵심 서비스들도 외부 앱으로 배치해가며 앱의 가벼움을 유지하고 있습니다. 카카오뱅크 출시 전까지 이게 톡 안에 자리 잡을지 별도 앱이 될지 업계에서는 핫이슈였죠. 토스가 토스증권과 토스뱅크를 토스앱 안에 배치하여 원앱으로 가는 것과 상반된 행보입니다. 그만큼 앱의 사용성(경량화)을 중시하고 있다고 봐도 되겠죠.

한마디로, 지금까지는 참 잘하고 있습니다. 그러나 댐이 커지면 균열 또한 어디선가 오는 법. 몇 가지 시나리오를 생각해볼 법 합니다.

윤리경영 이슈

2014년, 박근혜 정부 시절 카카오톡 감청이 큰 논란이 되었습니다. 개인 메신저는 그야말로 사생활 그 자체라 이 사건은 많은 사람의 뇌리에 각인되었고 텔레그램이라는 대체제가 국내에 크게 알려진 계기가 되었죠. 실제 이탈은 크지 않았다고 알려졌지만, 카카오로서는 아찔했던 순간일 것입니다. 네이버가 거의 10년간 포털을 독점하면서 언론조작 이슈에서 자유롭지 못했던 것처럼 이제 카카오 역시 독과점의 폐해를 논할 때 피하기 어렵습니다. 꼭 MZ세대가 아니더라도 사회 전반적으로 공정, 윤리 같은 측면이 중요해진 것도 맞죠. 뭔가 큰 이슈가 또 터진다면 텔레그램, 페이스북 메신저 등으로 전 국민 망명운동이 다시 일어나지 말란 법이 없습니다.

원앱이 되고 싶은 사업자 간의 충돌

포털은 네이버, 메신저는 카카오톡, 쇼핑은 쿠팡, 배달은 배민 등이 독자들의 스마트폰에 설치되어 있을 초대형 사업자들입니다. 이들은 각기 분야에서 필수 앱이 되었죠. 저는 모바일 비즈니스의 정점을 OS레벨의 회사라고 봅니다. 구글, 애플처럼 아예 판을 까는 자들이죠. 이들은 정책을 살짝 변경하는 것만으로도 시장 전체를 좌지우지합니다. 그 아래에서 크게는 페이스북, 아마존. 작게는 네이버, 카카오, 쿠팡 등이 경쟁하고 있는데요. 이들의 목표는 결국 MAU, DAU 등으로 대변되는 '고객시간 점유'입니다. 하루 종일 고객들이 자기 앱만 보고 살길 바라는 거죠. 그래서 일정 규모 이상이 된 앱이라면 누구든 옆 영역을 넘볼 수밖에 없습니다. 실제로 바다 건너 중국에서는(그들만의 특수성이 있지만) 국민 메신저 위챗이 미니앱이라는 플랫폼을 굴리며 모든 것을 그 안에서 하도록 했습니다. 국내의 네이버나 카카오 역시 이 방향을 꿈꾸고 있습니다.

쿠팡이 '야 나두'를 선언하며 앱에 모바일 메신저 기능을 넣는다면

메세지 하나 보낼 때마다 0.1원을 주거나 새로운 친구 한 명이랑 대화할 때마다 쿠팡캐시 500원씩을 주면 어떨까요? 하루에 열 명이랑 대화하면 할인 쿠폰을 준다면요? 메세지를 받는 사람에게도 메리트를 준다면 이게 안 될까요?

고객들이 '쿠팡이 메신저 기능도 되네?'라는 걸 인지하고 초기 마케팅에 끌려서 쿠팡으로 대화를 하는 습관을 들이기 시작하면 카카오톡의 트래픽 흡수가 불가능할까요? 당근마켓의 메신저 기능을 쓸 때마다 저는 감탄합니다. 폰 번호를 노출하기 껄끄러운 일회성 거래에 대해 정말 편리하게 사용하고 있습니다. 이런 사례를 볼 때 사람들 폰에 많이 깔려 있는 어떤 앱이 메신저 역할을 하는 것이 불가능하다고 생각되지 않습니다. 카카오톡 안에서 커머스와 같은 이종사업을 강화하듯, 다른 앱들이 카카오의 영역에 들어오는 것도 자연스럽게 되는 거죠. 다들 원앱이 되길 바라니, 메신저 영역은 필수일 수 있습니다.

새로운 전장 또는 규제가 등장한다면

저는 머리가 크고 안경도 쓴 40대 남성이라 오큘러스(Occulus, 메타에서 판매 중인 헤드셋)를 쓰고 벗을 때마다 고생입니다. 그래서인지 메타버스는 아직 먼 이야기로 느껴집니다. 가격도 비싸고요. 하지만 아무리 우리가 많이 쓰는 서비스라도 매체와 환경이 바뀌면 위기는 늘 찾아왔습니다. 예를 들어, 갑자기 AR/VR기기 값이 공짜가 되거나 무언가 엄청난 킬러 서비스가 나타나서 메타버스 속으로 대중이 등떠밀리는 상황이 오면 어떻게 될까요? 거기에 맞는 메신저 서비스가 새롭게 두각을 나타낼 것입니다. 또는 카카오의 문어발 확장을 보다 못한 정부가 강력한 규제를 한다면 어떨까요? 만약 지역별로 다른 메신저를 쓰라고 한다면? 업무 외에는 카카오톡을 쓰지 말라고 한다면? 아마도 우리는 더 불편해질 겁니다. 네트워크 효과가 큰 서비스는 독과점을 막기 어렵습니다. 바다 건너 윈도우와 페이스북도 마찬가지였죠.

그래서 규제하는 쪽은 다른 방식을 택합니다. 이종산업으로 확산을 규제하는 것입니다. 윈도우에 브라우저 끼워팔기를 규제했던 게 그 예인데요. 당시 미국연방법원은 마이크로소프트MS가 윈도우에 인터넷 익스플로러를 포함시켜 판매하는 것을 반독점법 위반으로 보고 회사를 둘로 쪼개라고 명령했습니다. MS는 끼워팔기를 중단하겠다고 약속하고서야 겨우 회사를 유지할 수 있었죠. 비슷한 방식으로 카카오를 규제할 수 있습니다. 가령 IT와 O2O는 다른 영역이니 카카오는 접근하지 말라고 하는 식입니다. 대표적인 O2O 서비스인 카카오택시나 카카오헤어샵을 금지하고, 새로운 사업자만 서비스할 수 있게 한다면 어떻게 될까요? 새로운 스타트업에게는 기회가 될 수도 있지만, 반대로 배민 같은 독점 대기업이 또 탄생할 수도 있습니다. 게다가 고객은 다시 불편해집니다. 새로운 서비스를 인지하고, 설치하고, 가입하는 수고로움이 수반되니까요. 그렇다고 그냥 두자니 독점 상황에서 사업자는 나태해지고 폭리를 취하기 십상입니다. 어려운 문제입니다.

영원한 일등은 없다

스마트폰이 대중화된 지 10년이 훌쩍 넘어가면서 앱의 흥망성쇠 사이클이 빨라지고 있습니다. 이는 여러 가지 이유가 있겠지만, 저는 대중이 '앱스토어에 대안이 많다'를 이해하기 시작했기 때문이라고 봅니다. 대안이 많으면 독과점을 벗어나 자유를 찾게 되는 것이 사람 심리이니 모바일 비즈니스를 하는 사업자들은 더 고민해야 할 것입니다. 카카오 역시 이젠 방어하는 입장에서 여러 가지 가능성에 대비해야겠습니다.

시장경제의 장점은 소비자의 선택에 따라 스스로 정화된다는 것입니다. 피처폰 시대가 스마트폰으로 인해 저물었듯, 골리앗 카카오도 새로운 다윗의 등장에는 무너질지도 모릅니다. 어찌 보면 네이버도 응당 가져갈 수 있었던 모바일 시장을 카카오에 빼앗긴 셈이니까요. 수백, 수천의 다윗이 등장할 수 있는 환경이라면, 노량진에서 청춘을 보내기보다 창업하는 게 훨씬 나은 나라라면, 그렇다면 카카오 제국의 운명도 풍전등화일 수 있지 않을까 생각해봅니다.

Q. 일론 머스크도 혹했던 핵인싸앱 '클럽하우스'는 왜 "하룻밤의 꿈"이 됐나요? 그럼 제2의 클럽하우스는 뭐가 있을까요?

"전 세계를 강타했던 음성 기반 SNS, 클럽하우스에 대해 2021년 2월 기고했던 글입니다. 이후 클럽하우스는 빠르게 사라져버렸습니다. 저는 당시 어느 정도 이 결말을 예상했는데요. 기술 기반의 이 사회에 FOMO(Fear of missing out, 소외불안)를 보여주는 상징적인 사건이었다고 봅니다. 지금 돌이켜봐도 시사점이 있다고 보여 공유합니다."

최근 아주 핫한 서비스가 있습니다. '아주 핫하다'라는 표현을 SNS에 써본 것도 꽤 오랜만이네요. 클럽하우스 이야기입니다. SNS가 핫하기 어려운 이유는 일단 웬만한 건 다 나왔기 때문입니다. 페이스북, 인스타그램 이후로 굳이 이야기하자면 틱톡 정도일까요. SNS는 네트워크 효과가 커서 새로운 서비스로 쉽게 이전하기 어렵습니다. 또 고만고만한 서비스라면 사람들은 굳이 새로운 걸 체험해보는 수고를 하려 하지도 않죠. 이런 와중에 클럽하우스에서는 외국의 셀럽(주로 스타트업 분야의)들이 스몰 콘서트를 자꾸 열면서 엄청난 홍보가 되었습니다. '뭔데? 뭐길래 이러는 거야?'라는 사람들과 '일론 머스크의 생각을 들어볼 수 있다니 나도 써보자'라는 사람들이 급증하면서 서비스가 흥하고 있죠.

클럽하우스를 한마디로 정의하자면, 음성 기반의 휘발성 채팅이라고 하겠습니다. 가입하고 들어가면 관심사 기반의 여러 방이 보입니다. 들어가면 방장의 대화를 들을 수 있고, 권한을 받아 대화에 참여할 수도 있습니다. 대화는 녹음되지 않습니다. 쓰고 보니 심플하네요. 여기에 많은 사람들이 열광했습니다.

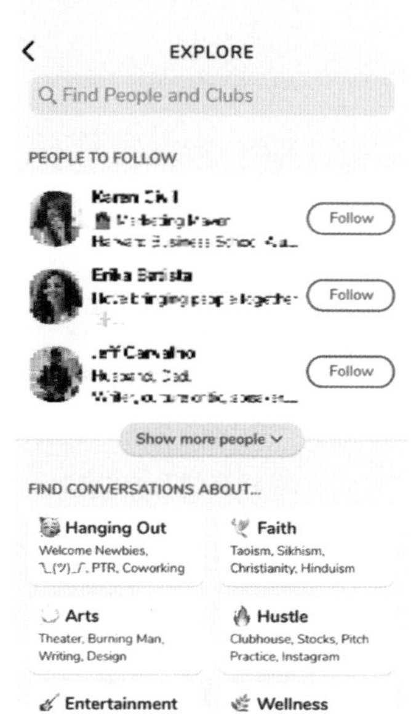

클럽하우스의 첫 화면에는 다른 회원을 팔로우하거나 대화할 수 있는 창이 보여진다. 출처: 클럽하우스 앱

저는 며칠간 써보면서, '이 서비스는 IT 기획의 성공이 아니라 심리학의 성공이구나'라고 생각했습니다. 세상에 없던 신기술이 나온 게 아닙니다. 카카오가 보이스톡을 도입한 게 무려 2012년입니다. 그런데 지금 시대에 Sound Only라니요.

클럽하우스를 보며 제 머릿속에 떠오른 건 제가 있던 통신사의 슬픈 추억, 3G 화상통화였습니다. SKT에 만년 밀리고 있던 당시의 KTF(현 kt)는 2G에서 3G로 넘어갈 때 화상통화를 대대적으로 선전합니다. 통신망 품질이 훨씬 좋아지면서 화상통화가 가능하니 꼭 써보라는 홍보였죠. 이후 SKT도 화상통화 선전을 하면서 "3G=화상통화" 같은 공식이 당시에 성립되었습니다. 당시를 기억하는 독자는 공감할 것입니다. 그런데 큰 반향은 없었습니다. 오히려 연관검색어로 '영상통화 차단', '영상통화 기능 끄기'라는 키워드가 떴습니다.

목소리로 의사전달을 하는 것은 부담이 없습니다. 그냥 말만 하면 됩니다. 하지만 15년 전 영상통화가 대중에게 소개되었을 때도 사람들은 준비되지 않은 모습을 보여주는 것을 부담스러워했습니다. 이 행태는 지금도 그렇죠. 코로나로 인해 줌*이나 구글미트**를 많이 쓰지만 주로 업무에 한정됩니다. 평소 통화를 영상으로 하는 사람이 거의 없는 게 이를 반증합니다. 클럽하우스는 이 심리를 잘 파고 들었습니다. 유튜브 라이브 등으로 영상을 충분히 전달할 수 있는 5G시대이지만 Sound Olny로 밀고 나간 거죠. 그리고 이건 유효했습니다. 적어도 얼리어답터들의 반응은 뜨겁습니다. 이유를 좀 더 분석해볼까요?

클럽하우스의 인기 이유

깨끗한 음질

영상이 없이 음성만으로 전달하기에 데이터 트래픽이 확 줄긴 하겠지만 그걸 감안해도 너무 깨끗합니다. 궁금해서 확인해보니 중국의 아고라***라는 회사의 솔루션을 쓰고 있었습니다.

줌이나 구글미트보다 소리가 선명한데, 이들은 영상 데이터가 커서 그렇다 해도 국내 통신사의 그룹콜보다도 음질이 좋게 느껴지는 건 대단하다

* Zoom, 원격원격 미팅, 채팅, 전화 등을 지원하는 통합 커뮤니케이션 서비스 플랫폼
** Google Meet, 구글에서 만든 화상통화 플랫폼
*** Agora, 화상 통화, 인터랙티브 스트리밍 등 실시간 커뮤니케이션 솔루션을 제공하는 미국 나스닥 상장사

고 생각됩니다. 스위스, 미국, 호주, 한국 간 대화방에 있다가 나왔는데 지연이나 노이즈가 없었습니다.

심플한 UI

메뉴 구성을 최소한으로 줄이고, 자유도도 줄였습니다. 그 덕에 굉장히 심플한 UI/UX를 제공합니다. 심지어는 있었더라면 좋았을 기능(박수를 쳐주거나, 방에서 나간다고 인사하며 나가거나 등)도 없어서, 박수를 쳐주는 행위를 음소거 버튼을 연타하는 것으로 대체하는 등 사용자들이 대안을 찾고 있는 상황입니다. 페이스북의 메뉴 구성을 생각해보면 클럽하우스의 메뉴가 얼마나 심플한지 체감될 것 같습니다.

설계된 휘발성

클럽하우스에서는 어떤 말을 떠들어도 녹음 등의 흔적이 남지 않습니다. 그냥 흘러가버릴 뿐입니다. 사실 현재의 기술 수준으로는 엄청난 역행인데요. 요즘은 대화내용 녹음은 말할 것도 없고, STT*라고 해서 음성을 이해하고 글자로 바꿔주는 솔루션이 엄청나게 발달했기 때문입니다. 예를 들어, 유튜브에 영상을 올리면 자동으로 자막을 만들어서 보여주는 세상입니다(무려 기본 기능). 클럽하우스 제작자들이 이런 기능 반영을 못해서 안 했을 리 만무하죠.

그래서 심리학적으로 잘 파고들었단 생각이 드는 겁니다. 대화흔적이

* Speech To Text, 음성인식이라고도 하며, 인간의 음성언어를 기계가 이해하여 문자로 전환하는 기술. 아이폰의 Siri를 통한 문자 메시지 쓰기 등이 예시

프로필 화면에서 지운 하얀색 부분에 원래는 나를 초대해준 사람이 보인다.
출처: 클럽하우스 앱

남게 되면 아무래도 부담스럽죠. 실시간으로 대화를 하는 데 실언할 가능성도 높으니까요. 만약 녹음이 되는 서비스였다면 지금처럼 많은 사람이 들어오진 않았을 겁니다. 저는 이 휘발성을 지키기 위해 안드로이드 앱 출시가 늦어지고 있다고도 생각합니다. iOS보다 자유도가 높은 안드로이드에서는 앱이나 OS가 아니어도 기기에서 나오는 소리에 대해 다른 앱이 접근하는 것이 쉽습니다. 완벽히 휘발성을 확보하고 출시하겠다는 것이죠.

초대장 제도

구글의 지메일도 처음에는 초대장이 없으면 사용할 수 없었던 것 기억하나요? 즉시 가입을 제한하고 초대장을 활용하게 되면 자연스럽게 바이럴이 되고 초기 진입자가 우월감을 느껴 열성유저가 되는 장점이 있습니다. 클럽하우스도 이 방식을 채용했는데요. 조금 특이한 점은 나를 추천한 사람이 프로필에 표시된다는 점입니다. 또한 강제 공개입니다.

이렇게 해두니 꽤 강력한 순기능이 발생합니다. 여느 SNS에서 보이는 부작용인 가명계정이 자연스럽게 차단됩니다. 페이스북에서 갑자기 이런 말을 거는 계정, 보신 적 없나요? "OO나라 공주인데 지금 망명을 와 있습니다. 돈을 빌려주면 백 배로 갚겠습니다." 클럽하우스에서는 이런 일이 확연히 줄어드는 거죠. 내가 이상한 행위를 하면 날 추천한 사람에게도 악영향을 주게 되니까요. 범죄에 사용된다면 연관인물을 추정하기도 쉬워지니 다른 SNS에 비해 나쁜 사용자는 확연히 줄어들 것입니다. 그러니 초대장 제도는 앞으로도 계속 지속할 것으로 보입니다.

이러한 장점들로 인해, 클럽하우스는 순식간에 뜨거운 감자로 떠올랐습니다. 중고나라에서 한 장에 3만 원 정도에 초대장이 거래되고 있는 상황입니다. 하지만 사용해보니 한계도 보입니다. 그래서 클럽하우스의 인기가 오래가기는 어려울 것 같다는 이야기를 해보려 합니다.

그 인기가 지속되기 힘든 이유

셀럽들의 참여 지속성

애초에 2020년 4월 출시된 서비스가 갑자기 폭발하게 된 건 일론 머스크나 실리콘밸리의 유명한 CEO, 벤처캐피털 등이 이 앱을 사용해 이야기를 나누면서입니다. 셀럽이 편하게 전달해주는 인사이트를 들을 수 있다는 점은 대단한 메리트죠. 유료로 컨퍼런스를 해도 많은 사람이 찾는 마당에 이걸 공짜로 들을 수 있다면 저희가 마다할 이유가 없습니다.

즉 클럽하우스는 자기가 가진 매력이 아니라 셀럽의 매력에 올라탄 것입니다. 물론 플랫폼 사업자라면 당연히 그렇게 합니다. 하지만 클럽하우스는 좀 다른데요. 며칠간 이용해보면서 공허함을 느꼈습니다. 셀럽의 한마디 한마디는 내용이 충실하고 배울 것이 있지만 일반인들의 대화는 들어서 크게 도움이 되지 않았습니다. 어찌 보면 당연한 거죠.

클럽하우스에서는 어떻게든 셀럽들이 자주 대화를 할 수 있도록 별도의 마케팅이라도 해야 할 것 같은데요. 대본 없이 즉석대화만으로 이루어지는 클럽하우스의 구조상, 셀럽 회사 홍보팀 담당자는 리스크 관리가 더 힘들어질 것 같습니다. 옛날에 트위터가 나왔을 때 CEO 리스크 때문에 힘들었던 것처럼요. 그러면서 셀럽들도 점점 대화를 줄여나간다면, 클럽하우스에 사람들이 들어올까요? 이런 순간이 분명히 오게 될 텐데 어떻게 해결할지 궁금합니다.

정보 획득 효율성

계속 이방 저방 들어가고, 대화도 해보며 느끼는 점은 '배우는 건 분명히 있다. 그런데 그것 때문에 이 시간을 투입하는 게 맞는지 모르겠다'입니다. 현재 클럽하우스는 얼리어댑터들이 절대 다수이고, 테크/벤처캐피털/스타트업 사람들이 많습니다.

국내에 전혀 홍보를 하지 않고 있는 미국 서비스이며 현재 아이폰 사용자만 가능합니다. 일부러 초대장을 구해서 들어와야 하니 왠만큼 호기심 많은 사람이 아니면 안 쓰겠죠. 대신 그만큼 대화를 하다 보면 배우는 것도 많을 수밖에 없습니다.

현재 사용 중인 사람은 남들보다 빨리 트렌드를 읽고 찾아오는 사람입니다. 자신만의 콘텐츠가 많을 가능성이 높은 거죠. 그래서 선순환이 이루어집니다. 문제는 내 시간도 많이 들여야 한다는 점입니다. 하루 종일 듣다가 잘 때 든 생각은, '내가 오늘 이거 해서 배운 걸 다른 걸로는 못했을까?' 하는 점이었습니다. 이른바 현타가 온 건데요. 시간이 흐르면 흐를 수록 이 문제는 불거질 것입니다. 사용계층이 확대되면서 쓸데없는 잡담방도 늘어갈 것이고, 쓸데없는 콘텐츠도 많아질 것입니다.

전체 인원 중 타인에게 인사이트를 줄 정도의 콘텐츠를 가지고 이를 음성으로 확대하려는 욕구를 가진 사람이 얼마나 될까요? 지금이야 인사이트가 넘치는 곳이지만 순식간에 시장판이 될 수 있습니다.

휘발성 문제

분명 조만간 클럽하우스 녹음 앱이라던가 녹음방식이 공유될 것입니다. 안드로이드 버전이 나오면 더 가속될 것이고, mp3 파일을 추출해주는 프로그램이 나오던가 동시 녹음을 지원하는 툴이 나오거나 할 것입니다. 아이폰에서 안드로이드, PC 등으로 확장되면서 이는 막을 수 없는 흐름이 될 것 같고요. 법적으로 이를 막을 수 있는지 모르겠습니다. 약관으로 막더라도 국내법에서는 본인이 참여한 대화 녹취는 합법입니다.

어떤 방식으로든 휘발성이 흔들리는 순간이 올 것 같습니다. 이런 류의 BM은 이 부분이 생명입니다. 극단적으로 비유하자면 '블라인드' 같은 익명의 회사게시판에 신원이 노출되는 것과 비슷한 상황입니다. 유튜브 등에 "충격공개! 클럽하우스 홍길동과 고길동 대화 유출!" 이런 영상이 뜰지도 모르는 일입니다.

중국의 클럽하우스 'TWO'의 광고 화면. 출처: 중국 앱스토어

비즈니스 복제 가능성

이 서비스를 써보며 바로 들었던 생각은, '이거 따라하는 사업자가 분명히 나오겠다'였습니다. 페이스북에서 오픈형 오디오 챗을 한다면? 카카오톡에서 비슷한 신규 메뉴를 띄운다면? 사람들이 안 쓸 이유가 없습니다.

카카오톡 기반의 유사 서비스를 만들고, 셀럽들이 사용하도록 한다면 국내에서는 훨씬 더 잘 될 것입니다. 네이버가 오디오클립 안에서 유사 서비스를 만들면 또 어떨까요?

이미 중국에서는 중국판 클럽하우스임을 공언하는 'TWO'라는 앱이 2021년 2월 5일 출시되었습니다.

ASMR 또는 기업홍보의 장으로 남을 수도

이제 시작한 서비스인 만큼 앞으로 어떻게 될지는 아무도 모릅니다. 문제점들을 잘 해결하면서 엄청난 SNS가 될 수도 있겠죠.

그런데 방을 만들고 대화를 진행해보고, 다른 방에 참여해보면서 참 힘들다고 생각했습니다. 재밌는데 힘듭니다. 아무리 내 얼굴이 안 보이고 나와 상관 없는 사람들이라고 해도 수십, 수백 명이 내 대화를 듣고 있는 데 편하게 말하기는 쉽지 않습니다.

한마디 한마디를 고민해서 말하고 타인의 말도 집중해서 들어야 합니다. 그래서 몇 번 모더레이터(Moderator, 사회자)로 대화에 참여해본 이후 청중이 되어 조용히 대화를 듣고 싶어졌습니다.

아마 대부분 저와 비슷한 경험을 하셨을 것입니다. 그리고 앞으로는 점점 더 그렇게 변해갈 것 같습니다.

인사이트 있는 분들의 대화를 집중해 듣다가, 점차 그냥 켜놓고 다른 일을 하는 ASMR(Autonomous Sensory Meridian Response)로 되었다가, 점차 이벤트 전용, 그리고 기업 홍보의 한 형태로 주로 활용되지 않을까 생각됩니다.

유튜브 라이브도 이미 각종 이벤트에 사용되고 있는데요. 그 변형으로, 기업을 홍보하는 경우도 많이 생길 것 같습니다. 미리 합을 맞춘 특정 스타트업 근무자들이 방을 만들고 이런저런 토크쇼를 하며 끌어가는 식이죠. 질문도 받아가면서 회사의 비전과 장점을 홍보하는 형태입니다.

특정 스타트업이 이렇게 핫했던 건 정말 오랜만인 것 같습니다. 앞으로 어떻게 변해갈지 즐겁게 지켜보도록 하죠.

"2021년 2월 이 글을 쓴 후 1년도 안 되어 클럽하우스는 사람들의 관심 속에서 잊혀졌습니다. 여타 SNS가 수년 동안 겪을 일을 1년 만에 다 겪은 셈입니다. 클럽하우스의 흥망은 시사하는 바가 큽니다. 기술적인 차별화 외에도 개인과 집단의 심리에 대한 이해가 왜 필요한지 돌아보는 계기가 되었습니다. 클럽하우스와 같은 시도는 앞으로도 쭉 있을 것입니다. 당장 최근에는 싱가포르의 스타트업이 만든 '본디*'가 비슷한 흐름을 보이고 있습니다. 친구 추가가 최대 50명까지만 가능한 폐쇄형 SNS로 인기인데, 젊은 층을 중심으로 빠르게 확산되고 있지만 제2의 클럽하우스가 될 것이라는 의견도 많죠. 새로운 서비스가 나타나면 대중이 어떤 부분에서 환영하는지, 시사점은 무엇인지 호기심을 가지고 관찰하시기 바랍니다."

* Bondee, 2022년 11월 런칭한 메타버스 기반의 소셜 미디어. 자신만의 공간을 생성하여 아이템, 캐릭터로 꾸미고 제한된 친구들과 소통하는 서비스

Q. 세계적으로 급성장 중인 '디지털 헬스케어'의 국내외 현황을 짚어주세요.

'디지털 헬스케어'라는 단어는 이제 더이상 새롭지 않게 됐습니다. 스마트폰의 센서들이 고도화되고 애플워치와 같은 웨어러블 기기들이 나오면서 본격화된 것 같습니다. 핀테크에 종사하는 저로서는 조금 멀게 느껴지던 영역이었는데, 보험업이 디지털 영역으로 빠르게 전환되고 있어 헬스케어도 같이 살펴보게 되었습니다.

많이 들은 단어지만 설명해보라고 하면 아무래도 쉽지 않습니다. 헬스케어가 무엇인지 모르는 사람은 없겠지만, 정확한 의미를 말하는 건 어려운 것 같습니다. 사전적인 단어 정의부터 살펴보면 아래 표와 같이 구분된다고 하네요. 가장 큰 영역에서 하위 영역으로 내려간다고 보면 됩니다.

저는 국내의 촘촘하고 엄격한 법과 규제로 인해 많은 핀테크 BM이 좌초하는 것을 봐왔습니다. 헬스케어도 이와 비슷할 것이라고 생각했고, 실제로 의료법으로 인해 어려움에 처한 디지털 헬스케어 스타트업도 많이 봤습니다. 그런데 한편에서는 국내시장의 특수성으로 편리한 의료 접근성을 뽑더군요. 우리나라는 도심지의 경우 해외 대비 의료접근성이 뛰어나니 헬스케어의 발달에 오히려 장애가 되었다는 해석입니다. 여기에 의료보험으로 대면진료의 낮은 수가酬價를 경험한 국민들로서는 질 좋은 서비스라도 비싼 가격을 감당하지 못할 거라는 의견도 있었습니다.

그래서 국내에서는 건강을 위한 만보기 서비스 위주로 발달한 반면, 해외에서는 다양한 형태의 헬스케어 서비스와 정책이 눈에 띕니다. 제가 개

헬스케어	넓은 의미의 건강관리에는 해당되지만, 디지털 기술이 적용되지 않고, 전문 의료 영역도 아닌 것을 말합니다. 예를 들어 운동, 식사, 수면 같은 것입니다.
디지털 헬스케어	건강관리 중에 디지털 기술이 사용되는 것을 말합니다. 사물인터넷, 인공지능, 3D프린터나 VR/AR 등입니다. 기술 그 자체로 건강관리를 지원하는 개념으로 보면 됩니다.
의료	말 그대로 의사가 하는 의료행위를 말합니다. 질병의 예방, 치료, 처방, 관리 등입니다.
비대면 의료	원격으로 하는 환자 모니터링 및 관리를 말합니다. 의료법 34조에 의해 국내에서는 불법이나, 코로나 때문에 한시적으로 허용되었습니다.
모바일 헬스케어	디지털 헬스케어 중 모바일 기술이 사용되는 것을 말합니다.

출처: 한국과학기술정보연구원

인적으로 더욱 관심있게 보는 부분들을 소개해보고자 합니다.

주목할 만한 국내 헬스케어 사례

카카오는 2021년 12월, 자회사 카카오헬스케어를 세웠습니다. 이후 어떤 서비스를 시작할지 시장의 관심사였는데요. 최근 '버추얼 케어Virtual Care'와 '데이터 조력자Data Enabler'라는 서비스를 공개했습니다. 전자는 B2C이고, 후자는 B2B입니다. 버추얼 케어는 모바일에 기반한 개인건강정보 서비스로 알려졌습니다. 개인이 매일 꾸준히 생성하는 건강정보, 병원기록, 유전체 데이터를 수집해 고객이 직접 자신의 건강 상태를 파악할 수 있도록 정보를 제공하겠다고 합니다.

데이터 조력자로서 각 의료기관이 가진 고객의료정보를 표준화, 운영하는 솔루션도 제공하겠다고 합니다. 사실 EMR* 이라고 하여, 국내에서도 당연히 의료정보가 전산화되어 있습니다. 문제는, 국내 EMR 시장을 점유한 몇몇 회사의 자체적인 규격 때문에 비표준화, 비규격화가 심하다는 것이죠. 중소규모 병원의 경우 자체개발한 소프트웨어를 사용하는 곳도 많습니다.

IT 강국인 우리나라에 이런 영역이 아직 남아있다는 게 이상하게 느껴질 텐데요, 저도 그랬습니다. 법적으로 표준화된 의무기록사항은 있지만 이를 전산화하는 방식은 표준화가 안 되어 있습니다. 카카오가 이 분야를 본격적으로 뛰어든다면 변화가 있을 듯한데 어떻게 될지 기대됩니다.

주식하는 사람은 다 아는 바이오 대표주 셀트리온도 특이한 앱을 선보였습니다. 이름이 '과장님 케어'입니다. 저는 회사업무 관련 앱인줄 알았는데, 과민성 대장 증후군 환자를 돕는 앱이라고 합니다. 과민성 대장 증후군이 무엇인지 생소한 독자도 많을 텐데요. 정신적인 스트레스로 창자의 운동이 증가하여 설사나 변비가 생기거나 아랫배가 아픈 만성질환입니다. 질병이라고 하지 않고 증후군이라는 표현을 쓰는 이유는 명확한 원인이 밝혀지지 않았기 때문입니다. 화장실을 자주 가게 되고 복부에서 소리가 나는 등 여러 모로 괴로운 질환이기도 합니다. 저도 관련 부위가 과민한 편이어서 앱이 나오자마자 다운받고 사용해봤습니다.

앱을 깔았다고 질환이 나아지고 이런 것은 아닙니다. 앱에서는 질환의

* Electronic Medical Record, 전자의무기록. 기존의 종이에 기재하던 환자 차트를 전산화한 것

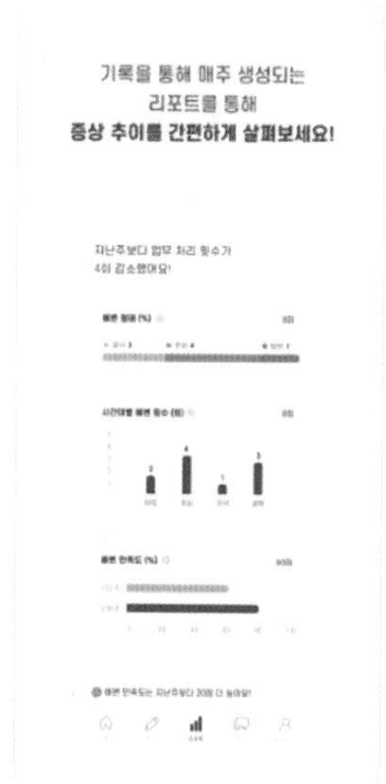

셀트리온에서 출시한 건강관리 앱 '과장님 케어'. 출처: 애플 앱스토어

증상을 안내하고 환자 상태를 기록하는 데 초점이 맞춰져 있습니다. 식단이나 약을 먹은 내용을 기록할 수도 있습니다. 이러한 내용을 바탕으로 질환 추이 리포트를 제공하고 전문가 상담까지 받을 수 있게 해줍니다.

앱을 사용해보니 셀트리온이 왜 이런 서비스를 시작했는지 알 수 있었습니다. 이 질환은 환자 스스로가 정보를 계속 입력하며 추이를 관찰하기 위한 앱입니다. 환자도 자신의 증세를 데이터로 구축해두는 것은 필요하기에 스스로 열심히 입력할 동기가 생깁니다. 셀트리온은 이러한 데이터를 모으면 자사의 제품 개발에 사용할 수 있습니다. 데이터가 모이면 또 다른 비즈니스 모델도 가능할 것으로 보입니다. 관련 커머스로 확장하는 예처럼요.

주목할 만한 해외 헬스케어 사례

해외 사례로 주목할 만한 것은 싱가포르의 국민건강 관리 프로젝트를 들 수 있습니다. 싱가포르는 작지만 관이 주도하는 계획경제 국가입니다. 엄격한 벌금체계, 국가 주도의 부동산 정책 등이 유명합니다. 이러한 싱가포르는 지난 2020년 9월부터 애플과 특이한 프로젝트를 진행하고 있습니다. ICT* 기반의 국민 건강관리 프로젝트가 그것입니다.

동아시아 선진국 대부분이 그렇듯 싱가포르도 고령화 사회로 접어드는 중입니다. 싱가포르 보건부에 따르면 65세 이상의 고령인구가 2018년에 14.4퍼센트인데 2030년에는 24퍼센트까지 올라갈 거라 예상된다네요.

* Information and Communication Technology, 정보통신기술. 스마트폰, 모바일 디바이스, 원격제어 등의 IT 기술을 이용하여 정보 수집, 보존, 전달 등을 하는 방법

GIVE YOUR HEALTH A FUN TWIST

Whether you are completing a challenge or hitting your personal best, LumiHealth brings the fun to simple, everyday healthy actions that you make using the LumiHealth app and your Apple Watch.

TAKE PART IN CHALLENGES

A personalised selection of health and wellness activities such as such as walking, eating healthy, and even mindfulness sessions, awaits you.

EARN LUMIPOINTS FOR LU

Earn LumiPoints by completing activity challenges, wellness challenges and other tailored challenges to help Lu advance on his journey.

GET REWARDED

Earn coins when you help Lu to reach each milestone on his adventure. Exchange these coins for rewards at participating merchants.

사용자가 재미있게 참여할 수 있도록 다양한 이벤트를 준비한 루미헬스.
출처: 루미헬스 홈페이지

이에 따라 싱가포르는 새로운 장기요양보험제도를 도입함과 동시에 디지털 헬스케어를 도입하기 시작했습니다. 애플과 추진하는 이 사업의 이름은 루미헬스LumiHealth입니다. 싱가포르 건강진흥청은 이 앱을 애플과 공동개발했는데요. 자발적이고 체계적으로 국민의 건강 습관을 개선하겠다는 목표로 시작했다고 합니다.

루미헬스는 개인화된 미리알림과 프로그램을 제공하고 인센티브를 통해 건강한 습관을 기를 수 있도록 도와줍니다. 앱을 설치하면 개인화된 운동 가이드 및 각종 미션이 주어지는데요. 이를 달성하면 한화 33만 원 상당의 온라인 쇼핑 쿠폰을 2년에 걸쳐 제공합니다. 앱에서는 단순한 운동량이나 칼로리 측정이 아니라 나이, 성별, 몸무게에 따라 다양한 게임 형태의 운동을 제안합니다. 명상, 걷기, 요가, 조깅 같은 형태입니다. 또 건강검진 일정이나 예방접종 시기도 알려주며 수면 습관 관리도 해줍니다. 국가 차원에서 디지털을 이용하여 국민의 건강을 관리하겠다는 발상이 흥미롭습니다.

유럽의 디지털 헬스케어도 눈여겨볼 만합니다. 유럽은 마이데이터의 근간이 되는 '데이터 주권*'에 관련한 논의가 가장 활발한 곳입니다. 그래서 헬스케어에서도 데이터를 의료산업 디지털 전환의 필수 자원으로 강조하는 것이 특징입니다. 이를 위해 국가별로 유전체 분석 프로젝트를 수행하여 정밀의료 활성화를 위해 노력 중입니다. 핀란드는 2017년부터 전체 국민의 10퍼센트인 54만 명의 유전자 정보를 수집 중이며, 국가가 주도하는 전 국민 유전체 바이오 뱅킹을 구축하는 것을 목표로 하고 있습니다. 프랑스는 매년 23.5만 명의 유전체를 분석, 저장할 계획이며 영국은 2012년 최초로 유전체 분석 100K Genome 프로젝트를 한화 5000억 원을 들여 추진했고 2018년 완료하였습니다.

디지털 헬스케어는 전 세계적인 흐름

스마트폰과 웨어러블 장비들이 계속 발전하며 더욱더 다양한 서비스들이 출시될 것으로 예상됩니다. 국내에서는 기술 발전을 법이 따라가지 못하는 상황입니다만 해외에서는 [기기를 통한 데이터의 수집 → 분석 → '의료기술에 활용 및 새로운 비즈니스 모델 창출']이라는 선순환 고리를 만들어가고 있습니다. 아직 초보 단계인 우리나라도 빠르게 뛰어들어야 할 것으로 보입니다. 과거 핀테크가 초창기에 그랬듯 법 제도가 개정된다면 시장 규모가 급성장할 가능성이 엿보이거든요. 이미 눔Noom과 같은 기업이 국내 규

* 국가와 개인이 생성한 데이터에도 소유권을 포함하여 언제, 어디서, 어떻게, 어떤 목적으로 사용할 것인지를 결정할 수 있는 권리

FINNGEN BRINGS TOGETHER THE NATION-WIDE NETWORK OF FINNISH BIOBANKS.

Every Finn can be a part of the FinnGen study by giving a biobank consent.

CURRENT DATA FREEZE	SAMPLES AVAILABLE
429 200	**546 800**
combined genotype and health registry data	Samples needed by 2023: 520 000

Samples from biobanks

The FinnGen study will utilise samples collected by a nationwide network of Finnish biobanks. The study is based on combining genome information with digital health care data from national health registries.

Read more: biobanks →

Take part

Samples are needed from all over Finland in the thousands, because solutions in the field of personalized healthcare can be found only by looking at large masses. Every Finn can be a part of the FinnGen study by giving a biobank consent.

Read more: participation →

Everybody benefits

The genome data produced during the project will be owned by the Finnish biobanks, and remain available for researcher purposes. The medical breakthroughs that arise from the project will eventually benefit health care systems and patients globally.

Read more: benefits →

Collaboration is the key

The collaborative nature of the FinnGen research project is exceptional compared to many other studies. The study involves all the same actors as drug development. With this open cooperation, we hope to speed up the emergence of new innovations.

Read more: partners →

핀란드의 FINNGEN 프로젝트 홈페이지. 최근까지 확보한 데이터 수를 보여주고 있다.
출처: FINNGEN 홈페이지

제를 피해 미국에서 체중, 당뇨관리 서비스를 선보여 유니콘 명단에 이름을 올린 바 있습니다. 국내에서도 새로운 스타트업이 계속 나올 수 있도록 환경이 개선되고, 다양한 사업이 추진될 수 있길 바랍니다.

Q. 메타버스 시대가 '정말로' 온 건가요? 어떤 부분에 관심을 가져야 될까요?

여러분은 '액시스 프리스마Axis Prisma'라는 말을 아나요? 아니면 '프리스카 이펙트Priska effect'는요? 액시스 프리스마는 프랑스의 저명한 컴퓨터 공학자인 벨터 박사가 제창한 것으로 제4차 산업혁명 시대에 맞춰 사용자들의 관점이 다변화되는 현상을 말합니다. 프리스카 이펙트는 스마트폰 사용자들의 앱 의존도가 심해지면서 나타나는 주의력 분산에 대한 이론입니다. 너무나도 많은 디지털 기기와 앱으로 인해 인간의 뇌가 한 가지에 집중하지 못하고 사고력마저 분산되는 것에 대한 연구가 주였으며, 네브라스카대학교 미하엘 교수에 의해 세상에 알려졌습니다. 처음 들으셨다면 이번에 미국 아마존 과학서적 1위에 올랐던 미하엘 교수의 《액시스 프리스마 신드롬》이라는 책을 보길 추천합니다. 현재 미국에서 사용자 관점 다변화에 대해 큰 관심이 일고 있으니 국내에도 주요한 트렌드로 소개될 것으로 생각합니다.

앞의 내용은 모두 거짓말입니다. 제 머릿속에서 1분 정도 생각하고 지어낸 말들입니다. 제법 그럴듯하지 않나요? 스스로 뭔가 재능이 있는 것 같아 살짝 감동하면서 적었습니다. 진지해야 할 책에서 거짓말이라니, 독자들의 원성이 여기까지 들리는 듯합니다. 주제는 메타버스인데 이렇게 무리수로 글을 시작하는 이유는, 바로 키워드 장사의 현주소를 알려드리고 싶어서입니다. 말 그대로 키워드 '장사'입니다.

평화로운 상태가 지속되면 가장 힘든 직업은 아마도 기자일 거라는 주장, 어떻게 생각하나요? 세상이 너무 평화롭고 고요해서 아무런 사건 사고가 없는 세상에서는 일간지 1면이 시덥지 않은 사건으로 채워질 것입니다.사건이 없으면 기사도 재미가 없어집니다. 사람들은 평화를 원하지만 자극도 항상 원하니까요. 그러니 몇몇 기자들도 클릭률을 올리기 위해 별것 아닌 내용도 제목을 바꿔가며 자극적으로 써내려가기 시작합니다. 이는 글을 써서 먹고 사는 일부 저자나 학계 교수도 마찬가지입니다. 남들이 생각하지 못한 새로운 관점으로 새 현상을 발견해냈다고 주장해야 자신의 책도 더 팔리고, 학계에서 더 주목받을 수 있죠.

대표적인 예가 '제4차 산업혁명'이라는 단어가 아니었을까 싶습니다. 이 단어가 언급된 지 대략 7년은 된 것 같은데요. 여러분은 이를 명확하게 설명할 수 있나요? 주변에 이에 대한 의미를 이해하고 실무에 사용하는 경우를 본 적은요? 그렇게 많은 책이 나오고 여러 신문에서 매일 기사가 쏟아지며, 나중에는 국가정책에까지 반영될 정도로 뜨거운 단어였습니다만 지금 돌이켜보면 그저 지나가는 트렌디한 단어가 아니었을까 싶습니다. 메타버스도 시간이 흐르고 나서 돌이켜보면 '제4차 산업혁명'과 같은 사례가 될 것 같다고 생각합니다. 키워드 장사의 일환이지 싶거든요.

저는 메타버스 전문가가 아닙니다. 그저 IT를 오랫동안 접해왔고, 여러 회사에서 신사업을 하면서 키워드 장사와 현실세계 간의 간극을 많이 느꼈던 터라 이에 기반한 메타버스에 대한 개인적인 의견을 드리고자 합니다.

셀럽에 대한 관심이 메타버스에 대한 관심으로

메타버스가 무엇인지는 독자들에게 굳이 설명할 필요는 없을 거라 생각합니다. 메타버스가 갑자기 유행어로 급부상한 데는 블랙핑크의 팬사인회 뉴스가 큰 역할을 한 것 같습니다. 2020년 9월 제페토에서 있었던 팬사인회에는 무려 약 4600만 명이 몰렸습니다. SM이 내놓은 그룹 에스파의 사례도 그렇고, LoL(League of legend, 인기 온라인게임)의 캐릭터들로 만든 걸그룹인 K/DA도 유명했죠. 다들 뉴스에서 많이 봤을 거라 생각합니다. 관련하여 생산되는 기사들의 논조는 대부분 '가상현실이라는 새로운 세계가 핫하니 K-POP 스타들도 적극적으로 뛰어들고 있다'는 식입니다. 저는 앞뒤가 바뀐 것 같다는 생각이 들었습니다. 블랙핑크 팬 사인회에 몰려든 4600만 명 중에는 제페토가 좋아서 늘 사용하고 있던 기존 유저보다는 블랙핑크 팬이어서 제페토를 설치한 사람이 더 많지 않을까요.

메타버스에 많은 사람이 있어서 블랙핑크가 뛰어들었다기보다는 블랙핑크를 많은 사람이 좋아하니 메타버스를 마케팅에 이용했다고 봐야 할 것입니다. 메타버스는 셀럽의 입장에서는 팬과 만나는 채널의 하나일 뿐입니다. 셀럽의 집객력이 크다면 플랫폼을 새로이 만들어내는 것도 가능하고요. 지금은 메타버스가 대세라기보다는 메타버스 업체가 셀럽 마케팅에 열중하고 있다고 보여집니다.

메타버스는 어디에 필요한 기술인가

많은 사람들이 메타버스의 예시로 로블록스Roblox나 포트나이트Fortnite를 말합니다. 그런데 이들은 기본적으로 게임입니다. 게임은 놀고자 하는 목적이 있죠. 특별한 목적이 있는 게 아니라 그냥 놀러 와서 놀다 가는 것이 중요하기에 굳이 메타버스라는 키워드를 붙이지 않아도 이들은 게임으로서 잘 되고 있습니다. 메타버스는 제4차 산업혁명이라는 키워드 대비 유리한 점이 하나 있는데요. 제4차 산업혁명은 타인에게 설명해주기 정말 어려웠던 반면 메타버스는 그냥 "너 영화 〈플레이어 원Ready Player One〉 봤어? 그게 메타버스야!"라고 설명하면 된다는 거죠. 〈레디 플레이어 원〉은 완전히 다른 세계를 만들어서 보여주는데 인간의 오감과 모든 행위가 고스란히 가상세계로 연결되는 UI/UX를 보여줍니다. 이 정도라면 그야말로 메타버스 시대라고 하겠습니다. 책과 기사에서 말하는 것처럼, 또 하나의 세계가 열려서 그 안에서 살아가는 수준인 거죠.

실제로 영화에서는 그 정도 모습을 보여줍니다. 하지만 현재 기술 수준에서는 목적성이 불분명해집니다. 코로나로 인한 비대면이 중요한 시대라서 줌이나 구글미트를 통한 미팅이 보편화되었죠. 재택근무 중에 줌을 대신해서 꼭 제패토에서 만나야 할 이유가 무엇일까요? 3D로 구현된 공간감이나 참여구성원들의 패션을 감상하는 장점은 있겠으나 줌 대비 효율적이라고는 못할 것입니다. 재미있는 시도지만 필수재는 아니라는 거죠.

여러 기업이 다양한 시도를 메타버스에서(주로 제페토에서) 하고 있습니다.(A) 신입사원 설명회를 하기도 하고, 신차 시승행사를 하기도 합니다. 좋은 뉴스거리는 되어줄지 모르나, 딱 거기까지인 듯합니다. 재미를 위한 게임으로서야 얼마든지 사용할 수 있지만 꼭 메타버스에서 무언가 해야만 하는 이유를 아직 저는 찾지 못했습니다.

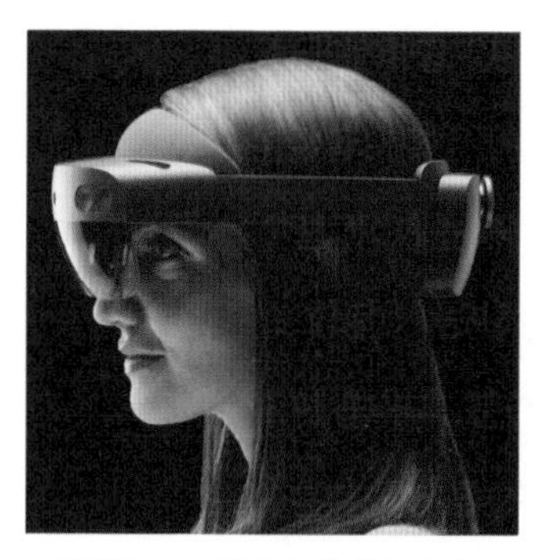
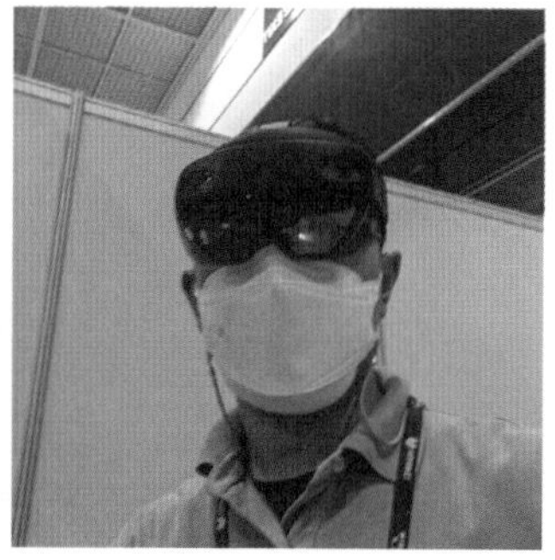

안경을 쓰고 직접 장착해본 마이크로소프트의 홀로렌즈2. 현실 위에 영상을 올리는 증강현실(AR) 기술로 혁신적인 경험을 할 수 있다.
출처: 마이크로소프트 홈페이지(좌), 저자(우)

관련 단말기의 성능과 가격

오큘러스 퀘스트2나 마이크로소프트의 홀로렌즈2를 써보셨나요? 실제로 사용해보면 몰입감이 굉장합니다. 특히 홀로렌즈는 바로 실생활에서 써도 좋겠다 싶을 정도로 놀라운 경험을 선사합니다.

홀로렌즈2라면 〈레디 플레이어 원〉 정도까진 아니어도 비슷하게는 가능할 것 같아서 호기롭게 얼마냐고 물었다가 움찔했는데요, 500만 원이더군요. 그 말을 듣고 행여나 흠집이 생길까 조심조심 벗고 조용히 나왔습니다. 오큘러스도 500만 원까지는 아니지만, 50만 원 선에서 판매되고 있는데요. 사지 못 할 정도는 아니지만 여전히 부담스러운 가격임은 사실입니다. 메타버스의 한 축인 AR, VR은 고성능의 단말기가 필수적인데 대중화를 위해서는 가격이 큰 폭으로 낮아져야 합니다. 스마트폰은 훨씬 더 비싼데도 잘 팔리니 이런 장비도 그 정도면 많이 사지 않겠냐고 하는 사람도 봤지만, 꼭 있어야 하는 것과 없어도 큰 불편 없는 것의 차이는 크죠.

메타버스 시대가 도래하기 위해서는 이외에도 넘어야 할 산이 있는데요. 기존의 텍스트, 음성, 영상에 비해 3D 그래픽 처리는 중저가 폰과 하이엔드 폰 간 격차가 크다는 점입니다. 저는 메인폰은 갤럭시 폴드3이고 LTE 라우터처럼 쓰기 위해 샤오미 홍미노트7도 같이 쓰고 있는데요. 둘의 3D 그래픽 처리 속도와 품질은 꽤 차이가 납니다. 헤드셋 장비를 쓰지 못한다면 스마트폰과 PC에서 보여지는 서비스들이 메타버스의 근간이 될 텐데 중저가 폰에서 어떻게 잘 보이도록 해나갈지도 풀어야 할 과제입니다.

언젠가는 오지만 지금은 아니다

인간의 오감을 넘어서 서로의 뇌가 직접 네트워크에 연결되는 세상도 언젠가는 올 것입니다. 그러니 메타버스 시대가 언젠가 올 것이라는 명제를 부정할 순 없죠. 우리가 현재 하고 있는 컴퓨팅은 눈, 귀로 정보를 받아들이고 손으로 정보를 입력하는 형태인데요. 입력장치의 혁신, 가격의 인하, 사용 당위성을 줄 수 있는 킬러 서비스의 등장이 같이 이루어져야 〈레디 플레이어 원〉을 구현할 수 있을 겁니다. 결국 꽤나 오랜 시간이 걸릴 겁니다.

그러니 기술발전에 늘 관심을 가지되 '키워드 장사'에 너무 현혹되지 않길 권합니다. 냉정하게 평가해야 합니다. 권위자 행세를 해야 하는 교수, 클릭 수를 올려야 하는 기자, 눈먼 돈을 투자받아야 하는 사업가들을 제외한 평범한 우리 모두에게 메타버스는 아직 먼 이야기이니까요.

Q. 가상화폐의 향방이 궁금합니다.

핀테크 책을 쓰고 있으니, 가상화폐 이야기를 하지 않을 수가 없네요. 비트코인이 처음 나왔을 때 알고는 있었지만 '저걸 돈 주고 산다고?'라고 무시하고 살았습니다. 그러다 2017년 하반기 광풍에 올라타서 돈이 복사되는 경험을 하면서 온종일 '가즈아'를 외쳤던 저입니다. 좋았던 시간은 잠깐이고 이후 5년간 빙하기를 경험하면서 가끔 시베리아 빙하 속에서 맘모스가 온전히 발견되었다는 뉴스를 볼 때마다 남 같지 않다는 격한 감정이입을 하곤 했죠. 코인 빙하기나 진짜 빙하기나 뭐 그리 다를까 싶었습니다.

부동산, 주식, 코인 등 여러 재테크 수단 중 소액으로도 쉽게 접할 수 있고 다이나믹한(순화된 표현입니다) 가격변동을 보여서 벼락부자를 양산하고 있는 가상화폐, 그 덕에 많은 분의 희비가 교차하고 있는데요. 지극히 사견임을 전제로 제 지불결제업의 경험을 더해서 코인에 대한 이런저런 이야기를 드려볼까 합니다.

결제수단으로 적절할까

이 질문은 과거부터 끊임없이 계속되어 왔습니다. '어디 어디에서 아무개 코인을 결제로 받기 시작했더라'라는 늘 호재로 여겨져서 코인 가격 폭등 소재로 활용되었죠. 테슬라도 비트코인을 결제수단으로 받겠다고 하면서 비트코인 가격 상승에 일조한 바 있습니다. 국내에서도 꾸준히 가상화폐로 실생활에서 결제를 하는 시도가 계속되어 왔습니다.

2018년에는 고속터미널역에 비트코인 결제가 가능해졌다는 뉴스가 화제가 되었고요. 과거 '페이코인'이라는 가상화폐를 출시한 다날이 오프라인에서 페이코인 결제가 가능하다고 널리 홍보한 바 있습니다. 가상화폐가 점점 실생활 속으로 녹아들고 있는 느낌입니다. 오프라인 결제를 구현한 기업들이 주장하는 바는 비슷합니다. '신용카드 대비 수수료가 낮아 경제적이다. 결제 처리 속도도 느리지 않다. 해외거래 수수료도 줄일 수 있다. 가맹점에 정산도 빨리 해줄 수 있다.'

해결해야 할 문제가 없는 건 아니지만, 일단 다 맞는 말입니다. 신용카드 프로세스에 있는 VAN 같은 중간자가 없는 구조면 저렴한 수수료가 가능하고, 정산도 빨리 해줄 수 있습니다. 해외결제도 중간에서 수수료를 수취하는 국제 브랜드사(비자, 마스터 등)가 없으니 수수료도 낮아질 수 있겠죠. 그런데 이 혜택들은 주로 가게주인에게 좋은 거고, 사용자에게 체감되는 것은 크지 않습니다. 체감이 문제가 아니라 거래소에서 거래되고 있는 코인이라면 극심한 가격변동성을 견뎌야 하는 원론적인 문제가 있죠. 이는 코인을 지불하는 구매자뿐만 아니라 판매하는 판매자도 같이 견뎌야 하는 문제입니다. 그래서 페이코인 같은 경우는 페이코인으로 고객이 결제를 하면 사업자인 다날이 일단 고객의 페이코인을 받아 현금으로 바꾼 후 해당 가맹점에 정산해준다고 합니다. 이러면 가맹점 입장에선 가격변동성 이슈가 없죠. 반면 테슬라처럼 처음부터 비트코인으로 받는 경우 내부 회계 정책에도 영향을 미치게 될 것입니다.

결제수단을 다른 것으로 바꿔서 변동성 이슈에 직면하는 것은 사실 코인에서만 나타나는 이슈는 아닙니다. 멀리 갈 것 없이 외화인 위안화나 달러를 받는 국내 가맹점은 당장 느끼고 있고, 상품권을 받는 가맹점도 시세와 할인율에 따라 이슈가 생길 수 있죠. 하지만 코인만큼 급등락하지는 않으니 결제수단으로서 유효합니다.

코인으로 결제해보셨나요? 많이 편리해졌다고는 해도 앱을 켜고 QR이나 바코드를 보여주는 UX는 고객이나 가게주인 모두에게 어색하죠. 이를 극복하고자 결제 단계를 줄이는 데서 얻는 수수료 이익분으로 할인도 해주고 다양한 프로모션을 하고 있습니다만, 저는 앞으로도 결제수단으로서 코인은 매우 부정적으로 봅니다. 하이퍼 인플레이션에 신음하는 베네수엘라처럼 특수상황인 나라라면 모를까 정상적인 자국통화가 유통되고 있는 국가에서는 앞으로도 어려울 겁니다. 이렇게 말씀드리는 이유는, 앞에서 열거한 내용과 더불어 고객의 결제 경험을 바꾸기가 얼마나 어려운지 지난 10년간 봐왔기 때문입니다. 국내 카드사들은 2011년 모바일과 금융의 결합을 내세우며 다양한 모바일 결제를 도입하려 애썼습니다. 대부분의 카드사가 시도했던 NFC모바일카드가 그랬고 이후 다양한 One Card 방식부터 QR결제까지 크고 작은 많은 시도가 있어왔죠. 카드사뿐 아니라 간편결제사들도 오프라인 결제에 많이 뛰어들었는데요. 정작 시장에 안착했다고 할 수 있는 건 삼성페이 정도입니다.

가맹점 인프라 이슈가 가장 큰 문제였습니다만, QR결제가 되는 곳에서도 고객이 실물 카드나 삼성페이를 쓰는 것을 잘 분석해보면, 결국 결제의 순간에 수십 년간 학습된 고객의 행동패턴을 바꾸는 것이 얼마나 힘든 일인지 보여주는 예라고 할 수 있습니다. 체리피커들이야 4000원짜리 아메리카노 쿠폰을 받기 위해 아예 결제방식까지 바꾸기도 하지만 절대다수의 대중은 웬만해선 변하지 않습니다. 그렇다고 꾸준히 할인행사 같은 메리트를 줄 수도 없으니 가상화폐가 실생활에서 결제수단으로 쓰이는 것은 앞으로도 어려울 것입니다.

가상화폐는 앞으로 어떻게 될까

가장 많이 나오는 질문 두 번째는 "그래서 가상화폐는 앞으로 어떻게 될까?"인데요. 저는 앞으로도 쭉 존속할 거라 생각합니다. 다만 화폐가 아니라 미술품처럼 남을 거라 봅니다.

가상화폐와 블록체인은 구분해서 볼 필요가 있는데요. 블록체인 기술을 쓴다고 시중의 가상화폐를 꼭 써야 하는 건 아닙니다. 우리가 고무장갑을 '마미손'이라고도 부르고 응급 반창고를 '대일밴드'라고 부르지만 그 둘은 엄연히 다르죠. 새로운 고무장갑은 누구든 늘 만들 수 있습니다. 무조건 마미손만 구입할 필요는 없죠. 퍼블릭 블록체인*의 사상은 좋았으나, 지난 5년간 생겨난 수백 개의 가상화폐 프로젝트 중 가시적인 성과를 낸 게 거의 없는 것을 보면 앞으로도 어렵지 싶습니다.

'그러면 무가치한 것이 아닌가, 코인의 시대는 끝난 것인가' 싶겠지만 그건 또 아닙니다. 저는 거래소의 가상화폐들이 미술품 같습니다. 비트코인은 모나리자, 이더리움은 천지창조 정도 된다고 할까요. 사실 제 눈에는 모나리자의 미소가 그렇게 대단하게 느껴지지 않습니다. 하지만 세상 사람들

* public blockchain, 누구든지 자유롭게 참여할 수 있는 개방형 블록체인 네트워크

이 모나리자를 다 인정해주니 값어치를 매기기 힘들 정도로 비싼 것처럼, 코인 역시 사람들이 값을 매기고 있는 것이죠.

그러면서도 미술품과의 결정적인 차이점이 있습니다. 모나리자는 당연히 안 팔겠지만 만약 판다고 하면 소더비(Sotheby's, 유명한 경매회사)의 경매장에 가서 그야말로 천문학적인 금액을 지불하고 사야 할 것입니다. 그러나 가상화폐는 역대 모든 투자 대상 중 이렇게 접근성이 쉬웠던 게 있었나 싶을 정도이고, 24시간 내내 전 세계의 투자자들이 모여 사고팔고 있다는 게 큰 차이점입니다. 시장의 형성과 매매의 편리성에 있어서는 기존 금융을 뛰어넘는 첨단기술임은 누구도 부인 못할 것입니다.

여기에 또 하나, 전 세계 사람들의 인지도 이슈가 있습니다. 미켈란젤로의 천지창조와 비트코인 중 사람들은 뭘 더 많이 알까요? 저는 감히 비트코인일 거라 생각합니다. 어떤 재화나 서비스이건, 전 세계에 이렇게 강렬하게 '브랜드'를 전파한 사례가 있었나 싶고 이 브랜드 파워는 앞으로도 오랫동안 계속될 것입니다. 모든 커머셜 브랜드가 바라는 최고 수준의 인지도를 얻었다고 하겠습니다. 그러니 앞으로도 계속될 거라 생각합니다.

코린이를 위한 조언

여기까지 이야기하면 다들 물어봅니다. "그래서 사라는 겁니까 말라는 겁니까?"라고요. 일단 제가 이쪽의 전문가도 아니고 이런 류의 질문에 사라고 해도 문제이고 사지 말라고 해도 욕을 먹기 때문에 대답을 잘 안 합니다.

코인을 처음 시작하는 독자라면, 소액을 투자해서 아주 매몰차게 돈을 잃는 쓰린 경험을 먼저 하길 바랍니다. 저도 투자하면서 돈이 불어나는 경험에 우쭐했습니다. 지나고 냉정히 생각해보니 제가 잘한 건 하나도 없었고 태평양 건너 전기차 파는 형이 한마디해주거나 정체 모를 세력, 기관 운전수들이 운전할 때 얌전히 얻어 탄 것일 뿐이었습니다. 그걸 실력으로 착각하고 있었죠.

거래소와 수백 종의 코인이 있고 이 코인들이 현실세계에 필수재로 내려오지 않는 한, 금이나 미술품처럼 우리는 전 세계 사람들과 가상화폐의 가치를 끝없이 평가하게 될 것입니다. 꼭 투자하겠다면, 시대의 변화를 체험하는 차원에서 없어도 상관없을 정도의 금액으로 초장기 적립식투자를 권합니다. 가상화폐는 초기부터 현대판 튤립 논란이 있었고 이후에는 투자가 아닌 투기라고 공격을 받고 있습니다. 하지만 이미 인류는 투기의 달콤함을 느낀 상태입니다. 전 세계 모든 국가가 동시에 거래소를 없애지 않는 한 이 무한한 욕망은 절대로 멈추지 않을 것입니다. 이미 제재할 수 있는 시점은 지난 것일지도 모르겠습니다. 어떻게 될지 지켜보도록 하죠.

Q. 지갑 없는 시대를 예고하는 '모바일 신분증'에 관해 자세히 알고 싶어요.

다들 비슷하겠지만 저 역시 월급쟁이 노비로 하루하루 근근이 살아가고 있습니다. 바쁘다 보니 운전면허증의 적성검사 기간이 올해인 것도 전혀 인지하지 못하고 살고 있었습니다. 사실 운전면허에 적성검사 기간이 있다는 것도 잊고 살았습니다. 발급 후 10년 만에 하게 되는 것이니 까먹은 거죠(노화의 영향도 있음을 인정합니다).

'귀찮지만 언제 시간 내서 가서 해야지'라고 마음만 먹고 있었는데 최근 신문기사를 보니 모바일 운전면허증이라는 게 생겼다는 겁니다. '그래, 역시 IT강국 코리아구나. 비대면 만세!'를 외치며 알아보니 처음 받는 사람은 가까운 운전면허 시험장이나 경찰서를 가야 하더군요. 비대면으로 은행 계좌도 만들고 카드도 만들 수 있는 안 되는 게 없는 시대에 이 무슨 일인가 싶었지만 기왕 이리 된 거 지금 쓸 수 있는 모바일 신분증이 뭐가 있는지 궁금해졌습니다.

예전에 PASS를 통해서 모바일 운전면허증이 나온 것으로 아는데 올해 나온 모바일 운전면허증은 대체 무엇이 다른 것인지, 모바일 운전면허증이 있으면 이제 실물 면허증은 집에 모셔둬도 되는 것인지 궁금했습니다. 모바일 결제나 핀테크를 업무로 하는 입장에서 신분증 이슈는 중요하기도 했고요.

관심을 가지고 살펴보니, 2023년 상반기 기준으로 무려 모바일에 담아둘 수 있는 신분증이 세 가지나 있었습니다. 출시된 순서로 보면, 'PASS 모바일 운전면허 확인 서비스(2020. 6) → 모바일 주민등록증(2022. 6) → 모바일 운전면허증(2022. 7)' 순이네요. 하나씩 다 사용해본 경험담을 공유하고자 합니다.

'PASS 모바일 운전면허 확인' 서비스

PASS는 앞서 말했듯, 통신 3사가 합심하여 만든 휴대전화 간편인증 서비스입니다. SMS 인증보다 약간 더 프로세스가 간소화되기에 많은 사람이 쓰고 있습니다. 2020년 6월부터 PASS 앱에 '모바일 운전면허 확인' 서비스라는 메뉴가 생겼는데요.

소지하고 있는 실물 운전면허증을 등록하는 절차를 거치면, 이후에는 지문인증만으로 운전면허증을 제시할 수 있습니다. 실제로 사용해보면 꽤 빠르고 편리합니다. QR과 바코드가 동시에 나와서 현장에서 인식률을 높이려는 시도도 돋보였습니다. 2022년 11월 기준으로 PASS 앱 이용자는 3600만 명이며 PASS 모바일 운전면허 이용자도 600만 명에 달한다고 합니다.(B)

그런데 보고 있으니 타이틀이 조금 이상했습니다. '모바일 운전면허증' 서비스라고 하면 되지 왜 '모바일 운전면허 확인' 서비스라고 한 걸까요? 확인해보니 '정보통신 진흥 및 활성화 등에 관한 특별법 제37조 제3항' 및 '같은법 시행령 제40조 6항'에 따라 기존 운전면허증과 동일한 효력으로 사용할 수 있는 '모바일 운전면허 확인' 서비스 제공을 임시허가 받은 상태여서 그렇다고 합니다. 운전면허를 확인해주는 것이지 이 자체가 공식적인 신분증은 아닙니다. 그래서 PASS 운전면허 확인 서비스를 통한 신분 확인은

PASS '모바일 운전면허' 실행 화면. 출처: 통신 3사 보도자료

PASS와 제휴한 곳에서만 사용이 가능합니다. 경찰청, 도로교통공단, CU, GS25, 이마트24, 세븐일레븐, 국내선 항공기와 여객선, 통신대리점 등입니다. 발급도 편리했고, 원래 사용하고 있던 PASS 앱을 통해 쓸 수 있어 좋았지만 모든 상황에서 쓸 수 없다는 점은 아쉬웠습니다.

모바일 주민등록증

모바일 주민등록증은 2022년 6월 29일부터 시범사업을 시작했고, 2022년 7월 12일부터 정식으로 발급이 시작되었는데요, 2022년 1월 11일 공포된 개정된 주민등록법에 따라 주민등록증 모바일 확인 서비스가 실물 주민등

출처: 행정안전부 보도자료

록증과 동일한 효력을 가지게 되었습니다.

'정부24' 앱을 통해 실물 주민등록증을 등록하면, 기본적으로 이름/생년월일/거주지역 등 간단한 정보만 노출됩니다. 상세정보 표시를 선택한 후 비밀번호를 인증하면 주민등록번호, 주소까지 확인됩니다. 서비스를 써보면 사진 아래쪽에 QR이 생성됨을 볼 수 있습니다. QR을 보여준다는 건 읽는 앱도 있다는 건데요. 확인하고자 하는 사람의 폰에 앱이 있다면, 좌측 상단 메뉴로 들어가 '민원서비스' → 사실/진위 확인 → 주민등록증 모바일 확인 서비스'를 클릭해서 상대방의 QR을 읽어볼 수 있습니다. QR이 없다면 사실 앱도 위변조가 가능하니 필요한 기능입니다.

자동해지되는 경우는 '실물 주민등록증을 분실신고 시/통신사, 스마트

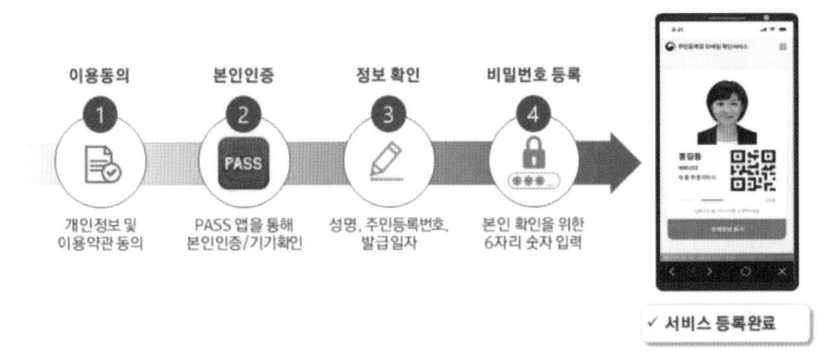

주민등록증 모바일 확인 서비스 등록 절차.
출처: 행정안전부 보도자료

폰 기기 변경 시/정부24 앱 재설치 시'라고 합니다. 아무래도 신분증이니 폰 위변조 상황에 대한 대비가 있어야겠죠.

가장 중요한 건 사용처인데요. 다음과 같이 안내하고 있습니다.

(1) 민원서류 접수, 자격 인정 증서 발급

(2) 편의점, 식당 등 일상생활에서 성인 여부 확인

(3) 공항에서 비행기 탑승, 여객 터미널에서 선박 승선

(4) 개인 간 계약이나 거래 시 본인 여부를 확인

사용해본 소감은, 일단 되는 게 어디인가 싶었습니다. 운전면허증과 달리 전 국민이 모두 사용할 수 있기에 주민등록증의 모바일화는 의미가 정말 큽니다. 그래서 (수많은 난관이 예상됨에도) 일단 시작했다는 것이 큰 의미 아닐까 싶었습니다.

'정부24' 앱 시작 화면. 출처: 정부24 앱

어려웠던 점은 현재 서비스되고 있는 앱이 '정부24'라는 점이었는데요. 모바일 신분증은 특성상 서부극에서 권총을 꺼내듯 빠르게 보여줄 수 있어야 하는데 정부24 앱 자체가 엄청나게 많은 기능을 가진 일종의 행정포털입니다. 첫 화면 중앙에 배치해서 편의성을 도모하긴 했으나 급히 신분증을 보여줘야 할 땐 적합하진 않았습니다. 다행히 2022년 하반기부터 PASS 앱에서도 모바일 주민등록증 기능을 탑재해서 같은 효과를 내고 있으니 이쪽을 이용하셔도 됩니다.

모바일 운전면허증

모바일 운전면허증을 사용하기 위해서는 무조건 처음, 운전면허 시험장이나 경찰서 민원실을 방문해야 합니다. 대면 신원확인을 위해서라고 하는데, 거주지와 무관하게 방문하면 된다고 하니 직장 근처로 가셔도 됩니다. 방문하면 실물 운전면허증을 IC면허증으로 교체하면서 모바일 운전면허증을 받을 수도 있고, 현장에서 바로 모바일 운전면허증을 발급받을 수도 있습니다. 다만 이렇게 하면 스마트폰을 교체할 때마다 다시 현장을 방문해야 설

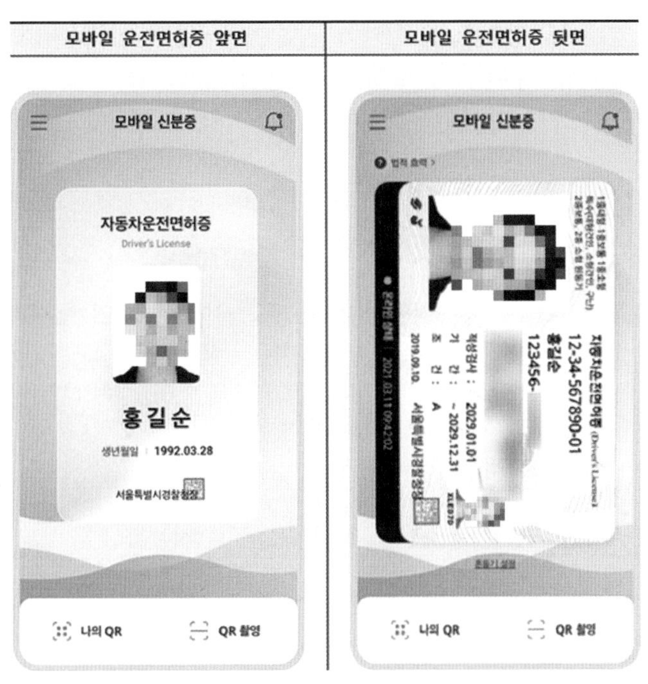

'모바일 신분증' 앱 실행 모습. 출처: 행정안전부 보도자료

치할 수 있으니, 간 김에 저처럼 IC운전면허증을 발급받는 것을 추천합니다. IC면허증이 있으면 스마트폰을 교체했을 때도 NFC 인증으로 새로 모바일 면허증을 받을 수 있기 때문입니다.

저는 IC운전면허증을 영문버전으로 신청했습니다. 뒷면이 영문으로 되어 몇몇 국가에서는 국제 운전면허증으로 쓸 수 있다고 합니다. 현재 국문은 1만 3000원이고 영문은 1만 5000원인데 혹 해외 나갈 일이 있으면 유용하겠다 싶었습니다. 저처럼 적성검사까지 포함해서 진행할 경우 시력검사 결과가 포함된 건강검진 서류를 같이 제출해야 하며, 국문은 1만

8000원, 영문은 2만 원으로 좀 더 많이 내야 합니다. 저는 경찰서에서 했는데 신청하면 바로 나오는 것이 아니라 2주 후 찾으러 가야 합니다. 그렇게 수령 후 앱을 설치했습니다. '모바일 신분증'이라는 앱입니다.

설치 과정에서 좀 특이했던 건 수신 SMS에 대해 숫자로 회신하는 본인 스마트폰 점유인증을 한 이후, 앱 실행 상태에서 한 번 더 본인을 촬영해서 실물 운전면허증 사진과 대조하는 과정을 거치는 것이었습니다. 운전면허증을 위해 제출한 사진과 신청하는 시점의 자신의 모습이 많이 다르다면(머리를 더 길렀다거나, 피부색이 변했다거나 등) 의외로 여기서 시간이 지연될 수 있어 보입니다. 모바일 운전면허증 발급이 완료되면 완료되었다는 카카오톡도 왔습니다. 진행하면서, 다른 두 가지 방식보다는 훨씬 더 보안에 신경 쓴다는 느낌을 받았습니다. 그도 그럴 것이, 모바일 운전면허증은 실물 면허증과 완전히 동일한 법적 효력을 가집니다.

현재 사용처는 공공금융기관, 렌터카 차량공유업체, 공항, 병원, 편의점, 주류판매점, 여객터미널, 숙박시설 등 현행 운전면허증이 사용되는 모든 곳에서 모바일 운전면허증을 사용할 수 있습니다. 모바일 운전면허증으로 우리은행을 비롯한 현재 13개 은행에서도 사용이 가능하며 오프라인 본인인증에서도 사용이 확대되고 있습니다. 주의할 점은 스마트폰 단말에 대한 제약입니다. 안드로이드의 경우 2017년도 이후에 생산된 OS 7.0 이상의 단말로 생체인증과 NFC가 지원되어야 사용할 수 있고, 아이폰은 7 이상, iOS 14 이상이어야 합니다.

모바일 신분증으로 Wallet-less가 눈앞으로

세 가지 모바일 신분증을 다 준비해서 은행과 편의점, 관공서를 두루 다녀 보고 있는데요. 시작한지 1년 남짓한 사업이라 그런지, 창구에서 실무자가 인지하지 못하고 있는 경우가 많았습니다. 실제로 가지고 오는 고객은 거의 없다고 합니다. 뒤에 다른 사람이 기다리는 와중에 방법을 계속 여쭤보기도 난감했는데요. 차차 개선되겠지만 현재로선 실제 사용처에서 원활히 사용되는가가 가장 큰 허들이 되지 싶었습니다. 삼성페이 때문에 실물 카드 없이 다니는 저로서는 실물 신분증도 없이 다닐 수 있게 되면 지갑이 필요 없어지니, 빨리 모바일로 다 바뀌었으면 하는 바람입니다.

Q. 사라져버린 '그때 그 사업들', 폭망 이유가 뭘까요?

좋아하는 일을 하면서 직장에 다닐 수 있다는 건 굉장한 행운입니다. 스타트업 창업자들이 창업 동기를 말할 때 빠지지 않고 말하는 부분이기도 하죠. 그런 의미에선 저도 행운아인데요. 직장생활을 꽤 오래 하며 두 번째 회사에 있는데도 제가 좋아하고 하고 싶던 신사업 개발이라는 업무를 계속 하고 있거든요. 하지만 대기업에서 신사업은 그야말로 양날의 검입니다. 트렌드를 항상 공부하고 멋진 스타트업들과 협업할 수 있다는 점은 좋지만, 경직된 대기업 구조 속에서 무언가를 만드는 건 어렵기도 하고, 전문 분야를 만들기 어렵다 보니 회사 안에서 자리를 잡지 못할까봐 걱정도 듭니다.

통신회사에서 신사업을 할 때는 멀티디바이스와 클라우드 서비스를 잘 썼지만, 금융회사에 오고 나선 엄격한 보안규정과 망 분리 덕분에 아무것도 못 쓰고 있습니다. 2010년까지는 회의록을 항상 구글 독스로 정리했는데 이후로는 방치하고 있고요. 일종의 디지털 화석이랄까요. 그러다 얼마 전, 정말 오랜만에 들어가봤습니다. 무려 10년 만에 열어보는 회의록과 업무파일들. 특히 10년 전 고민했던 신사업 아이템들의 흔적을 다시 보니 만감이 교차하더군요. 그러면서 갑자기 옛날 아이템들에 대한 이야기를 하고 싶어졌습니다. 그때는 안 됐지만, 지금은 될 것 같은 사업에 대한 추억이랄까요.

아이비컨으로 촉발된 비컨에 대한 단상

2014년 애플이 아이비컨을 선보였을 때 기억하시나요? 저는 마케팅 신사업 분야에 혁신이 시작될 거라고 기대했습니다. 비컨Beacon은 저전력 블루투스를 통한 스마트폰 근거리 통신 기술인데요. 특정 장소에서 사용자의 위치를 찾아 메시지 등을 보낼 수 있는 기술로 위치를 정확히 측정해 다양한 푸시 마케팅을 할 수 있습니다. 배터리가 무려 5년이나 가는데다 벽에 붙이기만 해도 되니 설치도 편했습니다. 여러 모로 장점이 돋보였죠.

한국에서도 여러 대기업이 앞다투어 뛰어들었고 '애플-구글도 비컨이 미래'라는 기사까지 나올 정도였습니다.(A) 신규 사업을 만들어야 하는 제 입장에서도 마케팅 툴로서 비컨의 위력은 엄청나게 느껴졌죠. 비컨을 활용한 가맹점 푸시 마케팅 시스템을 만들려고 여러 비컨 제조업체들도 만나고, 실제로 비컨이 설치된 판교에 있는 쇼핑몰 아브뉴프랑에서 며칠간 지내보기도 했습니다. 그런데 직접 써보니 뭔가 이상했습니다.

애초 앱 푸시 마케팅*이라는 게 그렇게 유쾌한 경험은 아닙니다. 누군가에겐 마케팅이지만, 누군가에겐 스팸이니까요. 비컨 기술 자체는 좋았지만, 앱 알림을 받으려면 블루투스를 항상 켜놔야만 했습니다. 당시 최신 폰은 갤럭시 S5, 아이폰6였습니다. 배터리 관리는 늘 이슈였기에 아는 분들은 앱 알림과 블루투스를 되도록 꺼두는 경우가 많았죠. 저도 그런 편이었기 때문에, '굳이 이렇게 해야 하나'라는 회의감이 몰려들었습니다. 초기에나 파격적인 할인이 담긴 쿠폰이 나왔지 그 이후에는 쿠폰이 엄청나게 아쉬운

* App Push Marketing, 앱 알림으로 마케팅 메시지를 전달하는 행위

저가형 이어폰으로 유명한 QCY-T1(좌)과 샤오미 미밴드(우).
출처: QCY/샤오미 홈페이지

것도 아니었습니다. 사업을 기획하던 저조차도 비컨을 부정적으로 보게 되었죠. 아니나 다를까 세상을 바꿀 것 같던 비컨은 9년이 지난 지금까지도 잠잠합니다. 그런데 기억의 저편에 있던 비컨이 요즘 다시 생각납니다. '지금이면 해볼 만하지 않을까?'라는 생각이 들었거든요. 제 스마트폰 사용패턴이 크게 변했기 때문입니다.

원래 저는 배터리가 걱정되어 블루투스 키보드를 쓸 때만 블루투스를 연결했는데요. 이젠 늘 켜고 다닙니다. 왜 그런가 생각해보니 블루투스 이어폰 때문이었습니다. 2016년 9월 에어팟이 출시됐고 무선 블루투스 이어폰 시장이 서서히 열리면서 극강의 가성비를 자랑하는 중국산 이어폰들이 시장에 등장했죠. 여기에 스마트 워치 군단의 공세도 엄청납니다.

가정이나 사무실에 블루투스 스피커, AI스피커도 많이 보급됐고요. 웬만한 차량도 블루투스 연결을 지원하죠. 블루투스 기술 자체도 발전했습니다. 켜두어도 배터리가 크게 닳는 것이 체감되지 않으니, 대부분이 블루투스를 켜고 다니는 시대가 됐죠. 물론 풀어야 할 숙제도 아직 많지만 만약 지금 비컨이 그때처럼 대두된다면 예전과는 상황이 다르지 않을까 생각이 듭니다.

세컨드 라이프를 따라간 스타트업

2008년 제가 근무하던 부서로 한 스타트업의 협업 제의가 들어왔습니다. 그 업체는 당시 핫했던 3D 가상현실 세계를 만들고 있었습니다. '세컨드 라이프'를 뛰어넘는 한국형 가상현실 세계를 만들겠다는 야심 찬 포부를 밝히며 협업 요청을 해왔죠.

세컨드 라이프를 잘 모르는 분도 있으실 텐데요. 1세대 메타버스라고 생각하시면 됩니다. 미국 IT 벤처기업 '린든랩Linden Lab'이 2003년 개발해 선보였죠. 당시 세컨드 라이프의 위세는 어마어마했는데요. 기존 평면적인 웹 사용이 아닌, 3D를 모니터상에 구현하고 자신의 아바타가 여기저기 돌아다니는 모습은 정말 신기했습니다. 지금이야 모바일로도 되는 당연한 것이지만 지금으로부터 20년 전임을 감안한다면 놀라운 기술이 맞습니다. 사람들이 모이니 기업들도 앞다퉈 가상현실 지점을 세컨드 라이프에 만들었고요. 이 안에서 직업을 가지고 진짜 돈을 버는 사람도 생겨나면서 세상은 빠르게 3D로 옮겨갈 것 같았습니다. 당시 가상현실 트렌드를 받아들여 싸이월드는 '미니라이프*'를, 구글은 '라이블리**'라는 서비스를 각각 내놓았습니다.

* 싸이월드 미니홈피를 통해 접속하는 3D 가상현실 커뮤니티

** Lively, 2008년 7월 8일 출시한 구글의 3D 소셜 네트워크 서비스

몇 번 미팅을 진행한 그 스타트업의 사업모델은 사뭇 흥미로웠습니다. 세컨드 라이프가 하고 있는 것들과 더불어 문화재청 등 정부기관과 협업해 한국의 전통명소를 3D로 제공하고 건설 전인 신도시를 3D로 제공해 미리 둘러볼 수 있게 하겠다고 했습니다. 또 당시 막 사이버 견본주택 운용기준이 국토교통부 고시로 제정된 터라 3D 기반으로 제공한다면 좋은 시장이 열릴 거라 봤죠.

당시 저는 BM은 타당해 보였으나 마음에 걸리는 부분이 있었습니다. 클라이언트 설치파일이 당시로는 매우 큰 용량인 2기가에에 달한다는 점, 비교적 높은 컴퓨터 사양을 요구한 점이 그것입니다.

'신기하긴 한데 나라면 이걸 자주 쓸까?' 원론적인 이 질문에 스스로도 답하지 못했습니다. 몇 번 논의가 지속되긴 했지만 곧 저도 다른 아이템에 투입되면서 잊어버리게 되었고요. 그때 고민했던 흔적이 구글 독스Google Docs에 10년 넘게 보관돼 있다 이번에 제 눈에 띈 거죠. 오랜만에 해당 업체의 기사도 찾아보고 홈페이지도 찾아봤지만 폐업 기사마저 찾지 못했습니다. 제가 모르는 사이 좋은 조건으로 인수합병되어 엑시트하셨기를 바랍니다.

2008년 시장성을 따져보던 그때로부터 13년이 흐른 지금, 세상은 급격히 변했습니다. 상상도 못했던 코로나 바이러스 때문에 우리 삶은 크게 바뀌었고 특히 가상현실, 메타버스가 핫했죠. 2008년 야심차게 가상현실 시장을 두드렸던 그 스타트업이 보던 시장이 이제야 본격적으로 열리고 있는 느낌입니다. 그러면서 갑자기 궁금해졌습니다. 그때는 안 되고 지금은 될 것 같은 이유는 무엇일까요?

가상현실 세계를 구현한 세컨드 라이프(좌)와 미니라이프(우)

역시 기술의 발전이 가장 크겠죠. 최근 나오는 여러 VR(Virtual Reality) 장비들을 보고 있으면 가상현실이 먼 이야기가 아니겠단 생각이 듭니다. 대용량의 그래픽 데이터를 빠르게 처리하면서 현실감도 훨씬 좋아졌고요. 네트워크 품질도 예전과 비교할 수 없죠. 모바일, 웨어러블, IoT, AI, 자동차까지 IT가 점점 생활에 녹아들며 가상현실에 대한 거부감이 확 줄어들기도 했고요.

가상현실이 언젠가 대세가 될 것이란 걸 부정할 사람은 예나 지금이나 없을 것입니다. 다만 기술의 발전, 트렌드의 변화를 종합적으로 읽고 언제 시장에 뛰어드느냐가 성패를 가른다고 볼 수 있겠죠. 이 두 가지 사례 외에도 무수히 많은 회사들을 보며 얻은 생각입니다.

Q. 큰 자본을 가진 대기업도 못 하는 걸 스타트업이 해내고 있습니다. 무엇이 문제일까요?

세상이 확 바뀌었다 싶을 때 흔히들 격세지감隔世之感을 느낀다고 표현하는데요. 저는 왠지 제가 너무 나이든 것처럼 보여서 싫어하는 표현입니다. 그런데 몇 년에 한 번씩은 그 표현을 쓰게 됩니다. 2017년 카카오뱅크가 오픈했을 때가 그랬습니다. 조그마한 스타트업이 커서 은행을 세우다니, 우리나라에도 이런 날이 다 오는구나 싶었거든요.

두 번째는 쿠팡의 뉴욕증시 상장입니다. 소셜커머스가 유행하던 시절 우후죽순으로 생기던 그들 중 하나가 시가총액 100조 원이라니요. 놀랍지 않나요? 한때 전국에 수백 개의 소셜커머스가 생겼다가 사라졌는데 그중 하나가 성장해서 삼성전자 시총에 이어 2위까지 하다니, 대단하고 멋지다고 생각합니다.

그런데 돌이켜보면 재미있는 부분이 있습니다. 먼저 은행입니다. 카카오뱅크 이전에도 은행들은 영업을 잘 하고 있었습니다. 은행의 자본력은 스타트업과 비할 바가 아니었는데 은행들은 속절없이 시장을 내어주었습니다. 쿠팡 이전에도 거대 물류, 유통 대기업은 굳건히 자리 잡고 있었습니다. 하지만 조그마한 스타트업이었던 쿠팡에게 역시 속절없이 자리를 내어주었죠.

상식적으로는 시대가 변하고 새로운 분야가 생겨나면 대기업도 거기에 맞춰 시장지배력을 가질 것 같은데, 그렇지 않은 사례가 속속 나오고 있습니다. 큰 조직과 거대 자본을 가지고도 대기업은 못했는데, 스타트업은 왜 가능할까요? 늘 그게 궁금해서 주변 분들과도 많은 이야기를 나눴습니다. 스타트업과 대기업 골고루요. 결론은 '조직과 사람'에서 오는 문제였습니다. 다들 알고 있는 진짜 이유지만 말하지 않는 그 이유들입니다. 세 가지로 정리해봤습니다.

대기업의 CEO는 단기성과에 집착한다

연말이면 여러 대기업의 인사이동 뉴스가 신문을 장식하죠. 'OO그룹 아무개 사장이 연임이 될 것 같네', '경쟁사 OO그룹은 이번에 다 물갈이를 했네'와 같은 뉴스입니다. 이런 기사가 뜨면 직원들은 귀신처럼 알고 카톡으로 공유합니다. 현 사장이 유임했을 때, 바뀔 때에 대해 각자의 손익을 계산하기 바쁩니다. 사장이 바뀌면, 임원도 바뀌고 조직도 바뀌죠. 늘 있지만 늘 혼란스러운, 요즘말로 혼돈의 카오스가 열리게 됩니다.

직원 입장도 이런데, 새로 자리에 앉은 분 또한 고민은 많습니다. 천신만고 끝에 겨우 이 자리까지 왔습니다. 어찌 보면 월급쟁이로서 정점입니다. 지나온 나날들이 떠오르며 눈물이 앞을 가립니다만, 한편으로는 전임자가 그랬듯 자신도 길어야 몇 년쯤 있을 수 있겠다는 예상을 합니다. 천년만년 이 회사가 내 회사라는 생각을 하는 신임대표가 몇이나 될까요? 자신을 낙점해준 사람들을 실망시키지 않으려면 짧은 임기 안에 뭐든 보여줘야 한다는 압박이 생깁니다.

10년, 20년 앞을 내다보는 거대한 투자가 필요한 건 잘 알지만 그때

나올 성과는 그때 대표이사를 하는 분의 것이지 내 것이 아닙니다. 자신이 있는 동안 성과가 나지 않으면 연임은커녕 임기도 못 채울지 모릅니다. 보통 평가가 1년 단위이니 10월이나 11월에는 성과가 나도록 인사이동이나 조직개편도 단기적인 목표 위주로 잡게 됩니다. 10년 후 조 단위 사업보다는 1년 후 1억 원을 버는 사업이 더 매력적으로 보일 수밖에 없습니다.

쿠팡이 지금의 자리에 오기까지 적자로 몇 년을 버텼던가요. 카카오톡이 초기 서버비도 없어서 고생했다는 이야기는 업계에 유명합니다. 대기업이었다면 1~2년 안에 접었을 거란 말이 이래서 나오죠. 그들이 사업을 했다면 로켓배송비 건당 5000원, 카카오톡 월정액제 등 단기적으로 돈을 벌 수 있는 모델에 집착했을 수도 있습니다.

복잡한 의사결정 구조가 다른 부작용을 부른다

애자일Agile, 린Lean, MVP(Minimum Viable Product) 등등 유명한 단어들입니다. 하나같이 빠른 실행을 강조하는 말이죠. 무슨 이야기를 하는지 바로 아실 겁니다. 대기업에서는 참 찾기 어려운 말인데요. 대기업은 돈과 인력, 사업에 필요한 가장 중요한 두 가지를 충분히 가지고 있음에도 빠른 실행을 못하는 것이 저는 늘 의아했습니다.

회사생활을 오랫동안 하며, 주변의 많은 대기업 업무방식을 보고서야 알았습니다. 복잡한 의사결정 구조가 문제인 줄 알았는데, 사실은 그 이상의 문제가 있었습니다. 만약 이런 회사가 있다면 어떨 것 같은가요? 다음의 조직도를 보시죠. 네, 생각나는 대로 막 넣어본 겁니다만, 저커버그 과장

이 신사업을 기안해서 상신한 후 일어날 일을 생각해볼까요? 일단 엄청나게 치열한 토론이 이어질 것입니다. 실무자부터 이사회 멤버까지 모두 해당 분야 전문가이며 시대의 트렌드를 꿰고 있죠. 저커버그 과장이 설계한 것이 중형차 정도였다면 이사회를 통과할 때면 여러 아이디어가 추가되며 포르쉐가 되어 있을 수 있습니다. 포르쉐를 만들라면서 수많은 지원도 받을 수 있겠죠.

그러나 슬프게도 현실세계에선 결재선상의 이해도가 모두 다릅니다. 사업, 시장, 트렌드를 다 잘 알고 해도 될까 말까 한 게 사업인데요. 의사를 결정하는 사람들의 이해 수준이 다들 다릅니다. 그래서 윗선을 학습시키는

데 아까운 시간을 쓰게 되고 결재선의 정치와 보신주의가 양념으로 들어가면 원래 만들려던 중형차는 자전거가 되고 말죠. 결재라인에 사람이 많은 것도 문제지만 그들 개개인의 이익을 따지기 시작하면 그야말로 배는 산으로 가게 됩니다.

모두가 한마음 한뜻으로 회사만을 생각한다면 문제가 없겠지만 대기업에서는 회사가 잘 되는 것과 자신이 잘 되는 것이 다른 문제인 경우가 많이 있습니다. 승진 경쟁 중인 옆 부장의 사업이 더 중요하고 시장이 원하는 것이지만 옆 부장이 승진하면 내가 못하게 되는 상황이 그런 경우죠. 괜히 대기업의 사일로* 문화가 문제가 되는 게 아닙니다.

실무자 마크 과장은 의욕적으로 처음엔 시도하지만 이런 일이 계속되면 좌절하여 의지를 잃게 됩니다. 단순히 의사결정 구조가 많은 것이면 어떻게 해결해볼 수 있겠지만 고객 관점보다는 다른 관점으로 생각하는 사람들이 하나둘씩 의견을 내면서 속도가 아니라 방향이 영향을 받게 되는 것이 문제입니다.

동기부여가 안 된다

대기업에서는 스타 플레이어가 잘 나타나지 않습니다. 일을 열심히 해서 사업을 성공시켰을 때의 보상과, 평범하게 B고과 수준으로 회사생활을 했을 때의 보상 차이가 크지 않다 보니 나오는 현상입니다. 사업을 새로 일으키

* Silo, 원래는 '큰 탑 모양의 곡식 저장고'를 뜻하며, 경영학 용어로는 '조직의 부서들이 다른 부서와 소통하지 않고 내부의 이익만을 추구하는 부서끼리의 이기주의 현상'을 의미

는 직원들의 고생을 CEO가 더 보상해주려고 해도 다른 부서, 다른 직무와의 형평성 때문에 쉽지 않습니다.

대기업이 대기업인 이유는 단단하고 확실한 BM을 오랜 시간에 걸쳐 운영하고 있고 여기서 큰 현금흐름을 창출하고 있기 때문입니다. 필연적으로, 기업 임직원의 상당수가 현 BM을 운영하는데 투입될 수밖에 없고 이 와중에 새로운 사업을 일으켰다고 특별 보상을 주면 전체 사기에 영향을 줄 수밖에 없습니다.

한편, 최근 미디어에서는 매일 날카로운 아이디어와 실행력으로 승승장구하는 스타트업이 소개되니 신규 아이템 발굴을 수행 중인 대기업 직원 입장에서는 그야말로 현타가 오게 되죠. 대기업에 들어간 직원들은 나름의 뛰어난 인재들입니다. 전후상황을 빠르게 파악하고 결국 양자택일을 하게 됩니다. 창업 또는 스타트업에 합류해서 열정을 불사르는 길을 가거나 대기업 속에 철저하게 녹아 직원의 길을 가는 것이죠. 대부분은 안정성 때문에 후자를 택하게 되는데요. 역설적으로 후자를 택한 이유가 안정성이기 때문에, 신사업 추진 부서에 있는데도 새로운 사업을 벌이지 않으려는 경향을 보이게 됩니다. 무슨 사업을 봐도 '안되는 이유 100가지'가 먼저 보이고, 윗사람이 사업 아이템을 지시하면 어떻게 하면 사업이 될까 생각하기보단 연말까지 어떻게 버티고 인사이동 때 도망갈까를 고민합니다. 사업이 성공했을 때 얻는 것은 적고 실패했을 때 리스크는 크니 중간이 최고인 거죠.

세상은 하루가 다르게 변하며 ChatGPT니 메타버스니 새로운 비즈니스 아이템들이 쏟아지지만 결국 사람이 안 움직이면 아무것도 되지 않습니다.

그래서 대기업은 어떻게 하면 될까

대기업이 스타트업을 이길 수 없는 이유, 세 가지는 조직과 사람에 한정된 관점일 뿐이고 그 외에도 무수히 많은 이유가 있습니다. 이렇게만 쓰면 대기업은 무능하고 굼뜬 것처럼 보이지만 결코 간과해선 안 되는 것이 있습니다.

대기업을 이긴 스타트업은 모든 면에서 참신하고 효율적이며 훌륭해 보이지만 그 기업의 성공 아래에는 수많은 동종 스타트업들의 실패가 있다는 것이죠. 아주 뛰어난 스타트업에게는 대기업이 밀리는 것처럼 보이지만 여전히 대기업은 대기업입니다. 맷집이 있고 한방이 있습니다.

그래서, 대기업은 어떻게 하면 좋을까요?

대기업도 큰 몸집의 한계를 점점 느끼고 있기 때문에 사내벤처, 지분투자, 인수합병 등을 시도하고 있습니다. 긍정적인 방향입니다. 저는 사내벤처 모델이 좀 더 다변화할 것으로 생각하는데요. 안정성이 받쳐주는 가운데 스타트업 형태로 일하게 해주면 대기업 직원들이라도 좋은 퍼포먼스가 나오는 사례가 앞으로 계속 나올 것으로 보입니다. 카카오뱅크에 파견 나온 KB금융그룹 직원들이 모두 돌아가지 않은 사례가 유사하다고 하겠는데요. 원대복귀라는 옵션을 받고 신생기업으로 오면 안정성이 담보되기에 대담하게 일을 해볼 수 있고 이후 자신의 행보를 결정할 수 있습니다. 스타트업이나 창업에 대한 아쉬움이 있는 현 직장인들에게 좋은 대안이라고 생각됩니다.

지금까지는 디지털 트랜스포메이션*이라는 거대한 파도 앞에서 대기업이 밀리는 모양새였습니다만, 차츰 방법을 찾아나갈 것으로 보입니다. 그

사이에서 개인들도 적합한 답을 찾아나갈 것이고요. 어떻게 변해가는지 지켜볼 부분입니다.

~~~~~~~~~~

* Digital Transformation, 디지털 기술을 충분히 활용하여 비즈니스 전반을 빠르게 변화시키는 것
~~~~~~~~~~

Q. IT기업에 입사한 지 3개월 차입니다. 모바일 신사업을 기획하고 싶은데, 어떤 것들을 참고해야 할까요?

저는 직장생활 내내 신사업개발 업무를 해왔습니다. 그 덕에 유관 스타트업이 일하는 것을 옆에서 보면서 대기업이 어떻게 일하는지도 같이 볼 수 있었는데요, 각자 장단점이 있었고 '누가 옳다, 그르다'를 말하기는 어려웠죠. 가령 대규모 장치시설이 수반되는 신규사업 기획은 아무래도 대기업의 방법론이 더 맞았고, B2C 소매에서 게릴라성 사업 추진이 필요한 경우는 스타트업의 방식이 더 맞았습니다. 그런데 시간이 흐르면서 모바일 시대가 도래하자 이 균형이 무너지기 시작했습니다.

여러분은 기존 대기업이 추진한 모바일 신사업 중 성공한 것이 머릿속에 바로 떠오르나요? 유니콘, 데카콘 등 희한한 성공 수식어가 난무하는 요즘 세상에 국내 대기업이 직접 나서서 엄청난 것을 이뤄낸 케이스는 잘 보이지 않습니다. 왜 그런지에 대해서는 밤새도록 설명할 수 있는데요. 원인에 대한 분석보다는, 그래서 어떻게 하면 좋을지를 이야기해보고 싶었습니다. 제가 생각하는 대기업이 신사업을 기획할 때 참고할 세 가지를 말씀드리고자 합니다.

적자에도 버틸 수 있는 지속성을 가져야 한다

제목만 보고도 대부분 고개를 끄덕이실 것입니다. 이전 글에서도 다루었지만, 대기업은 주기적인 경영진 교체와 인사이동으로 사업을 진득하게 밀고 나가기 어렵습니다. 새 CEO가 오면 전임 CEO의 업적을 냉정하게 평가 후 중단시키고 자신의 치적에 집중하는 경우가 많죠. 이 현상이 반복되면 임직원들도 이른바 '해서 뭐해' 병에 걸리게 됩니다.

이런 조직 구조임에도 그동안 대기업들이 신사업을 해올 수 있었던 건 '거대한 초기투자+단기간의 운영'으로 매출과 고객 확보가 되는 비즈니스가 대다수였기 때문입니다. 오프라인을 기반으로 한 거의 모든 사업이 여기서 벗어나지 않죠. 그런데 PC와 모바일시대가 되며, 기존 오프라인에서 이루어지던 많은 서비스들이 모두 무료로 제공되기 시작했습니다. 무료 기반에서 서비스를 운영하고 홍보하며, 규모를 키운 후 BM을 확보하는 거죠. 우리가 아는 거의 모든 인터넷과 모바일 서비스들이 여기에 속합니다. 상황이 이러니 기업에게 요구되는 새로운 역량으로 '버티기'가 추가되었는데요. 이는 기존의 대기업 구조로는 받아들이기 어려웠습니다. 주주들의 서슬 퍼런 시선을 등에 업고 단기에 성과를 내야 하는 경영진 입장에서 '버티기'는 유도나 씨름에서 나올 용어일 뿐이죠. 여기까지가 90년대 후반부터 지금까지 흐름이었습니다. 모든 산업영역에서 모바일 기반 전투가 한창인 요즘은 이 흐름은 더 심해졌죠.

'출혈서비스 제공 → 이에 기반한 트래픽 확보 → 추가투자(무한대) → BM 운영'으로 이어지는 모바일 사업 성공 방정식에 따르면 누구든 버텨야만 기회가 옵니다. 조직에서 이게 가능하도록 하는 것은 물론 어렵습니다만 현 시점에 필수역량임을 인정해야 합니다.

플랫폼을 꿈꾸지 않고 작은 성공부터 시작해야

대기업의 사업계획서를 보면 다양한 의미로 엄청납니다. 오와 열을 딱딱 맞춘 컨설팅사 뺨치는 각 잡힌 파워포인트가 일단 기선을 제압하고 국내뿐 아니라 해외의 별별 사례까지 다 조사한 풍부한 구성, 그리고 결정적으로 이미 사업을 다 해본 것 같은 예상 재무재표와 미래계획까지 다 읽고 나면 이미 이 사업으로 세계를 정복한 착각이 듭니다. 원래 사업계획서라는 게 어른이들에게 꿈과 희망을 담아 배포하는 거라서 어느 정도 그러려니 하며 이해하고 봐야 합니다. 하지만 대기업이 주의해야 할 포인트가 있는데요.

자꾸 플랫폼이란 단어를 남용하면 안 된다는 것입니다. 대기업들은 이미 기존의 사업 분야에서 최고가 된 경험이 있습니다. 문제는 그 덕에, 사업을 확장하거나 새로운 분야로 진출할 때도 쉽게 영향력을 확장할 수 있다고 맹신합니다. 물론 초대형 그룹들의 문어발 확장이라는 훌륭한 예시가 있습니다만 삼성의 자동차 사업처럼 이들도 다 성공한 건 아니었죠. 저는 이 과도한 자신감이 플랫폼이라는 단어에 녹아 있다고 봅니다. 모바일 사업은 고객 확보와 이탈이 오프라인과 비교할 수 없이 빠릅니다. 꾸준히 MAU를 올려가며 성장하는 듯 보여도 플랫폼이 되는 것은 아주 먼, 어쩌면 불가능한 이야기일 수 있습니다. 고객에게는 늘 대안이 넘쳐나는 것이 모바일 비스니스이기 때문입니다.

그러니 사업계획서에 'Y+3년 차'에 플랫폼이 된다고 쓰기보단 아주 '작은 성공'을 만들고 이를 키워나가는 계획이 훨씬 현실적입니다. 대기업에서 '작은 성공'을 찾아보기 힘든 이유는 많은 사업부끼리 치열한 경쟁이 계속되다 보니 내 '회사'가 잘되는 것보다, 내 부서가 잘되는 게 중요한 구조이기 때문입니다. 경영진에게 하나라도 더 어필해야 하는 상황에서 작은 성공을 논하기는 쉽지 않습니다. 하지만 대기업도 작은 계단부터 새로 올라야 하는 영역임을 알아야 합니다.

임원의 폰은 늘 저사양으로

한참 기업문화와 사업영역에 대해 이야기하다가 뜬금없이 무슨 소리인가 싶겠지만, 저는 진지하게 말씀드리는 겁니다. 스마트폰 시장도 우리 서민들의 삶만큼이나 양극화되어버렸죠. 200만 원에 육박하는 폴더블 폰이 있는가 하면 몇 만 원 하지 않는 버스폰, 공짜폰도 같이 팔리고 있습니다. 대부분의 회사, 특히 대기업일수록 임원복지 중 통신기기 및 통신비 지원항목이 있습니다. 대부분 고가의 무제한 요금제를 이용하고(회삿돈이니) 기기 역시 당대 최고 사양으로 갖고 다니죠(역시 회삿돈이니).

사실 회사의 중요한 의사결정을 하는 임원인데 그게 뭐가 문제겠습니까. 저도 곁에서 보며 부럽지만 그동안 그러려니 해왔는데요. 예전에 뵈었던 CEO 덕분에 자그마한 깨달음을 얻었습니다. 어렵사리 자리가 되어서 저녁식사를 하며 이런저런 말씀을 듣고 있다가 대표님의 폰을 보게 되었는데 제가 부모님께 해드렸던 공짜폰과 같은 기종이었습니다. 아니 그래도 규모 있는 회사의 대표님이신데 무슨 이유일까 궁금해서 술김에 슬쩍 여쭤봤습니다. 대표님은 살짝 웃으시며 말씀하셨습니다.

"사실 좋은 폰 받아봐야 내 나이 되어서는 이용하는 기능이 큰 차이가 없다네. 그리고, 이놈(공짜폰)을 쓰다 보니 느끼는 게 있는데 말이야. 좋은 폰으로는 우리 회사 앱과 서비스가 어떤 문제가 있는지 잘 안 보여. 안 좋은 폰으로 써봐야 확 느껴지더구만."

생각지도 못한 부분을 말씀하셔서 어안이 벙벙했습니다. 의외의 날카로움에 한 방 맞은 느낌도 들었고요. 이 대표님이 오신 뒤 그 회사의 앱 개발부서에서 이른바 곡소리가 났었던 건 유명한 일화였는데요. 고사양폰에서는 크지 않게 느껴지던 앱 사용 시 속도 저하는 저사양폰에서는 차원이 다른 문제였던 거죠. 좋은 폰과 공짜폰의 성능 차이를 알고 계셨던 대표님은 자사 앱이 사양이 낮은 폰에서도 원활히 사용될 수 있도록 계속 요구하셨습니다.

경영진이 사용자 관점에서 사업을 바라보는 건 매우 중요합니다. 규모가 작은 회사라면 자연스럽게 이게 가능하나 대기업일수록 경영진은 Mass 고객과는 거리가 생기게 되죠. 경영진이 저사양의 보급기를 쓰는 것은 그래서 꽤 효과가 있습니다.

모바일 비즈니스는 여러 면에서 어렵다

어영부영 회사를 십수 년 다니며, 다양한 사업을 기획하고 실행해봤습니다. 크게는 도시광산 사업부터, 태양광전지, 소셜커머스, 온라인 PG, 각종 정부사업 등등 업종과 규모도 다양했는데요. 2010년 전후로 모바일 신사업을 추진하면서는 사업을 해나가는 난이도가 더 높아졌음을 느낍니다. 언론에서야 매일 '누가 투자를 받았네', '어디가 벌써 시리즈C'라는 등의 기사가 쏟아지지만 그 아래에는 수없이 무너진 회사들이 스포트라이트를 받지 못한

체 조용히 사라져가고 있죠. 모바일 비즈니스는 앞서 말한 것처럼 집객도 쉽지만 이탈도 빠르고 대체제가 넘쳐나기에 기존 사업과 여러 부분에서 큰 차이가 있습니다.

몸집이 큰 대기업일수록 기존에 해오던 방식에 익숙해서 새로운 전장에 적응하기 어려울 수 있습니다. 이 글이 사업을 고민할 때 조금이나마 도움이 되었으면 좋겠습니다.

Q. 왜 금융권 IT는 빅테크에 미치지 못할까요?

평소와 다름없이 주요 핀테크, 금융 뉴스를 클릭하다가 흥미로운 기사를 발견했습니다. 2022년 6월 10일 자 기사인데요. 국내 금융권 IT 인력이 9.6퍼센트에 불과하다는 타이틀의 기사입니다. 강민국 의원실에서 금융감독원에 요청하여 받은 자료로, 2022년 3월 말 기준 금융권 전체 7만 1195명의 인력 중 IT 인력은 6809명으로 9.6퍼센트 수준밖에 안 된다는 것이었습니다. 빅테크 3사(토스, 카카오페이, 네이버파이낸셜)의 IT 인력 비중은 50.4퍼센트, 인터넷은행(카카오뱅크, 토스뱅크, 케이뱅크)은 42.8퍼센트, 시중은행은 7.7퍼센트, 증권사는 5.7퍼센트에 불과하다는 내용입니다.(B)

금융권이 사실 IT 인력이 부족해서 문제라는 기사는 어제오늘 이야기가 아니죠. 금융만 그런 게 아니라 산업 전반에 IT 인력 수요에 대한 이야기가 나오는 것도 현실이기에 이런 기사들이 새로울 건 없습니다. 그리고 전국에 수많은 오프라인 지점을 운영하고 있는 기존 금융권 입장에서는 전체 인원 중 IT 인원 비중을 따지는 방식이 좀 억울하기도 하죠. 전 국민이 모두 스마트폰을 들고 다니는 이 시대에도 심심치 않게 공중전화를 발견할 수 있는데요. 이는 국가에서 보편적 역무라는 이름으로 kt가 공중전화를 운영하게 하고 이로 인한 손실을 여러 통신사업자와 나누게 하고 있기 때문입니다. 스마트폰을 구하지 못하는 국민도 통신서비스를 받을 수 있어야 한다는 취지인 거죠. 금융서비스도 마찬가지로 오프라인 점포가 너무 빠르게 사라지면 디지털 취약계층에게 금융서비스를 제공하기 어려워집니다. 그렇지만 IT의 발달, 인구감소로 인해 점포를 줄일 수밖에 없죠. 때문에 은행연합회는 자율규제 성격으로 '은행권 점포폐쇄 공동절차'를 만들어 운영하고 있습니다. 이러니 빅테크와 기존 금융권의 단순비교는 무리가 있습니다.

그러나 기사에서 주장하는 것처럼, 금융권 IT가 빅테크를 따라가지 못하고 있는 것도 현실입니다. 저는 금융권과 핀테크 양쪽과 일을 많이 하는 터라 왜 그런지 체감하는 바가 큰데요. 그럼 왜 금융권의 IT 역량은 빅테크에 미치지 못하는지 살펴보겠습니다.

IT 이해도가 낮은 경영진

일단 1차적인 책임은 경영진에 있습니다. 모바일 세상이 왔고, 앱 Biz 중요성이 날로 커지고 있더라도 금융사의 경영진은 30년 전이나 지금이나 이미지와 역할이 비슷합니다.

금융은 전문적인 영역이고, 오랜 업력이 필요한 게 맞습니다. 그러나 모바일이나 IT에 대해서는 여전히 많은 금융 임원들은 비용 관점, 그리고 단순 채널로 치부하고 있는 게 현실입니다. 역지사지해보면 이해가 가는 부분도 있습니다. 모바일이 커버하기 어려운 기업금융의 규모가 훨씬 더 큰 점, 관련 법령에 따라 시장 판도 전체가 확확 변하는 점 등 금융사 수뇌부에서는 고민해야 할 큰 이슈들이 많습니다. 저나 독자에게는 크게 보이는 문제점이, 이 분들 입장에서는 One of Them이 되는 거죠.

그리고 그들 중 IT를 생활화한 사람이 잘 없습니다. 제가 본 많은 금융사 임원들은 직접 송금을 하거나 온라인 상거래를 할 일이 별로 없는 사람들이었습니다. 고위직일수록 더 했죠. 연애를 책으로 배우면 실전에서 잘

송금

간편하고 안전하게 수수료는 평생 무료로, 이런 송금 써보셨나요?

평생 무료 송금

토스 평생 무료송금으로 모두의 금융에 자유를

누구에게 보내든 은행 상관 없이,
이제 토스와 함께 수수료 걱정 없이 송금하세요.

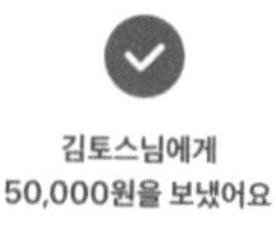

수수료는 토스가 냈어요!

토스의 송금 경험과 은행 앱의 송금 경험은 분명 다르지만 보고서상에서는 다 같은 게 되어 버린다. 출처: 토스 홈페이지

될 확률이 높아지지 않겠죠. 핀테크와 IT를 보고서로 배우는 것도 마찬가지입니다. 특히 보고서에서는 앱 완성도 같은 것은 절대로 드러나지 않죠. 빅테크 앱이 매끄럽게 송금 기능을 구현해서 몇 초 안에 끝낼 수 있는 반면, 금융권 앱은 송금 한 번 할 때 수십 초가 걸리고, 수많은 버튼을 눌러야 하는 게 현실입니다. 하지만 보고서 상에서는 'OO 앱과 동일한 송금 기능 완벽 구현'으로 기재되고 끝입니다. 송금을 구현하긴 했으니, 틀린 보고는 아니죠. 의사결정자부터 앞장서서 써보고, 타 서비스와 비교해가며 결정해야 하는데 실제로 그렇게 하는 경우를 거의 못 봤습니다.

'운영'에 최적화된 조직

금융은 사고가 터지면 안됩니다. 그게 상품 관련 사고이건, 횡령 같은 내부통제 이슈이건, 또는 전산장애이건 사회 전반에 큰 영향을 주죠. 사기업 중에 사건사고가 터졌을 때 9시 뉴스에 이렇게 자주 나오는 업권은 몇 없습니다. 그래서 금융권에는 법과 제도적으로 수많은 안전장치가 존재합니다. 금융위원회와 금융감독원이 늘 주시하고 있고, 업권별로 다양한 내부통제 시스템이 적용되어 있습니다. 금융권의 서비스는 혁신보다는 운영 안정성이 훨씬 중요합니다. 은행 앱에 새로운 기능이 추가되어 고객이 잘 사용하는 것도 중요하지만 기능 추가 과정에 장애가 생기면 그게 훨씬 큰 문제인 거죠. 최대한 보수적으로 '운영'에 집중할 수밖에 없습니다.

운영을 잘하는 건 중요하고 좋은 일이지만 이렇게 몇 년, 몇십 년이 흐르다 보면 조직 전체가 보신주의로 흐르게 됩니다. 딱 정해진 자신의 업무만 문제없이 하려 하고 회사에 도움이 되는 프로젝트더라도 본인에게도 리스크가 생기는 개발은 안 하게 되는 거죠.

고착화된 외주 개발 문화

빅테크는 개발 역량을 매우 중시합니다. 가능하면 내부 인력으로 개발해서 내재화하는 걸 매우 중요하게 여깁니다. 사실 그래서 '테크' 회사인 것이죠. 직접 내부에서 개발을 해야 문제가 생겼을 때 빠르게 수정할 수 있고, 개발 역량을 인정받아 기업가치를 평가받을 때도 유리합니다.

반면 금융사들은 어떨까요? 최근은 많이 달라지고 있다고는 하나, 개발인력을 내부에 두고 역량을 내재화하기보다는 외주로 돌리는 경우가 많습니다. A 금융그룹 산하 B은행이 있고 이들이 앱 개발을 한다고 하면 그룹 내 C 정보시스템 등 IT 자회사를 통해 진행하거나 외부 경쟁입찰을 합니다. C 정보시스템도 또 외주를 줘서 갑-을-병-정의 구조로 진행하기도 하죠.

앱 개발을 발주하는 B은행도 IT 인력이 있습니다만, 직접 코딩을 하는 개발자는 거의 없습니다. 조직이 IT 투자를 하지 않으며, 개발인력을 비용으로 보기 때문인데요. 외주를 진행하다 보면 앱 완성도는 좋아질 수가 없습니다. 애초에 정해진 예산 안에서 경쟁입찰을 하니 프로젝트를 수주하기 위해 품질보다는 가격을 맞출 수밖에 없기 때문입니다. 또 납기일은 맞춰야 하고요.

제가 본 어떤 금융사는 앱 개발뿐 아니라 관리도 장기 계약을 맺고 진행하고 있었는데요. 각 사업부서의 앱 업데이트 요구나 개선 요구가 있을 때마다 앱 관리부서가 수합 후 외주업체에 개발을 지시하는 식이었습니다. 자기 일처럼 해도 좋아질까 말까 한 것이 앱 완성도입니다. 그런데 연간 계약으로 돈을 받고 개발을 하는 외주업체가 하는 업데이트의 완성도가 과연 좋을까요?

정말 열심히 하는 외주업체도 있을 테니 제가 본 사례 또한 일부겠지만, 저는 외주 개발이 금융사 IT 경쟁력에 큰 도움이 되지 못한다는 생각입니다.

금융권의 반격을 기대하며

모바일 비즈니스는 기존 금융업과 여러 모로 다릅니다. 기존 금융은 은행을 비롯한 금융권이 고유의 영역을 확보하고 점유율 경쟁을 하고 있지만 모바일은 승자독식이 일어나기 훨씬 쉬운 구조입니다. 금융 앱 속에서 고객이 느낄 수 있는 차별점은 적은 반면, 금융 앱을 바꿔서 느끼는 전환 피로도는 크기 때문입니다.

금융권도 사태의 심각성(?)을 깨닫고 IT 인력과 인프라 확충을 서두르고 있습니다만 이미 높아질 대로 높아진 고객의 눈높이를 맞추기에는 턱없이 부족해 보입니다. 고객 입장에서 경쟁은 늘 좋은 것이니, 금융권의 반격을 기대해봅니다.

Q. 핀테크 스타트업에 취업 준비 중인 금융권 경력직입니다. 회사 사람들과 잘 어울리기 위한 포인트 세 가지만 짚어주세요.

저는 소싯적 일본영화 〈비밀〉을 본 후 히로스에 료코 팬이 되었습니다. 요즘 말로 입덕인데요. 이후 료코가 나오는 드라마는 다 챙겨보는 덕심을 발휘했습니다. 오래된 드라마지만 〈립스틱〉(1999, 후지TV)이나 〈섬머스노우〉 (2000, TBS)는 지금 봐도 명작이니 추천합니다(얼마든지 추천 드라마를 더 쓸 수 있지만 핀테크 책이니 자제합니다). 한 2005년까지는 열심히 영화며 드라마를 챙겨봤지만 덕심은 덕심이고 결국 목구멍이 포도청이라, 토익이다 취업 준비다 하면서 저도 점차 현실세계의 아재가 되어갔습니다.

그러다가 최근 왓챠에서 〈유니콘을 타고〉라는 일본 드라마를 봤는데 거기서 료코가 나오는 것을 발견했습니다. 한국 드라마 볼 시간도 없는데 무슨 일드냐 싶었지만, 그래도 과거 최애가 나온다 하니 어쩔 수 없이 정주행을 하게 되었습니다. 큰 기대는 없었습니다. 뭐 남주 두 명, 여주 두 명이 나와서 열심히 연애를 하다 보니 사업도 잘 되는 그런 K드라마의 패턴을 따라가지 않을까 하고 봤거든요.

그런데 좀 다른 점이 있었습니다. 스타트업에 신입으로 들어온 남자 주인공이 74년생, 곧 50세의 아저씨였거든요. 요즘 핫한 메타버스 기반의 에듀테크EduTech 스타트업에 말이죠. 료코 보려고 시작한 드라마였는데, 이것 때문에 흥미를 가지고 보게 되었습니다.

드라마 자체는 막 재미있어서 강추할 그런 드라마는 아닙니다. 평범

일본 드라마 〈유니콘을 타고〉공식 포스터. 맨 우측이 주인공인 40대 후반의 스타트업 신입사원.
출처: TBS

한 스타트업 이야기이거든요. 에듀테크 스타트업을 만든 여주인공(서른 살의 CEO)이 신규 채용을 하는데 이때 40대가 지원하며 벌어지는 이야기입니다. 일본 드라마 특유의 '억지 감동 자아내기'를 별로 좋아하지 않는 저는 답답하고 보기 싫은 면도 있었습니다만, 해당 업계와 IT에 문외한인 40대 후반의 남성이 스타트업 분위기에 녹아드는 과정이 재미있었습니다. 저도 40대라서 더 관심이 가기도 했고요.

무엇보다, IT/스타트업 업계에도 많은 시니어들이 계시지만 사실 아예 백지상태로 스타트업에 뛰어드는 시니어를 저는 한 번도 못 봤기 때문에 흥미로웠습니다. 보통 30대 후반만 되어도 스타트업에 가면 시니어니 C level

이니 소리를 듣는 걸 봤습니다. 그래서 백지상태는커녕 IT와 관련 분야에 해박한 사람들이 뛰어드는 게 일반적이라고 생각했거든요. 여러분도 주변의 시니어를 떠올려보기 바랍니다. 아마도 한 분야에서 많은 경험을 하고, 후배들을 리드하는 모습을 더 자주 봤을 것입니다. 드라마의 대략의 줄거리는 다음과 같습니다.

> 세상 사람 누구나 평등하게 온라인에서 무료로 배울 수 있기를 바라는 나루카와 사나(여주인공)는 개발자 동료 세 명과 '드림포니'라는 스타트업을 창업하고 초기 투자까지 받는다. 투자사의 스케일업 요구에 주인공은 인원을 충원하기로 결정한다. 지방은행의 지점장으로 지내다가 부하직원이 억울하게 희생될 상황에 처하자 대신 사표를 낸 코토리 사토시(남주인공). 돈이 필요해 은행에 입사했지만 원래 꿈은 교사였던 그는, 용기를 내어 교육 스타트업에 도전한다. 스타트업 문화를 전혀 모르는 코토리는 면접에서 떨어지지만, 이후 도서관에서 관련 내용을 묵묵히 공부하는 모습을 본 사나에 의해 채용되고, 이를 계기로 사토시는 문화와 연령대가 전혀 다른 스타트업에서 일하게 된다.

스포가 되니 상세히 말씀드릴 수는 없지만, 스타트업에서 일어날 법한 여러 가지 일들이 그려집니다. 아이디어가 경쟁사로 흘러 들어가고, 핵심인력이 유출되고, 투자를 빌미로 여주에게 성희롱을 하는 투자자도 있고, 그러던 와중에 M&A도 이야기 되는 등 K드라마처럼 냉탕과 열탕을 오가는 다이

정장 차림으로 면접을 보러온 주인공. 드라마 내내 이 복장을 유지한다.
출처: TBS

나믹함은 없지만 잔잔히 10화까지 이어지는 드라마라고 하겠습니다.

사실 스타트업에서 채용기준 0순위는 당연히 '얼마나 팀에 기여할 수 있느냐'일 것입니다. 시니어에게 회사가 기대하는 가장 큰 부분이겠죠. 그러니 열심히 하려는 열정만 보고 경력도 없는 시니어를 채용하는 여주인공 CEO의 결단은 상당히 의외입니다. 드라마에서 명확하게 R&R을 구분하는 장면은 나오지 않았지만 주인공도 은행원 출신임을 살려 우선 경리와 총무 업무부터 맡게 되는데요. 시간이 흐르며 자신보다 스무 살은 어린 동료들과 자연스럽게 어울려가게 되고, 팀원들의 신뢰를 얻게 됩니다. 당장 저에게 저런 상황에서 어떻게 할 것이냐고 묻는다면, 선뜻 대답이 안 나올 것 같았습니다만 주인공이 했던 여러 행동들은 좋은 힌트가 될 것 같습니다.

드라마에서 본받을 만한 세 가지 처세법

첫째, 예의 바르고 친절하다

남자주인공 역할을 맡은 니시지마 히데토시는 실제 71년생입니다. 이목구비가 또렷한 훈남입니다. 그런데 극 중에서는 잘생긴 것으로만 나오는 게 아닙니다. 잘 웃습니다. 늘 싱글벙글입니다. 그리고 상대방의 말을 잘 듣습니다. 나이가 어린 동료 앞에서도 항상 공손하며 주변을 잘 챙깁니다. 써놓으니 간단해 보이지만, 살다 보면 이게 참 어렵습니다. 그가 늘 웃고 있어서 일단 싱글벙글이라고 표현했지만, 좀 더 정확히 말하면 '누구든 부담없이 말을 걸 수 있는 편안함'을 가졌다고 하겠습니다.

경청 또한 매우 중요합니다. 우리나라를 비롯한 유교문화권은 모두 나이에 따른 권위의식이 있는 편이죠. 그래서 시니어 레벨로 갈수록 타인의 말을 잘 듣기보다 자꾸 말수만 늘게 됩니다. 남의 말을 끊고 말하는 경우도 많죠. 반면 주인공은 드라마 내내 상대방의 말이 끝나길 기다리고 발언권을 얻어 말하는 모습을 보여줍니다. 저는 실은 여기서 꽤 큰 위화감을 느꼈습니다. 일본의 낡은 비즈니스 문화 때문이 아닌가 생각도 했고요. 하지만 이런 모습 덕에 주변 동료들이 더 마음을 열게 됩니다.

주변을 잘 챙기는 것도 중요합니다. 드라마에서 한 동료가 내부정보를 빼돌린 것으로 의심을 받자 퇴사하는 에피소드가 나옵니다. 여주인공은 조직을 추스리고자 워크샵을 제의하고 다 같이 떠나게 되는데요. 여행지에서 모두가 기념품을 살 때, 남자주인공은 퇴사한 동료가 돌아오면 주려고 하나를 더 사둡니다. 이후 오해를 풀고 동료가 다시 돌아왔을 때 이 때문에 감동하게 되죠.

별 것 아닌 것이지만 작게 나마 주변에 마음을 써주는 것은 꽤 효과가 큽니다. 회사생활이 어찌 보면 참 각박하기 때문에 더 그렇죠. 이는 꼭 시니어가 아니어도 좋은 자세입니다.

둘째, 배우려고 노력하고, 나누려고 노력한다

드라마에서 코토리는 은행원으로 30년 가까이 근무한 사람이라 스타트업에 와선 신입사원 같은 모습을 보입니다. 저도 금융권에 있는 입장에서, 매우 공감이 가는 장면이었습니다. 제가 봐온 시니어 금융사 직원분들 모두 디지털 트렌스포메이션로 인해 어려움을 겪고 있었거든요. 코토리 역시 업무용 메신저 사용을 어색해 하고, 파일을 체크해달라고 하자 출력을 해서 클리어 파일에 넣어주는 등 실수를 연발합니다.

시니어 입장에서는 잘 모를 때 주변, 특히 젊은 직원에게 물어보기 어렵습니다. 나이가 많은 만큼 잘 알아야 한다는 강박도 크고요. 그러니 새로운 환경에는 가지 않으려고 보수적으로 되는 것 같기도 합니다. 주인공 코토리는 주변에도 물어보고, 퇴근 후에도 IT 용어집을 사서 공부하는 등 배우려고 노력하는 모습을 보여줍니다.

좌충우돌하는 코토리이지만 점차 팀에서 자신만의 역할을 해나갑니다. 나이 많은 투자자가 사무실을 방문하자 정장 차림으로 깍듯한 인사와 함께 차를 내온다던가, 마중까지 하는 모습을 보입니다. 일종의 의전이죠. 일본은 전통적으로 연말에 연하장을 보내는 문화가 있다고 하는데, 코토리는 회사로 온 연하장과 선물에 대해 누가 시키지 않아도 일일이 다 답신을 해줍니다. 은행원으로서 쌓은 경험을 팀에 잘 나눠주면서요.

셋째, 타인의 사생활을 궁금해하지도, 내 사생활을 공유하지도 않는다

드라마가 끝날 때까지 코토리의 개인사가 거의 나오지 않는 부분이 특이했습니다. 제가 작가라면 코토리 옛날 이야기만 해도 1화 분량은 뽑아낼 법하다 생각했거든요. 그런데 캐릭터 자체가 자기 이야기를 안 하다 보니 그리된 것이었습니다. 드라마 내내 코토리는 타인이 자신에게 물어보기 전에는 사생활을 말하지 않습니다. 시니어인 코토리 본인도 나이 어린 동료들의 사생활을 궁금해하지 않습니다. '친해지고자 하는 노력=그 집 밥숟가락 수까지 아는 것'으로 생각하는 시니어가 우리나라에는 많죠. 일하다 보면 호구조사가 계속되는 경우가 많은데, 코토리는 전혀 그런 게 없었습니다.

그러다가 다른 동료가, 코토리에게 '퇴근 후 술 한잔하자'고 하자 그제서야 자기 이야기를 하는데요. 그때도 궁금해하는 것 외에는 먼저 이야기하지 않습니다. 인생 경험을 이야기할 때도 일방적이 아니라 담담하게 이야기하는 것도 인상적이었습니다.

주변에서 '같이 일하고 싶은' 사람이 되려면

로버트 드니로와 앤 해서웨이가 주연한 영화 〈인턴〉과도 비슷해보이지만,

이 드라마는 같은 동양권 이야기이다 보니 좀 더 와 닿았습니다. 또 드라마에 무려 한국사람이 천재 해커로 등장합니다. 일본 드라마에 한국인이 비중 있게 나오는 것도 흥미로운 포인트였습니다.

이 글을 쓰기 위해 다시 한 번 코토리를 생각해보니, 이러니저러니 해도 결국 좋은 사람이 본질이 아닌가 싶습니다. 저도 자기계발서를 수십 권 읽어봤고, 심지어 자기계발서를 써본 사람입니다만 '좋은 사람'이라는 본질 앞에서는 이런저런 팁이 다 무슨 소용인가 싶거든요. 코토리는 에듀테크라는 업 자체를 좋아했고, 사람들에게도 사심 없이 순수했습니다. 에듀테크 스타트업에 온 이유가 스톡옵션 대박을 노리는 게 아니라 '교사가 되고 싶었던 꿈'을 따라온 사람이었으니 동기도 순수했죠. 드라마니까 미화된 부분도 있겠지만 이런 좋은 사람이 있다면 저도 같이 일해보고 싶습니다. 나이가 어린 취준생에게도 메시지를 주는 드라마이니 시간을 내어 꼭 봐보길 추천합니다.

Q. 금융업계 취준생입니다. 제1금융권 서비스가 핀테크보다 뒤처지는 사례가 궁금합니다.

2014년 이후 핀테크가 본격적으로 개화하기 시작했습니다. 그동안 사용하기 힘들었던 결제를 간편결제들이 나타나서 바꿔나가기 시작했고 불편했던 송금도 토스가 나타나서 바꿔주고 환전, 해외송금, 자산관리, 보험 등에서 독자들이 아는 것처럼 수많은 핀테크 기업들이 나타나서 변화를 이끌기 시작했습니다. 기존 체제에 대한 도전이니 당연히 핀테크는 공격적이었고 제1금융권은 상대적으로 수세에 몰려 방어적이 될 수밖에 없었습니다. 그렇지만 고객들의 모바일 채널 사용이 보편화되면서 금융권도 서서히 변하기 시작했죠. 파편화되어 있던 앱을 통합하고, 사용성을 개선하는 등의 노력을 기울였습니다.

그 덕에 긍정적인 평가도 늘고, 최근 《포브스 코리아Forbes Korea》가 조사한 '2022 한국인이 사랑한 모바일 앱 200'을 보면 상위권인 토스, 카카오뱅크, 카카오페이에 이어서 기존 금융권 앱들(KB국민은행 스타뱅킹, KB증권 마블, KB페이, 하나원큐, 신한플레이 등)이 자리했습니다. 하지만 금융권의 앱과 서비스를 쓰다 보면 핀테크 대비 여전히 불편한 부분이 많이 보입니다. 아마도 담당자 입장에서는 '여러 기능을 충분히 구현해둔 상태인데 왜 그러냐'고 반문할지 모르겠는데요. 구체적으로 어떤 문제들이 있는지 보고자 합니다. 모든 내용은 제가 직접 겪은 것들입니다. 사실 그동안은 늘 그러려니 하며 넘어간 것들이기도 합니다.

갈 길이 먼 금융권 앱 서비스

A은행 신용대출 연장 경험

지금으로부터 3년 전, 저는 주택구매 때문에 태어나서 처음으로 신용대출을 받았습니다. 지금도 잘 되어 있는 건 아니지만, 그때는 신용대출 비교라는 게 정말 어려웠습니다. 여러 은행을 돌아다니며 발품을 팔아야 했는데요. 시간도 없거니와, 회사 근처 은행들이라면 뭔가 회사 임직원 특판이라도 있을까 싶어 주변 은행들을 돌아다니며 물어보다가 A은행의 금리와 한도가 제일 유리하다는 판단이 들어 대출을 실행했습니다. 6개월 변동금리로, 1년 단위 연장을 해나갔는데요.

다들 마찬가지겠지만 저 역시 2022년 들어서 대출금리가 슬금슬금 오르는 것을 보며 '아, 연말에 연장할 때 청심환 좀 먹겠구나'라고 각오하고 있었습니다. 매년 1월 2일이 대출 갱신일로 한 달 전부터 갱신조건 확인이 된다고 해서 가슴 졸이고 있다가 12월 3일, 앱을 열었습니다.

A은행은 개인뱅킹 앱이 두 가지입니다. 'A은행 뱅크(이하 간편앱)'와 'A은행개인(이하 원래앱)' 둘로 나뉘어 있고 간편앱은 원래앱의 간편 버전이라고 홍보하고 있습니다. 그런데 간편앱을 열고 들어가면 본인 계좌현황 전체보기에서 대출 건까지 보이고, 아래쪽에 '대출만기연장'이라는 메뉴가 보입니다! 간편하게 될 거라고 기대했습니다. 그런데 터치해서 들어가보면 계좌가 없다고 나옵니다.

혹시나 하는 마음에 모든 기능이 다 있다고 하는 원래 앱을 켜봅니다. 다행히 여기서는 대출만기연장 메뉴가 잘 작동합니다. UI가 이상한 건 여전하지만 되는 게 어딘가 싶고, 얌전히 시키는 대로 하면 금리 좀 싸게 주지 않을까 싶어 겸손한 마음으로 열심히 따라갑니다. 그런데 하다 보니 계좌의 평균잔액이 100만 원이 넘느냐, 해당 은행의 신용카드를 쓰면 금리인하가 가능한데 할 거냐 등을 물어옵니다. 이상합니다. 작년에는 이런 옵션이 없었던 것 같은데…. 깎아준다니 이게 왠 감사한 일인가 싶어서 당연히 하겠다고 체크했습니다. 이것저것 체크하면 그래도 0.7퍼센트나 더 저렴하게 준다고 합니다!

저는 기존 대출의 연장이므로 한도는 변할 게 없고 연장여부와 금리가 중요했는데요. 바로 확인은 안 되어서 오후까지 기다리고 있으니 앱을 켜고 확인해보라는 문자가 왔습니다. 대학입시 결과를 확인하는 심정으로 금리 화면을 열었는데, 연장은 되었지만 예상대로 엄청난 금리가 나와서 당황했고요. 표시되고 있는 금리가 그냥 '변경 후 금리'로만 나오니, 당황스러웠습니다.

이 금리는 대체 우대를 받은 금리일까요, 우대받기 전 금리인 걸까요? 고객입장에서 이 화면을 보면 그걸 알 수 있을까요? 저는 한참을 고민하다가, 결국 담당자에게 전화를 걸었습니다. 담당자는 친절하고 능숙했습니다. 아마도 같은 전화를 많이 받지 않았을까 싶습니다. 금리는 우대금리 적용 후 금리라고 알려주었고 우대금리는 작년까지는 없었는데 올해 금리가 급격히 올라 고객행사 차원에서 시작한 것이며, 1월 2일 갱신이면, 12월 15일에 기준금리가 바뀔 거고 그러면 금리가 16일부터 바뀌니 그때부터 조회해보는 게 좋겠다고 안내해주더군요. 저는 정중하게 다음과 같이 의견드렸고, 담당부서에 관련 내용을 전달하겠다는 원론적인 답변을 들었습니다.

대출연장정보

상품명	대출)
대출계좌번호	3
약정금액	100,000,000 원
상환방법	만기일시
(기존)대출금리	4.52 %
(기존)대출만기일	2023-01-02
(연장후)대출금리	6.91 %
(연장후)대출만기일	2024-01-02

대출연장약정서 확인

대출연장약정서 전체보기	내용확인
은행여신거래기본약관(가계용)	내용확인
개인(신용)정보 수집이용제공조회 동의서	내용확인
개인(신용)정보수집이용제공동의서(여신금융거래설정용)	내용확인

A은행의 금리 산정 화면. 금리가 어떻게 계산되었는지는 보여주지 않는다.

> 첫째, 원래 금리 A, 우대금리 B, 그로 인한 최종금리를 구분해서 표시하면 어떨지요.
>
> 둘째, 15일 이후 금리가 바뀔 수 있으면 처음부터 문자 등으로 알려줄 때 같이 알려주면 좋지 않을까요.

길게 썼지만 사실 쉽게 끝날 수 있는 문제입니다. 고객이 대출 연장 시점에 어떤 정보를 가장 민감하게 볼까? 그리고 그 정보를 어떻게 배치하는 게 가장 눈에 잘 띌까? 이런 것을 생각해서 보여주면 되는 것인데, 왜 이게 안 되는 것인지 안타까웠습니다.

D카드사의 멀고 먼 카드해지

체리피킹에 능숙한 저는 피킹률 좋은 카드는 항상 만들어둡니다만 기억력 감퇴인지 어떤 카드를 가지고 있는지 종종 잊어버립니다. 문제는 연회비가 출금되는 것도 모르고 지나가는 참사가 간혹 생긴다는 거죠. 예전에 통신비 할인카드로 만들어둔 D사 카드가 그랬습니다.

알뜰폰 자동이체를 걸어두고 요긴하게 쓰다가, 해당 알뜰폰을 해지하며 이 카드도 해지했어야 하는데 잊어버리고 있던 거죠. 카드를 오랜 기간 안 써서 자동정지 예정 문자를 받고 그간 내역을 확인해보니 아뿔싸, 연회비는 결제된 상태였습니다. 연회비는 일할 계산되니, 지금이라도 해지하면 일부라도 돌려받을 수 있습니다. 요즘 MZ세대가 대면창구나 콜센터보다는 앱을 좋아한다고 나오던데 저는 MZ는 아니지만 앱을 더 좋아합니다. 콜센터보다는 앱이 일처리가 빠르니까요. 앱에서 꼭꼭 숨겨놓은 메뉴를 찾아 들어가서 카드해지를 하려고 하니 'D카드사에 제가 보유하고 있는 마지막 카드'이기에 무조건 콜센터 통화를 해야 한다는 안내가 떴습니다. 어쩔 수 없이 콜센터 연결을 하고, 강제로 보이는 ARS연결을 하고, 해지요청을 누르니 상담원을 기다리라고 합니다.

그런데 기다리고 기다려도 연결이 안 되더니 나중에 다시 하라고 하며 그냥 끊어집니다. 보통은 "연락주신 번호로 전화드리겠다" 정도라도 해주는데 그냥 끊어서 사실 많이 당황했습니다. 해지 메뉴를 통해 통화를 하려다 보니 해지방어 차원에서 이러는 것인가 싶었네요. 일주일간 네 번 시도했고 다섯 번째에 겨우 연결되어 해지/탈회 처리를 할 수 있었습니다. 잔여 포인트 처리 등으로 해지 시 콜센터 연결을 강제하는 건 이해할 수 있습니다만 콜센터 연결이 안될 경우 전화번호를 남길 수 있는 기능이라도 있었다면 좋았을 것입니다. 아니면 애초에 앱에서 앞으로 어떤 프로세스로 진행될 것인지 잘 안내해주었다면 더 좋았겠죠.

Z은행의 마이데이터 오류

마이데이터가 시작되면서 금융권마다 가입 경쟁이 치열했습니다. 덕분에 저도 별다방 아메리카노 쿠폰은 넉넉하게 챙길 수 있었는데요. 이중 Z은행 마이데이터를 가입하고 나서, Z은행의 계좌입출금 현황을 보다 보니 이상한 점을 발견할 수 있었습니다. 평소에 잘 쓰지 않아서 늘 잔액이 1만 원 이하였던 통장이었는데요. 입출금 내역 중 이런 부분이 있었던 거죠..

2021 / 11 / 30	출금	3,000원	잔액	1,000원	적요	인터넷뱅킹
2021 / 12 / 31	입금	16,324,111원	잔액	16,325,111원	적요	200101211231
2021 / 12 / 31	출금	16,324,111원	잔액	1,000원	적요	200101211231
2022 / 1 / 22	입금	1,000원	잔액	2,000원	적요	인터넷뱅킹

제가 모르는 입금과 출금이 기재되어 있었습니다(색 부분). 일단 금액이 커서 당황했습니다. '아니 이게 뭐지, 내가 모르는 사이에 누가 거액을 입금했다가 출금한 것 같은데… 입금이야 잘못 송금할 수도 있는데 내 동의 없이

바로 출금이 되나? 은행 직권으로 출금이 가능한 건가?'

아무리 생각을 해봐도 이해가 안가서, 다음날 Z은행 지점을 찾아가서 직원에게 물었으나 직원도 이런 경우는 처음 본다며 본사에 확인해보고 연락주겠다고 했습니다. 그리고 한참 뒤 Z은행의 마이데이터 담당자가 직접 전화를 해왔습니다. 다음은 그 내용의 요약입니다.

'마이데이터 도입 과정에서 로직이 엉켜서 통장정리처럼 되었다. 실제로 저런 입출금은 없었지만 통장 정리 프로세스가 반영이 되어서 저리 보이는 것이다. 적요 보시면 아시겠지만 그냥 통장 지난 기간 동안 입금/출금액을 다 더한 값이 보여졌다. 어찌 되었건 혼란을 드려 죄송하다.'

금융 쪽 일을 하는 저도 당황했는데 일반 고객은 오죽이나 당황했을까 싶었습니다. 워낙 종이 통장을 쓴 지 오래 되어서 저도 잊고 있었는데, 꽤 오랜 기간 종이통장 정리를 안 하다 하면 은행에서 '통장정리 생략'을 물어보는데요. 이때 생략해서 최근 것만 표기해달라고 하면 앞의 표와 같이 표기해줍니다. 종이 통장의 페이지를 아끼고자 하는 것이죠.

급박한 마이데이터 일정 속에 급히 개발하느라 힘들었겠지만 테스트할 때 고객의 입장에서 어떻게 보일지 좀 더 고민했다면 훨씬 좋지 않았을까 싶습니다.

고객 관점으로 보는 훈련이 필요

앞의 세 가지 경험담의 공통점을 뽑아보자면 다음과 같이 정리되겠습니다.

- 고객 관점으로 생각하지 않았다.
- (공급자적) 관성으로 업무를 추진했다.
- 개선에 대한 고민이 없었다.

반면 빅테크/핀테크는 완전히 반대로 했기에 최근 몇 년간 큰 발전을 했죠. 기존 금융권의 경우는 핀테크 대비 과도한 규제, 수십 년간 녹아든 보신주의, 집단주의적 보상체계 등 발전을 저해하는 요소가 쉽게 사라지기 어려운 현실입니다. 하지만 변하지 않으면 그야말로 (멸종한) 공룡이 될 운명이고 빅테크와 핀테크의 독과점보다는 경쟁이 우리 소비자에게 더 좋으니 저는 금융권의 선전을 기원하는 입장입니다. 앞서 예를 든 《포브스 코리아》의 조사처럼, 기존 금융권의 반격도 만만치 않기 때문에 향후 치열한 경쟁을 기대해봅니다.

3부

면접관이 주목할 ‘핀테크 분야별 전망’

●

이번 장은 책 전체에서 가장 신경을 많이 쓴 부분입니다. 한 문장 한 문장을 쓰면서 정말 많은 고민을 했는데요. 미래 예상은 잘하면 본전이고 못하면 그대로 그 사람의 내공이 드러나기 때문입니다. 하지만 독자들에게는 이 책에서 가장 재미있을 부분입니다.

통신과 금융을 함께 봐온 19년간의 실무 경험을 근거로, 2024년 이후의 핀테크 흐름을 예상해보고자 합니다. 현직자와 취준생 모두 새로운 인사이트를 얻으실 수 있을 것입니다.

생활금융 플랫폼

"사막 한가운데에 오아시스가 있지만 물이 너무 적은 격"

책 전반에 걸쳐 금융 플랫폼 이야기를 많이 드렸습니다. 아마도 핀테크라는 단어가 회자된 순간부터 최종목표는 종합생활금융 플랫폼으로 이야기되었던 것 같습니다. 그 정도로 종합생활금융 플랫폼은 모든 핀테크, 빅테크, 금융권이 꿈꿔온 단어입니다.

아침에 일어나서 저녁에 잘 때까지 모든 금융생활을 하나의 앱에서 끝낸다! 이 얼마나 멋진 말인가요. 웹에서는 실제로 일어났던 일입니다. 한국인의 삶 속에서 '인터넷 한다=네이버 한다'라는 의미였던 걸 생각해보면 종합금융 플랫폼도 충분히 가능할 것 같죠. 그래서 수많은 핀테크 대기업들이 마케팅비를 불태웠습니다. 제1금융권도 마찬가지입니다. 토스의 MAU는 2023년 4월 기준 2000만 명을 넘어섰고 4대 은행의 MAU는 2022년 10월 기준으로 무려 3122만 명입니다. 이 정도면 경제활동을 하는 국민들 대다수의 스마트폰에는 이 앱들이 깔려 있다고 봐야 합니다. 물론 여러분도 포함이겠죠. 그래서 여쭤보고 싶습니다.

여러분은 하나의 앱에서 모든 금융생활을 끝내고 있나요? 최소한 하루에 한 번 이상은 금융 앱이나 핀테크 앱을 들어가나요? 의외로 많은 사람이 들어갈 수도 있을 것입니다. 그렇다면 그 앱에서 새로운 상품을 가입하거나, 사업자가 돈을 벌 행동을 자주 하나요? 주식을 산다거나 외화를 송금한다거나 하는 행위 말입니다.

2014년 이후 근 10년이 되도록 금융 앱 업계는 MAU만 확보하면 돈을 벌 것이라는 믿음이 널리 퍼져 있었습니다. 회사마다 매년 KPI에 항상 앱 MAU가 포함됩니다. MAU 확보를 위해 마케팅비를 불태웁니다. 그렇게 해서 수익이 발생하긴 합니다. 모수가 커지면 0.1퍼센트만 금융상품을 사줘도 분명 수익은 발생하니까요. 또 빠르게 커가는 것처럼 보입니다. 이 전쟁에 뛰어든 모든 플레이어들이 이렇게 하고 있습니다.

하지만 고객 입장에선 어떨까요? 금융생활을 한 가지 앱에서 할 이유가 없습니다. 스타벅스 쿠폰을 많이 주는 사업자 사이를 넘나듭니다. 무조건 이 한 가지 앱에서만 된다는 킬러 콘텐츠도 없는 상황입니다. '특정 금융상품은 무조건 A금융 앱에서만 된다' 이런 게 없는 거죠. 고객은 본인에게 최선의 선택을 하면 됩니다. 반면 종합금융 플랫폼이 되고 싶은 사업자는 ① 다른 앱으로 고객이 이탈하지 않도록 마케팅비를 계속 쓰면서, ② 다른 앱에서는 찾기 힘든 킬러 콘텐츠를 개발하고, ③ 앱의 완성도도 높여야 합니다. 그렇게 많은 비용이 투입되는데, 이를 상쇄할 만한 수익모델도 찾아야 합니다. 고객의 모든 금융상품이 이 앱에서 유통되면 좋겠지만 쉽지 않습니다. 수익모델이 없는 동안은 투자로 버티는 것이고요.

이렇게 캐시버닝 여력이 충분한 소수의 금융 앱이 남아, 서로 종합금융 플랫폼이라고 주장할 것입니다. 하지만 들인 돈, 들어갈 돈에 비해 버는 돈은 턱없이 낮을 것입니다. 모두가 찾아 헤매는 오아시스를 찾아냈지만 막상 먹을 물은 거의 없었다는 엔딩이 예상됩니다. 그래서 저는 종합금융 플랫폼이라는 목표가 무섭습니다. 2022년 하반기부터 본격적으로 자금시장이 경색되면서 버티던 핀테크 기업들이 하나둘 무너지고 있습니다. 한 가지 더 안 좋은 소식이 있습니다. 플랫폼을 자꾸 접하는 고객은 플랫폼을 나쁜

출처: 토스 광고 상품소개서

방식으로 이용하는 법을 배우게 된다는 것입니다. 플랫폼은 더 많이 마케팅비를 쓰면서도 체리피커들만 양산하는 결과를 낳을 수 있습니다.

살아남는 자는 오아시스의 물을 독차지할 수 있겠지만, 물이 너무 적을 것입니다. 그래서 토스의 최근 행보는 매우 의미심장합니다. 슈퍼앱으로서 금융 영역 전반으로 문어발 확장을 해나가던 토스는 2023년 6월부터 앱에서 동영상 광고를 시작했습니다. 동영상 광고는 고객의 데이터를 소모할 뿐 아니라, 로딩 이슈로 인해 사용성을 매우 해칩니다. 그럼에도 토스는 앱 안에서 여러 가지 광고 BM을 운영하며 수익성 강화에 나섰습니다.

또한 토스는 쇼핑 기능을 대폭 강화하고 있습니다. 토스 공동구매라는 메뉴를 통해 상품을 직접 파는 쇼핑몰을 운영하고 있는데요. 12개 카테고리로 나눠 거의 모든 상품을 취급하는 중입니다. 커머스 서비스가 잘 되자 토스는 2023년 7월 임시 주주총회를 열어 통신판매중개업을 정관에 추가

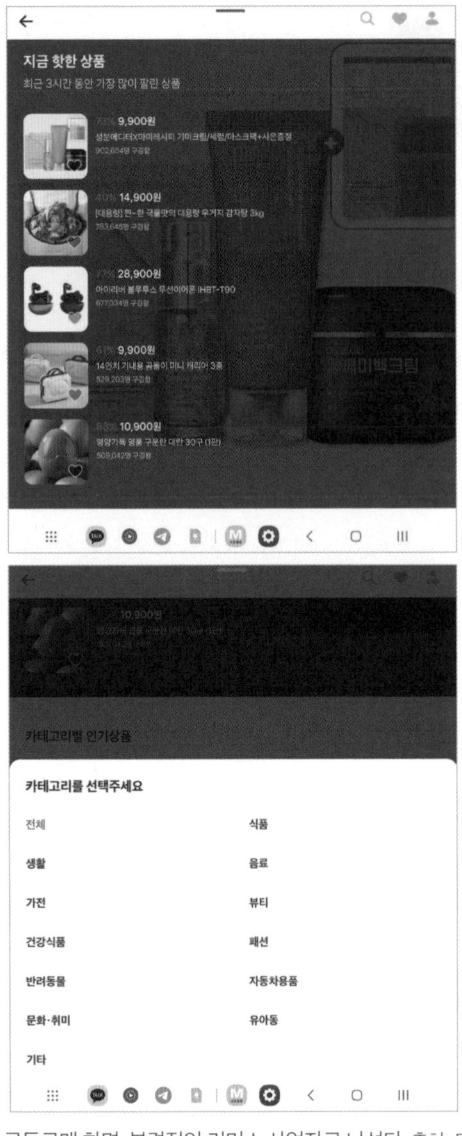

토스 공동구매 화면. 본격적인 커머스 사업자로 나섰다. 출처: 토스 앱

했습니다. 공동구매, 브랜드콘(모바일 쿠폰판매), 라이브 쇼핑과 같이 커머스 사업이 잘 되자 본격적으로 추진하겠다는 것입니다.

생활금융 플랫폼이 되고자 했던 토스가 광고와 커머스 사업에 힘을 주는 것은 시사하는 바가 큽니다. 플랫폼의 규모에 비해 금융 수익이 기대만큼 크지 않았으니 다른 수익을 추구하는 것인데요. 엄청난 고객을 모으고 이들의 DAU, MAU를 꾸준히 유지시키면서 금융 외에 다른 업종으로 확장하여 수익을 추구하는 것입니다. 생활금융 플랫폼에서, 금융을 뺀 종합생활 플랫폼이 되겠다는 것이죠.

핀테크와 금융권에서 토스를 뒤쫓는 많은 사업자들은 지금 깊이 고민해야 합니다. 토스마저 저렇게 한다는 건, 여러분이 달려가고 있는 곳에 아무것도 없다는 뜻일 수 있기 때문입니다.

인터넷전문은행

“3사의 느리지만 확실한 영토 확장이 계속될 것”

2017년 제1호 케이뱅크, 제2호 카카오뱅크에 이어 2021년 제3호 토스뱅크 오픈 후, 3사는 지금까지 주목받고 있습니다. 기존 은행권과 대비되면서 화제의 중심에 서 있는데요. 등장한지 6년이 되어가지만 초반에 기대했던 메기효과는 없었던 것 아니냐는 비판도 많습니다. 중저신용자를 위해 노력하겠다고 했지만 실상은 고신용자에게 안전한 대출만 해온 것 아니냐, 혁신적인 금융상품이 나온 게 무엇이냐 등의 비판입니다.

틀린 지적은 아니지만 인터넷전문은행도 억울한 면이 있습니다. 자본금과 증자의 이슈가 있었고 완전히 새로운 은행이기에 관련 법규가 명확하지 않았던 부분도 있습니다. 가령 법인 영업에 대해서는 지금도 새롭게 정해지고 있는 부분이 많습니다.

저는 장기적인 관점에서는 인터넷전문은행의 미래를 밝게 봅니다. 인터넷전문은행의 강점을 사람들은 ‘점포가 없다’, ‘앱의 기술력이 매우 뛰어나다’ 등으로 뽑습니다. 제 생각은 조금 다릅니다. 이들의 강점은 조직문화입니다. ‘스타트업 마인드를 가진 제1금융권’입니다. 지금까지 세상에 없던 조직인 것입니다.

앞서 수차례 말씀드린 것처럼 기존 금융권은 ‘담장이 처진 정원’ 혜택을 오랫동안 누렸습니다. 그 안에서 편하게 지내던 임직원들은 혁신에 대한 욕구가 확연히 줄어들었습니다. 현재 금융권의 기업문화 역시 리스크를 안고 사업을 했을 때 임직원이 큰 보상을 얻을 수 있는 구조가 아닙니다. 또한 내부에서 혁신을 하고자 해도 조직 전체가 이를 따라가지 못하는 구조입니다. 반면 인터넷전문은행은 스타트업의 DNA를 전해 받았습니다. 고객 관점으로 생각하고 혁신하고자 노력하는 문화입니다. 이 차이는 그들이 앞으로 어떤 사업을 하건 다른 조직과의 격차를 점점 더 만들어낼 것입니다.

카카오뱅크와 카카오페이

"한 지붕 두 가족에 관한 논의가 본격화될 예정"

2022년 12월 7일, 카카오뱅크는 본인확인기관*에 선정되었다는 보도자료를 배포했습니다. 카카오뱅크의 본인확인 서비스를 통해 각종 공공기관이나 다른 금융기관에서 로그인이 가능해진다는 뜻입니다.

저는 이 뉴스가 적잖이 의미심장하게 느껴졌습니다. 카카오뱅크는 2023년 6월 말 기준 2174만 명의 가입자를 보유하고 있습니다. 원앱 전략을 하고 있는 토스와 달리 카카오그룹은 카카오톡, 카카오페이, 카카오뱅크가 각개전투를 하고 있는데요. 카카오뱅크의 이런 움직임은, 카카오페이와 상관없이 생활금융 플랫폼으로서 내 갈 길 가겠다는 선언처럼 보였습니다.

카카오페이와 카카오뱅크가 독자노선을 타는 데는 여러 이슈가 있습니다. 일단 카카오톡 초창기에 카카오페이는 앱 안에 내장되어 있었습니다. 지금도 별도 앱을 설치하지 않아도 카카오톡 안에서 사용이 가능합니다. 카카오뱅크가 출시하기 전 업계의 최대 관심사는 '카카오톡 안에 뱅크가 들어갈 것인가'였는데요. 카카오톡이 지나치게 비대해질 것을 우려해 앱을 분리해서 출시했습니다. 또 두 회사 다 상장사로서 주주 구성이 판이하게 달라 사실 손을 잡는 것이 쉽진 않아 보입니다.

하지만 강력한 경쟁자인 토스가 원앱 전략으로 시너지를 내고 있는 모습이, 카카오 형제들에게는 달갑지 않게 비춰질 것입니다. 거기다 둘 다 같

* 주민번호를 대신해 본인확인이 가능한 대체수단을 개발하고 이를 고객에게 서비스하는 기관

은 목표(종합생활금융 플랫폼)를 선언한 만큼, 여러 사업에서 서로 협력보다는 경쟁구도가 될 공산이 있습니다. 그동안은 카카오뱅크가 은행으로서 성장해오는 데 집중했지만, 플랫폼을 선언하며 카카오페이와 교집합을 키워간다면 곧 두 회사의 통합 또는 정리에 대한 이야기가 나올 수 있지 않을까 싶습니다.

열쇠는 고객의 손에 있습니다. 독자들은 카카오페이와 카카오뱅크를 하루에 몇 번이나 열어보나요? 그 안에서 무슨 무엇을 하나요? 송금, 계좌 조회, 결제 등을 하면서 뱅크와 페이의 차이를 인지하고 있나요? 앞서 거론한 것처럼 토스조차 금융 플랫폼으로서의 한계를 깨닫고 이종산업(커머스/광고)으로 확장 중입니다. 페이와 뱅크의 MAU를 합쳐 대응해도 될까 말까 한데, 골든타임이 흘러가고 있습니다. 한 지붕 한 가족 논의가 필요한 시점입니다.

암호화폐

“비트코인과 이더리움만 살아남고 나머지 코인과 NFT는 사라진다?”

2017년 코인 광풍이 불고난 뒤 벌써 6년이 흘렀습니다. 잠시 반등했던 비트코인은 그 후 계속 4000만 원 선에서 머물고 있습니다. 저는 비트코인과 이더리움 외에 다른 코인들은 최소한 백서의 내용을 증명하지 못하면 사라질 것으로 생각합니다.

최근 몇 년간 뜨거웠던 NFT도 마찬가지입니다. 시중에 유동성이 풍부했던 시기에 NFT는 투자를 부추기며 디지털 아트를 운운했으나, 실상은 미술작품의 증명서를 쪼개서 거래하는 것과 다르지 않았습니다. 증명서와 작품은 개별임에도 사람들은 응당 작품에 주어야 할 가치를 증명서에 준 것입니다. 누군가 내 집의 집문서를 훔쳐가서 찢어서 나눠가졌다고 해도, 법원 등기소에 등기된 내 집의 권리는 나에게 있는 것과 같다고 보시면 됩니다.

풍부한 유동성은 투기심리를 조장하며 본질을 흐렸습니다. 2022년 이후로 거품이 빠지면서 옥석이 가려지는 시기가 올 것입니다. 단 비트코인과 이더리움은 예외입니다. 암호화폐 중 대장주로서 일종의 명품 브랜드로 등극에 성공했기 때문입니다. 가상의 금과 은으로 자리 잡았기 때문에 향후에도 서서히 가치가 오르며 살아남을 것으로 예상합니다.

증권형 토큰 발행

"숟가락 크기가 바뀌어도 음식이 중요"

"증권형 토큰 발행Security Token Offering"이라고 불리는 STO가 2022년 하반기 뜨거운 화제였습니다. 2023년 2월에는 관에서도 가이드라인을 발표했죠. 분산원장을 기반으로 실물자산을 토큰화하여 유동성을 부여할 수 있다는 점이 핵심입니다. 한우, 미술품, 건축물 등을 잘게 쪼개서 투자할 수 있게 되는 거죠. 관련 업체로는 뮤직카우(음악 인접저작권 거래), 까사(부동산 조각투자) 등이 유명합니다.

새로운 개념과 단어가 나올 때마다 시장은 열광합니다. 유동성이 넘쳐나서 새로운 투자처가 필요할 때야 STO 역시 훌륭한 대안으로 논의됩니다만, 본질은 투자 방법의 하나일 뿐입니다. 중요한 것은 '투자를 하는 실물자산이 정말로 가치가 있느냐'겠죠. 그게 한우든, 참치든, 건물이든 말입니다. 포크로 먹든 젓가락으로 먹든 음식이 맛있으면 되듯, STO는 그저 하나의 투자하는 방법일 뿐임을 잊지 말아야 합니다. 올해 이후로 증권업계 등 관련 업계에서는 STO가 화제가 될 것이고 계속 법제화되며 시스템을 갖출 것입니다. 하지만 투자 관점에서는 STO라는 도구보다 음식에 더 집중해야 합니다. 사업자들의 진입 시점은 시장이 진정된 후를 권합니다.

금융권 앱

"그룹 차원으로 이합집산을 거듭하지만 한계를 못 넘고 계속 뒤처질 것"

이 역시 책 전반에 걸쳐 꾸준히 짚었던 내용입니다. 국내 금융권 역시 원앱, 슈퍼앱의 중요성을 깨닫고 적극적으로 대응하고 있습니다. 그룹사의 여러 기능을 모아서 원앱 전략을 펴거나 자사의 앱에 최대한 다양한 기능을 담으려고 노력합니다. 그게 내부에서 개발이든 제휴이든 말이죠.

하지만 잘 안되고 있고, 계속 잘 안될 것 같습니다. 고객 입장에서는 꼭 한 금융그룹사만을 중점적으로 이용해야 할 이유가 없기 때문이죠. 그래서 국내 환경에서 금융상품은 시장지배적 단독 상품이 나올 수 없습니다. 고만고만한 법을 지키면서 수익율까지 챙기다 보면 상품차별화가 매우 어렵습니다. 특정 브랜드에 대해 로열티가 강한 현상은 시니어 계층에선 두드러지지만 젊은 사람들에게는 그런 것도 적죠. 필요에 따라 언제든 자유로이 옮겨 다닙니다. 관에서도 이를 권장하고 있습니다. 오픈뱅킹부터 오픈페이, 마이데이터, 그리고 대환대출 플랫폼*까지, 정책에서 금융당국이 주는 시그널은 명확합니다. 경쟁하며 변화와 혁신을 하라는 거죠.

정부의 의도와 세계적 트렌드에도 불구하고 현 금융권은 자사 상품위주의 플랫폼 전략을 고수하고 있습니다. 이해는 갑니다. 지금 와서 토스나 네이버페이 같은 플랫폼을 추구하기도 어렵죠. 설령 한다 해도 타 금융사가

* 대출상환 부담을 줄이기 위해 이전 대출을 새로운 대출로 전환하는 서비스를 제공하는 온라인 플랫폼. 금융위원회 주도로 2023년 5월 31일 오픈했으며 금융사/핀테크사의 앱으로 사용이 가능하다.

함께 할 리 만무하고요. 또 어떻든 간에 숫자상으로는 엄청난 가입자 수와 MAU를 가지고 있으니 그럴 듯해 보입니다. 경영진 입장에서도 마찬가지입니다. 그룹 차원의 원앱으로 몇 년간 정해놓고 달리고 있는데 이제 와서 이 길이 맞는지 고민하기 싫습니다. 대안도 생각이 안 납니다. 그저 자신들의 임기 동안에만 별일 없기를 바라게 됩니다.

고객이 한 가지 금융상품에 락인될 이유가 없다는 것, 금융사의 경영진과 임직원은 혁신을 향한 니즈가 약하다는 것. 이 두 가지 이유로 핀테크 스타트업이 시장에 침투할 수 있었습니다. 자금도 인력도 비교가 되지 않았지만 말이죠.

앞으로는 어떻게 될까요? 보험업계에서는 예전부터 제판분리가 이슈였습니다. 제조와 판매를 나눈다는 뜻인데, 보험상품 개발은 본사에서 하고 판매는 자회사형 법인보험대리점에 맡기는 것을 말합니다. 2023년부터 국제회계기준(IFRS17) 변경으로 보험업계는 비용절감에 대한 필요성이 커져서 적극적으로 제판분리를 검토 중입니다. 영업조직을 본사가 가지고 있는 것보다 분리하는 것이 이익이기 때문입니다.

우리나라 핀테크/빅테크와 금융회사 간에도 제판분리가 비슷하게 일어나는 중입니다. 금융회사는 상품 제조를 하고 핀테크 앱을 통해 영업이 이루어지는 거죠. 다만 자발적인 것이 아니라 고객채널을 빼앗겨서 생기는 현상이라는 것이 차이점입니다. 더 나아가서 금융회사가 핀테크에게 애원하는 상황이 올 수 있습니다. '제발 우리 상품 좀 더 좋은 매대에 놓아달라'고 말이죠. 앱 안에서 더 눈에 띄는 위치, 더 좋은 곳으로요.

로보 어드바이저, P2P, 크라우드 펀딩 그리고 나머지

한때 핀테크의 주요 분야로 일컬어졌던 것들이 있습니다. 책 속에서 계속 다뤘던 간편결제, 송금, 인터넷전문은행 외에 항상 언급되던 것이 로보 어드바이저, P2P, 크라우드 펀딩입니다. 그런데 어느 순간부터 이들에 대한 소식은 뜸한 것도 사실입니다. 하나씩 근황을 살펴볼까요.

먼저 로보 어드바이저(이하 R. A.), 미리 세팅된 알고리즘을 통해 프로그램이 투자결정 및 자산배분을 하는 프로그램을 말합니다. Robot과 Advisor의 합성어입니다. ChatGPT가 엄청난 화두가 되고 있는 세상인 만큼 R. A.에 대한 관심은 여전합니다. 하지만 출시된 이후 시간이 흐르며 한계도 뚜렷이 나타나고 있습니다. 특히 리스크 관리에 특화되어 있다 보니 상승장에서 약세를 보인다는 점은 계속 지적되는 이슈입니다.

한국 거래소 산하의 증권 전산 전문 업체로 코스콤KOSCOM이라는 곳이 있습니다. 여기서는 2016년부터 금융위원회의 요청으로 R. A. 테스트베드를 운영하며 기본 안정성을 검증하고 있습니다. 모든 R. A. 알고리즘은 테스트베드를 거쳐 출시되어야 합니다. 테스트베드 홈페이지에는 주기적으로 R. A.의 수익율을 공개하고 있는데요. 2023년 2분기 위험중립형 R. A.의 수익율은 2.43퍼센트로, 같은 기간 KOSPI 200 수익율 4.94퍼센트를 크게 하회했습니다. 기준금리가 올라갈수록 B2C에서 R. A.의 경쟁력은 떨어질 수밖에 없습니다. 다만 기획재정부에서 2023년 8월 '서비스산업 디지털 전략'을 발표하며 R. A.를 통한 퇴직연금을 규제 샌드박스를 통해 허용해줄

방침입니다.(A) 퇴직연금은 2023년 상반기 기준으로 340조 원에 이르는 거대한 시장이기 때문에 B2B 시장에서는 R. A.를 활용한 활성화 기대감이 높아지고 있습니다. 개인의 기대수익율을 맞추지 못하고 있어 앞으로도 B2C에서는 고전할 것으로 보이나, B2B에서 안정적으로 평균 이상의 수익율을 내준다면 새로운 기회를 맞을 것으로 보입니다.

온라인투자 연계금융업(이하 온투업)이라고도 불리는 P2P 대출은 어떨까요? 온투업은 투자자들에게 모은 투자금으로 대출해주고 원금과 이자를 투자자들에게 돌려주는 금융서비스입니다. 지난 몇 년간 유동성이 풍부한 시기 호황을 맞으며 크게 성장했습니다. 2022~2023년 신용대출 평균금리를 비교하면 저축은행 16.25퍼센트, 카드사 18.02퍼센트 대비 P2P는 11.39퍼센트로 중저신용자를 위해 경쟁력을 갖추었다고 평가받았습니다. 그러나 2023년 들어 기준금리가 오르고 건설경기가 나빠지며 P2P 업권도 급격히 나빠졌습니다. 대출잔액은 2023년 1월 7854억 원에서 6월 말 6468억 원으로 17.6퍼센트 감소했습니다. 상위 5개 사의 연체율은 6.61~28.63퍼센트에 달합니다. 1월 말 대비 두 배나 뛴 수치입니다.(B) 같은 기간 4대 시중은행의 연체율이 0.26퍼센트 미만이며 저축은행도 평균 연체율이 5.33퍼센트임을 감안하면 상당히 높은 것입니다.(C)

대출사업을 하는 사업자의 핵심역량은 결국 심사능력과 연체 관리 능력입니다. 잘 갚을 사람을 골라서 적정한 금리로 돈을 빌려주는 건데요. P2P 업체들이 제1, 제2금융권을 넘어서 얼마나 이 역량이 있다고 할 수 있을지 모르겠습니다. 저는 높은 이율에도 P2P 투자는 하지 않고 있습니다. 예금자 보호가 되지 않는 점도 크고, 이 정도 수익율을 기대할 거면 그냥 직접 투자

하는 게 나을 것 같다는 생각 때문입니다. 기술을 통해 심사와 연체관리를 혁신적으로 개선하지 못했기에 앞으로도 P2P는 그저 제2금융권 어딘가의 사업으로 남을 전망입니다.

다음은 크라우드 펀딩입니다. 크라우드 펀딩은 대중을 뜻하는 Crowd와 자금조달을 의미하는 Funding이 결합된 용어입니다. 자금이 필요한 기업이 온라인 플랫폼을 통해 불특정 다수의 소비자로부터 자금을 모으는 것입니다. 국내에서는 와디즈Wadiz가 유명합니다. 본래 소규모 기업공개IPO와 비슷하게 쓰여야 하나 국내에서는 너무 제품 커머스에 집중된 느낌입니다. 이를 핀테크의 한 분야로 보는 것이 맞는지 잘 모르겠습니다. 시장 반응을 보기 위한 테스트베드이자 공동구매 장터로 변질된 느낌입니다. 금융의 어떤 부분을 기술로 어떻게 변모시켰다는 것인지 모호합니다. 핀테크보단 커머스 플랫폼이 아닐까 싶습니다. 업의 본질이 변하지 않고 관련 기술 또한 특별한 것이 없어 앞으로도 큰 변화나 발전은 없을 것으로 보입니다.

반면 제가 주의 깊게 보는 핀테크 분야는 인슈어테크*인데요. 기술이 기존 보험업을 확실히 변화시키고 있기 때문입니다. 2019년 설립된 캐롯손보의 자동차보험은 자동차에 LTE 모듈을 달아 정확한 주행거리를 확인하여 보험료를 산정합니다. 기존 보험이 1년 치를 선납받고 계기판 사진을 통해 주행거리 할인을 해주었는데 반해 캐롯은 기술로 더 발전시킨 것입니다. 국내 보험회사들이 헬스케어 단말기를 통해 건강정보를 분석하는 것 역시 기존 대비 정교한 보험을 가능하게 합니다. 보험사들이 그동안 상대적으

* InsurTech, 보험Insurance과 기술Technology의 합성어, 보험업무에 사물인터넷, 인공지능, 빅데이터 등 IT를 융합한 혁신 서비스를 의미한다.

로 핀테크에 대해 미온적으로 접근해온 탓에(물론 법의 영향도 컸습니다) 앞으로 더 큰 변화가 있을 것으로 예상됩니다.

덧붙이는 글

금융사가 앱 전쟁에서 살아남으려면

고객채널을 빼앗기고 있는 금융사에게 역전의 기회는 없을까요?

금융과 유통은 여러 모로 비슷하다고 말씀드렸는데요. 유통업계에서는 지난 몇 년간 D2C(Direct to Customer) 강화가 큰 트렌드였습니다. 나이키는 2017년에 경쟁력 강화 전략인 '트리플 더블'을 선언합니다. 혁신의 속도, 제품 출시 속도, 소비자와 연결되는 비중을 각각 두 배로 하겠다는 것입니다. 세 번째의 '소비자와 연결되는 비중을 높이겠다'는 전략이 바로 D2C입니다. 나이키는 도매 파트너 수를 대폭 줄이고 아마존과도 결별했습니다. 나이키의 모든 제품은 나이키가 직접 팔겠다는 목표를 세우고 실행한 거죠. 나이키가 도매 파트너들과 거리를 두자 그 자리에 푸마, 아디다스와 같은 경쟁사가 적극적인 구애를 펼쳤습니다. 그렇게 몇 년간 노력했지만 2023년 6월, 재고가 늘어 고심하던 나이키는 도매 파트너들과 관계회복을 위해 노력하고 있습니다.(D)

나이키의 D2C 전략은 충분히 수긍할 수 있는 전략이었습니다. 브랜드 가치 조사 전문업체 브랜드 파이낸스가 매년 발표하는 순위보고서에서 2022년 나이키는 전 세계 1위를 차지했습니다. 전 세계에서 가장 알려진 브랜드인데 직접 팔 생각을 안 하는 것이 더 이상합니다. 제품을 중간 유통 마진 없이 더 저렴한 가격에 직접 보내는 거죠. 온라인 채널을 잘 만들면 충분히 해볼만 하다 생각했을 것입니다.

핀테크 이야기를 하다 말고 갑자기 나이키 이야기를 하는 건, 나이키의 D2C 사례가 핀테크에 대항하는 금융권의 전략이 될 수 있기 때문입니다. 자기 금융사의 상품을 자기 앱에서'만' 파는 것입니다. 지금도 하고 있는 것 아니냐고요? 하고 있지 않습니다. 금융사의 앱에서'만' 독점적으로 취급하는 주력 상품은 없습니다.

금융사와 핀테크/빅테크의 채널 경쟁력 차이는 정상적인 방법으로는 회복할 수 없을 수준의 격차를 보이고 있습니다. 고객에 대한 이해, 기술 측면에서 큰 차이가 납니다. 이를 극복하려면 나이키의 D2C 전략을 차용할 수밖에 없습니다. 예를 들어 핀테크 앱에서는 불가능하지만 금융사 앱에서는 가입 가능한 상품과 기능 등이 있으면 됩니다.

이미 국내에서도 실험이 시작되고 있습니다. KB국민카드의 톡톡마이포인트카드는 실물 카드로 오프라인에서 결제해서는 아무 혜택이 없는 카드입니다. 하지만 KB Pay로 결제하면 20만 원 한도로 사용한 금액의 5.5퍼센트를 되돌려줍니다. 보통 카드 혜택이 많아야 3퍼센트 전후임을 생각하면 큰 혜택입니다. KB Pay는 오프라인에서도 삼성페이의 MST 기능을 차용하여 결제가 됩니다.

일반적인 카드사의 상품은 10~15만 원의 모집 비용을 써가며 토스, 네이버페이 등의 채널에서 발급을 시킵니다. 이후 카드를 사용할 때는 카드사가 컨트롤할 마땅한 수단이 없습니다. 반면 톡톡마이포인트 카드는 KB Pay 앱에서 벗어나지 못하게 합니다. KB국민카드가 이런 상품을 만든 이유는 자명합니다. 자사 카드 상품이 자사 앱에서 발급되고 사용하도록 유도하는 것입니다. 만약 고객들이 매달 20만 원씩 딱딱 맞춰 사용하면 KB국민카드는 적자가 확정됩니다. 그럼에도 불구하고 자사 앱 활성화 차원에서 강행하는 것입니다.

저는 금융사의 이런 전략이 핀테크/빅테크의 공격에 대항할 수 있는 유일한 길이라고 생각합니다. 가능하면 기본적인 기능(조회, 이체 등)도 모두 막고 오로지 자사 앱에서만 가능하게 하는 것이 좋겠지만 이는 마이데이터, 오픈뱅킹 등의 정부정책으로 불가능해진 상황입니다. 이미 핀테크 앱을 어느 정도 사용한다면 은행/카드 앱은 켜지 않아도 됩니다. 그 정도로 상황이 심각합니다. 금융사가 모바일 앱 비즈니스를 강화하고 싶다면 큰 결심이 필요합니다.

수익성을 증명해야 하는 핀테크/빅테크와, 빼앗긴 고객채널을 되찾아오기 위한 금융권의 전투가 2024년 이후 새로운 트렌드가 될 것입니다. 변화를 잘 예견하며 이 사이에서 기회를 찾길 바랍니다.

자료 출처

1부

- **(A)** KB 스타뱅킹 vs 신한 쏠… 양보 없는 MAU 확보 경쟁 승자는 [2023. 8. 4. 머니S] https://www.moneys.co.kr/news/mwView.php?no=2023080317512140405
- **(B)** 토스, 마이데이터 논란… 당국 "가입자 재동의 받아라" [2022.1.10. 조선비즈] https://biz.chosun.com/stock/finance/2022/01/10/B64XGCFEVJHQ5A36JN5VEVF52A/
- **(C)** 가입자 240만·수도권 전역 커버… 진격의 '땡겨요' [2023. 7. 3. 전자신문] https://www.etnews.com/20230630000168
- **(D)** 삼성 '모니모', 다운로드 500만 회 돌파하며 금융 앱 인기순위 1위 [2022. 8. 22. 뉴스저널리즘] https://www.ngetnews.com/news/articleView.html?idxno=410171
- **(E)** 부진한 삼성금융 '모니모', 마이데이터 진출 차별화 관건 [2023. 3. 27. 인베스트조선] http://www.investchosun.com/site/data/html_dir/2023/03/24/2023032480145.html
- **(F)** Game Trading: how trading apps could be engaging consumers for the worse [2022. 11. 21. FCA] https://www.fca.org.uk/publications/research/gaming-trading-how-trading-apps-could-be-engaging-consumers-worse
- **(G)** 금융위 전금법 개정 '카톡 송금하기' 못한다 [2022. 8. 18. 전자신문] https://www.etnews.com/20220818000112

- **[H]** 적자 누적에 애플페이까지, 겹악재 맞은 카카오페이… 증권가는 "주식 팔아라" [2023. 2. 10. 조선비즈] https://biz.chosun.com/stock/stock_general/2023/02/10/PAMCBBTU75E2BJ4D5APTZJWBL4/
- **[I]** 카카오페이, 애플페이 국내 상륙에도 자신감… "결제액 변동 없어" [2023. 5. 15. 뉴스핌] https://www.newspim.com/news/view/20230515000537
- **[J]** 삼성페이 '무료 수수료' 유지… 애플페이에 놀란 카드사 '안도' [2023. 7. 19. 한겨레] https://www.hani.co.kr/arti/economy/finance/1100856.html
- **[K]** 신세계, SSG · 스마일페이 토스에 매각… 파트너십도 강화 [2023. 6. 30. 연합인포맥스] https://news.einfomax.co.kr/news/articleView.html?idxno=4271971

2부

- **[A]** 메타버스가 뭐길래… 은행들 금융실험 시작 [2023. 5. 3. 뉴스토마토] https://www.newstomato.com/ReadNews.aspx?no=1059961
- **[B]** SK텔레콤, '패스'앱 가입 고객 대상 '국민비서' 서비스 제공 [2023. 3. 20. 한국일보] https://www.hankooki.com/news/articleView.html?idxno=64788
- **[C]** 애플-구글도 비콘이 미래 [2014. 11. 11. 전자신문] https://www.etnews.com/20141111000343
- **[D]** 갈 길 먼 '디지털 전환'… "금융권 IT 인력 9.6퍼센트 불과" [2022. 6. 10. 머니투데이] https://moneys.mt.co.kr/news/mwView.php?no=2022061013084053573

3부

- **(A)** 340조 퇴직연금, AI가 관리한다 [2023. 8. 9. 전자신문] https://www.etnews.com/20230809000208
- **(B)** "더는 못 버틴다"… 연체율·기관투자규제에 하반기 문 닫는 온투사↑ [2023. 8. 31. 이투데이] https://www.etoday.co.kr/news/view/2271035
- **(C)** 상반기 저축은행 순손실 적자 전환… 연체율 5.3퍼센트로 급등 [2023. 8. 28. YTN] https://www.ytn.co.kr/_ln/0102_202308281407279271
- **(D)** D2C 외치던 나이키, 왜 도매업체에 숙이고 들어가나? [2023. 8. 7. 머니투데이] https://news.mt.co.kr/mtview.php?no=2023080411541725899

핀테크 트렌드 2024

초판 1쇄 발행 2023년 12월 11일

지은이 길진세
펴낸이 김준성
펴낸곳 책세상
등록 1975년 5월 21일 제2017-000226호
주소 서울시 마포구 동교로 23길 27, 3층(03992)
전화 02-704-1251 **팩스** 02-719-1258
이메일 editor@chaeksesang.com
광고·제휴 문의 creator@chaeksesang.com
홈페이지 chaeksesang.com
페이스북 /chaeksesang **트위터** @chaeksesang
인스타그램 @chaeksesang **네이버포스트** bkworldpub

ISBN 979-11-7131-094-4 03320